Clinical Seminars and Other Works

|新装版| ビオンの臨床セミナー

ウィルフレッド・R・ビオン
松木邦裕 祖父江典人 訳

Ψ 金剛出版

CLINICAL SEMINARS AND OTHER WORKS

by

Wilfred. R. Bion

Copyright © The Estate of W. R. Bion,

reproduced by permission of H. karnac (Books) Ltd.
Japanese translation published by arrangement with
H. Karnac (Books) Ltd c/o Cathy Miller Foreign Rights Agency
through The English Agency (Japan) Ltd.

訳者まえがき

――ビオンとの出会いによって,「生まれいづるもの」――

　本書『ビオンの臨床セミナー』は,先に出版された『ビオンとの対話――そして,最後の四つの論文』(祖父江典人訳,金剛出版,1998年)の姉妹編にあたります。両訳書とも原本は1994年にロンドンのカーナック・ブックスから出版された"Clinical Seminars and Other Works"が出典です。ビオンが晩年にイギリスからカリフォルニアに居を移した時期での業績です。
　それ以前のビオンは,科学や数学や物理学などの用語や思考を駆使し,精神分析という営みの本質に認識論的に迫ろうとしていました。しかし,その高度の抽象性ゆえに,ビオンの著作は難解だと言われました。それに対して,以後のカリフォルニア時代には,セミナーやレクチュアの参加者相手に,討論や対話という形式で,実に自由な思索をビオンはめぐらせていきました。この書はまさにその時期でのものです。この晩年に至ってビオンは,それまでの科学的,哲学的認識を究極まで押し進めようとする姿勢から,それを突き抜けて,もう一度人のこころのなぞそのものに純粋に向き合おうと志したかのようです。その意味で,松木邦裕先生が前著の序にあたる箇所で,「本書ほどに精神分析を感じさせてくれる,精神分析を考えさせてくれる書物はほとんど見当たらないでしょう」と論評されたように,ビオンの語りは感性や直観にあふれ,実に生き生きとしています。私たちをビオンの精神分析臨床の只中に誘ってくれるかのようです。
　このようにビオンの生の肉声を聞くような醍醐味が,本書の意義のひとつとなるのでしょうが,それはまたビオンのもうひとつの難解さにもつながることなのかもしれません。といいますのは,前著出版以来,幾人もの方から感想や書評をいただいたのですが,比較的若手の臨床家からは「難しい」や「ビオンのことばがどの水準で語られているのかわからない」といったような当惑した声が寄せられました。経験の豊かな臨床家が,思いのこもった声で「良い本ですね」と言ってくださったのとは,ある意味で対照的でした。ビオンの肉声を噛み砕き,消化するには,臨床で患者と対峙するときと同じような臨床感覚や直観力,理解力が必要となるのかも

しれません。その意味で，以下に書き記すことが比較的若い読者にとっての理解の一助となれば幸いです。もっとも，それがビオンの嫌う「先入観」にならぬことを願いながらですが。

＊＊＊

　ビオンの語りをどう聞くかは，極端に言えば無限の可能性があるように思われます。といいますのは，ビオンは「語る」と同時に，「語っていない」し，あるいは「語られていないことを語っている」ようでもあるからです。ビオンはその直観に満ちた語りによって私たちの感性を散々奮い起こしはしますが，はっきりとした「視覚」（視点）をまったく与えていません。したがって，私たちは感性を揺さぶられこそすれ，私たちの前に「普遍的な空白」が提示されているような，不安なこころの状態に留めおかれます。つまり私たちは，刺激は受けるものの，それをしっかりとは特定できない「目の見えない」状態になったかのごとくです。そうしたこころの状態に置かれれば，ビオンのことばはいかようにも聞こえてくるでしょう。そして，このいかようにも聞こえることこそ，ビオンが狙いとしていることのひとつなのかもしれません。なぜなら，「いかようにも聞こえる」ということは，いろいろなこころの水準で聞くこと，ひいては私たちのこころの中のさまざまな自己が呼び覚まされ，それらの自己で「聞く」ことになるからです。そのためにビオンは，なぞや含みや矛盾や余白を残した口調で語りかけています。

　こうして私たちは本書を読み進むにつれ，ビオンと「出会い」，ビオンとの「関わり」の中に否応なく入りこんでいきます。そして，この出会いによる「関わりそれ自体」こそ，ビオンのことばの奥でいつも鳴り響いている通床底音でしょう。すなわち「関わること」は，関わらずにはいられないという欲望であり，しかも自分が吹き飛ばされてしまうほどの恐怖でもあり，ゆえに関わらないことへの退避ともなります。ビオンは「情緒の撹乱」として，関わりのもつ性質について言い及んでいます。私たちは好むと好まざるに関わらず，常に出会いによる「情緒の撹乱」の只中にいるのです。そしてこの出会いは，必ずしも自己と他者との出会いとは限りません。自分の中の自己との出会い，あるいは対象との出会い，さらには「出会わない」という出会いも含まれていましょう。そして，私たちはその「出会い」，あるいは「出会わなさ」をとてもまともには正視できないと，ビオンは言っています。なぜならそれは，「真っ昼間の太陽光線」を見るがごとくで，私たちの「視覚」には耐えられないからです。しかし，それを見て，たとえ盲目になろうとも，それでも私たちは生き残らねばならないと，ビオンは説いています。なぜなら，そこにこ

そ私たちのこころの栄養となる「真実」が含まれているからです。

　そして私たちにとっては，本書自体が，私たちのなかの眠っていた自己を呼び覚まされる「出会い」となるのでしょう。この呼び覚まされた自己はとても恐くて追いやってしまいたいものでしょうか。とても痛ましくて正視できないものでしょうか。どんな自己なのでしょうか。一例をあげてみましょう。ビオンは，患者があたかも何も困っていないようにふるまうなら，「どうしてあなたはここにくるのですか」という問いを発すると言っています。この発言はひどく直接的に聞こえますが，私たちは，ビオンのこのことばから何を感じるのでしょうか。ビオンを杓子定規の冷たいアナリストと感じるのでしょうか。あるいは，「おっしゃるように私には来る必要がありません」と意気揚揚とした気持ちになるのでしょうか。はたまた，来ずにはいられない哀れな自分を感じるのでしょうか。私たちはどの自己を呼び覚まされるのでしょうか。

　このようにビオンは，私たちのなかにさまざまな自己（あるいは対象）を想定して，私たちに語りかけてきているようです。それは個人分析にも似た，自己の発見につながることでもありましょう。すなわち，私たちのこころの中のスプリットされた自己への気づきです。「私たちには何のトラブルもないかのようにふるまったり見せかけたりする，この安易な治癒は私たちには許されません」（サンパウロ「8」），なのです。

　そしてまた，ビオンは，「出会い」によって「新たな誕生」がもたらされるとも説いています。なぜなら「出会い」とは交わることであり，それは身体の交わりとしてのセックスにもなれば，分析場面では言語的性交にもなるからです。そして，セックスから赤ん坊が誕生するように，「分析的性交」からは「分析的赤ん坊」が生まれてくると，ビオンは述べています。そして，その生まれ出てくる「赤ちゃん」の相貌を，ビオンはさまざまに形容しています。「潜在的な母」「羨望に満ちた父」「痛ましい子ども」。あるいは，解放されるのを望んでいる「性的人物」。内部に死んだ父や母を含んだ「死んだミイラ」。母親の幽霊としての「胃の痛み」。私たちが死んでしまおうとまるで頓着しない「存在への衝迫」。

　こうして私たちは，またしても出会いたくないものに，出会ってしまいます。そして，その「赤ちゃんがどんなであれ，赤ちゃんに耐え忍ばねばなりません」（ブラジリア「19」）。「イギリス製の麻酔」を使って，「痛みのない分析」を受けようとしたり，あるいはある種の「広告代理業者」になって，自分を偽装してはいけないと，ビオンは語っています。

＊＊＊

　さて，このようにみてくると，ビオンは分析空間の中にいったい何人もの人がいると言うのでしょうか。アナリスト，アナライザンド，それを見ているもう一人。さらには呼び覚まされたり，生まれ出てくる自己や対象。父や母。はたまた「死んだミイラ」や「抗いがたい獣性」。際限がありません。よって，そこに「情緒の撹乱」が生じないはずがないのです。そして，アナリストとはこのような情緒の撹乱した坩堝の中で明晰に思考できねばならない，とビオンは語りかけています。

　また，ビオンは私たちが関わりを恐れるがゆえに，奇妙なコミュニケーションのもち方をすることにも言及しています。それが一方通行にしかならない「テレ（遠い）－フォン」などの装置を使った，「非－コミュニケーション」というコミュニケーションシステムです。それはつまり，自分自身の本当のことについて，語らずして知らしめたいという意味のようです。つまり，真実を知ってしまったら，アナリストや夫でさえ何をするかもしれないし，嫉妬や羨望や憎しみなどのカタストロフィックな事態がもたらされるかもしれません。したがって，私たちは危険なくコミュニケートしたいがために，「テレーフォン」や「テレーヴィジョン」などの奇妙な伝達装置を使うことになります。そうして，他者との間に限らず，自己どうしの間に距離を作りますが，それでもなお，救いを求めている自己は存在し，他者との間のみならず自己との「結婚」を切望します。なぜなら，「人類の構成単位はカップル」であり，「ひとつを作るのには，二人の人間がいるのです」とビオンは説いています。

　このようにビオンのことばは，たしかに「それまでに話しかけられたことのない水準で」，私たちに投げかけられています。それに私たちは翻弄されるのですが，ただよくよく見ていくと，このようなビオンのことばを，精神分析の洗練された理論や用語に置き換えることも可能なのかもしれません。オグデンやブリトン，ボラスなどの現代の対象関係論者なら，エディプス的第三者，間主観的な第三の主体というような概念化を行なうでしょうし，そもそも対象関係論的思考の範囲内で，ビオンのことばの読解もできそうです。すなわち，ビオンの語る自己と対象との関係を，スプリッティング，投影同一化，否認などの用語や迫害対象，抑うつ的自己，結合両親像などの概念を使用することにより，論じ直すこともできるかもしれません。しかし，ビオンはあえて原始的なことばを使っています。ことばの「原石」で私たちに語りかけています。その精錬されていない「余白」は，私たちに委ねられているのです。したがって，私たちには「私たち自身になる」余地が残されていま

す。そこに本書の希少価値があるのでしょう。

＊＊＊

　最後に，私たちはこの書を通してビオンと対話することにより，どんな「赤ん坊」を産むのでしょうか。ビオンへの飽くなき賞賛でしょうか。ビオンの否定でしょうか。あるいは旺盛な知識欲でしょうか。はたまた憂うつなもの想いでしょうか。私たちにどのような「赤ちゃん」が生まれるにしろ，私たちはその「生まれ出てきたもの」に責任をもち，その起源を静かに問うていかねばなりません。それが私たちのこころの源流への道程ともなりましょう。
　読者の皆様の情緒が撹乱され，「新たな経験」となることを切に願っています。

　　2000年3月
　　　　　　　　　43回目の誕生の日に　　祖父江典人

目　　次

訳者まえがき──ビオンとの出会いによって,「生まれいづるもの」──
◇祖父江典人　3

■編者の覚え書き　フランセスカ・ビオン　10

□ブラジリア 1975　11

□パネルディスカッションへの寄稿　ブラジリア, 新たな経験　132

□サンパウロ 1978　143

訳者解説◇松木邦裕　233

■ビオンの著作　240

◆ビオンの邦訳　243
◆索引　244
◆訳者紹介　巻末

ビオンの臨床セミナー

編者の覚え書き

　1975年にウィルフレッド・ビオンと私はヴァージニア・ビクード教授に招かれ，ブラジリアで4月を過ごしました。その間ビオンは個人やグループと仕事をし，大学で3つのレクチュアを行ないました。そして，市設立15周年記念日を印すプリティ・パレスでの3つのパネル・ディスカッション（『ブラジリア，新たな経験』という表題）に参加しました。パネル・メンバーは，芸術や科学を表現しながら，市の性格の諸側面や，新しい共同体を形成し発展させるうえでの諸問題を取り扱いました。これらの議論へのビオンの寄稿を，ここに含めています。

　1978年4月に，私たちはサンパウロで2週間過ごしました。それは，3回目の滞在でした。ビオンは，50の臨床セミナーと毎日のコンサルテーションと10のイヴニング・ミーティング（『ニューヨークとサンパウロにおけるビオン』として出版）を行ないました。それほどの仕事量からして，80歳の彼の目を見張る活力とスタミナは一目瞭然です。

　これらの臨床セミナーでは，出席するアナリストが6人以上にならないのをビオンは好みましたが，それらはすべて記録されました。この印刷出版にご尽力いただいた方々に感謝いたします。

　レコーディングの変化しやすい性質のため，臨床素材のなかにはつなぎあわせのできないものがありました。さらに長年たった後では，紛失したものは再生できなくなりました。両方向での通訳の必要性は，それぞれの時間内に扱える領域をかなり減らしました。

　私は申し分なく全体的まとまりのあるセミナーだけを出版に向けて選びました。話し言葉を印刷物に転写する編集上の必要性はあっても，ビオンの寄稿内容や表現スタイルはどんな場合でも変えてはいません。過去に彼の承認を得て行なったのと同じやり方を，私は今回も採用しました。

　ビオンは提示された素材にはあらかじめ目を通していませんでした。つまり，討論中の患者は彼によってその時初めて「見られて」いました。したがって，ビオンの応答はその時自然に出てきたものでしたので，精神分析のペアの一人として彼がどのように機能するのかをそのままにはっきりと示しています。

　アビングドン，オックスフォードシャー
　1987年8月

　　　　　　　　　　　　　　　　　　　　　　　　フランセスカ・ビオン

ブラジリア
1975

1

プレゼンター：30歳の女性との今日のセッションについて論議したいと思います。彼女は面接室にやってきて，腰掛けました。つまり，彼女は決してカウチに横になりません。彼女は微笑んで言いました，「今日，私はここに座っていられそうもありません」。どういう意味ですかと私は尋ねました。とても苛々するんですと彼女は言いました。どうしてとても苛々すると思いますかと，私は尋ねました。彼女は微笑んで言いました，「頭がくらくらするんです」。交互に考えがなくなったりあふれたりしていますと，彼女は言いました。私は，そういう気がするときには，からだのコントロールを失いそうにも感じますねと指摘しました。「たぶん，あたっているようです」と彼女は微笑んで言いました。続けて私が，そんなふうに彼女のこころがなくなりそうなときには，彼女のからだはこころの動きについていかなくてはなりませんと指摘すると，彼女は私をさえぎって言いました，「もう，私をじっとさせようとしないで」

ビオン：この患者は，いったいどうしてアナリストが何かをすると考えるのでしょうか。彼女が来るのを止めることもできませんし，追いやることもできません。彼女は大人の女性なので，思うに彼女が望めばあなたに会いにくるのは自由です。望まないなら，去るのも自由です。彼女が何かするのをあなたが止めようとすると，どうして彼女は言うのですか。その疑問への答えを私は求めているのではありません——あなたの答えは喜んでお聞きしたいのですが——けれども，この話に私ならどう答えるか，一例を示そうとしているだけです。

プレゼンター：彼女がなぜ「私をじっとさせようとしないで」と言ったのか，私は知りたく思いました。その質問の答えはわからないと彼女は言いました。それで私は，私が静かにじっとしていることに，彼女はこころを捉われていると指摘しました。彼女が思うには，私はじっとしているのではなくて動作を抑えており，私のこころがからだをコントロールしているのだと言いました。

ビオン：あなたはこの患者に何回か会ってきていますので，あなた方は二人ともお互いについてある程度知っています。ここで，グループの観点からしますと，これまでのところで私たち誰もがどう考えるのでしょうか。あなた方は，もっと知りたいという気持ちになっていますか。あるいは，二度とこの患者に会いたくないという気がするでしょうか。実際には，彼女がきっと言うはずのことを，私は何も質問せずに聞きたいと思います——質問しないのが，風変わりなふるまい方であるという事実がなければの話ですが。私たちは，私たちが患者よりも分析にずっと慣れているだろうことを忘れがちです。黙ってそこに座って患者の言うことを聞くのは，私にとってはごく自然です。けれども，患者にはそれは我慢ならないかもしれないのです。はじめて私のもとにやってくる患者は，そのような風変わりなふるまいにとても怯えてしまい，立ち上がって真っすぐ出ていくかもしれません。ですから，私たちは通常この点に立ち戻ります。すなわち，理論においては，私たちは分析に関するあれこれたくさんの本のなかで好きなものを読むことができます。実践においては，患者には何が耐えられるかについての感覚を私たちは持たねばなりません。人のふるまいには歩み寄りがなければなりません。いくらか配慮しなければなりませんし，患者にとってはこれはそれほどに脅かされる経験だと斟酌してやらねばなりません。ともかくも緊張している患者たちが言いたいことを何でも言いやすくするために，私たちがかなり普通一般の態度でふるまうのを支持する根拠が，そこにあると私は思うのです。

　私がこの患者に言いそうなことを，ここで推測しましょう——初めてのセッションではなくて，後でのことですが。「ここにはこういった椅子やカウチがあります。なぜなら，あなたがそのなかのどれかを使いたいかもしれないからです。その椅子に座りたいと思うかもしれません。あるいは，あなたが今日おっしゃったように，そこで座っているのに耐えられない気がするなら，そのカウチに横になりたいかもしれません。あなたがはじめて来たときに，そのカウチがここにあったのはそういうわけなのです。そのことを今日あなたが発見したのはどういうわけなのだろうかと思います。その椅子に座っていられそうもなくて，横になるか，出ていくしかなさそうなことに今日初めて気づいたのはなぜですか」。初回セッションで彼女がそのことを発見した方が，ずっと妥当なのでしょう。けれども彼女はあまりに心配だったので，それを発見できませんでした。

プレゼンター：もっと前のセッションで，椅子に座るかカウチに横になるかのこの問題はすでに起きていました。けれども私は，その問題は初回セッションでの

ことだと考えています。

ビオン：セッションはすべて初回セッションなのです。今日は昨日ではありません。患者が今日話していることは，それは別の日のことだからです。もちろん，なるほどそのことは，たまたまその患者が他ならぬその人だからでもありますが。

プレゼンター：患者がはじめて分析にやってくるときの歩み寄りについて，あなたは話されました。あらゆるセッションが初回セッションなら，どうしてその後態度を変える理由があるのでしょうか。

ビオン：といいますのは，時は流れ，患者は変化するからです。たとえ，患者が全く変化しないことがありうるとしても，世界は進行していますのでなおも変化は生じるでしょう。私たちが成長を拒んでも世界は止まりません。分析のペアが同じままだと認識されるなら，ことはもう少し簡単になります。つまり，そのことはある親密さを提供します。同様に，母親が赤ちゃんのもとにやってくるときには，毎回同じ人だと認識される必要があります。つまり，同じ母親だと赤ちゃんが感じる必要があります。分析状況においては，患者は赤ん坊ではありませんし，アナリストは母親ではありませんので，ことはもっと難しいのです。ですから，もう一度言いますが，同じ人だと認識することで，アナリストは患者を見越してしまうのです。けれどもそれは，状況に変化がなく凍結したままのはずだと同意しているわけではありません。この点に関して実際のところは，患者は，赤ん坊や患者や神経症者や精神病者のままでいつまでもいないようにとの成長へのプレッシャーをかけられています。アナリストは単に時間厳守や料金などの他に，患者に何かを期待します。アナリストは何か進歩を期待するのです。

プレゼンター：患者に何を言うべきかのあなたの指摘は，アナリストが通常語ることよりもずっとシンプルに思えました。

ビオン：ある意味で，精神分析ははなはだシンプルです。けれども，あらゆるシンプルなことと同じように，実行するのはわけあって恐ろしく困難です。同様に，私たちはいつも性の問題を——私が思うに，正当にも——話しますが，生理学的，解剖学的には赤ん坊を産むほど簡単なことはないように見えます。当人たちは，14歳，15歳，おそらくはもっと早いでしょうが，それまで待つのが必要なだけです。それで赤ん坊を産めます。これほどシンプルなことが何かあるでしょうか。けれどもやっかいなのは，性格やパーソナリティのようなものがあると，私たちが良くも悪くも信じていることです。そして，精神分析というものは，いくぶんすっかり行き渡ったその理論に基づいています。ですから，

赤ん坊を産むためには，あらかじめ長い準備——ともかくそれには 13, 4 年————が必要ですし，その後も長い期間必要なのを当のその本人がわかっている**なら**，とてもシンプルなその行為は複雑になります。誕生はどうってことないことです——一種のマイルストーンです——が，誕生の前後ともに，発達には長い期間がかかります。こころやパーソナリティについて言えば，それが創造されるのにどのくらいの時間がかかるのか，私たちはまだ知りません。

　アナリストとして，私たちは患者同様に進歩しつづけられればと願います。何かを学ぶ機会を私たち自身に残し，私たちが答えを何でも知っている神か何かだと，患者や他の誰かに力説させないことが良いと考えられるのは，そういうわけなのです。私が答えを何でも知っているなら，学ぶものは何もないし，何かを学ぶ機会もないでしょう。ですから，父や母がまさに誕生後子どもを育てられねばならないその一方で，その人が普通の人間のようにふるまえる余地を残すのも必要です。いわゆる偉大な父，偉大な母，偉大なサイコアナリスト，あるいは偉大な何かになるのを強要されていると感じるなら，救いようもありません。望まれるのは，間違いを犯す人間として生きる余地のあることです。

　この患者のことに戻りましょう。私が事情を酌み，「わかりました。お望みなら椅子におかけください」あるいは，「お望みならカウチに横になってください」と言うとしたら，その患者はそれを上手に利用するでしょうか。あるいは，私が大幅に自由を認めたなら，彼女はもうすこし受け取る気になるでしょうか。たとえば，患者はその時次のように言うかもしれません，「そうですか。わかりました。ここで横になれるなら，横になって眠るつもりです。私は終わりのない分析を受けるつもりです。私の人生の残りをあなたの分析を受けるのに費やすつもりです。あなたの家に寝泊りしましょう」

プレゼンター：患者は私と自由な気持ちで話そうとしていますが，私と自由に話すのは彼女が押しつけたがっている関係とは矛盾すると，私は感じました。私が彼女のようにふるまったなら——つまり，私のこころが私のからだをコントロールしないということですが——，彼女はどう思うでしょうか，と私は尋ねました。彼女はそうなったらすばらしいと言いました。

ビオン：そういう質問をしたいとは思いません。なぜなら，正しくもなさそうな答えを彼女がするのではないかと思うからです。

プレゼンター：そうなったらすばらしいと彼女が言ったときに，私は次のように指摘しました。つまり，私たち両方が結ばれ，結婚する機会に彼女が出会うと彼女は私に語っていますと。「結婚する」ということばが好きではないと，彼女は言いました。それから，彼女は「結婚する」ということばを使わないように

と主張しましたが，私たちの顔と口がしっかり近づいている夢を昨夜見たことを思い出しました。オルガズムは伴わなかったものの，その感覚はとてもエキサイティングなものでした。

ビオン：「そうしたい」と彼女は言うこともできましょう。けれどもそれは，あなたが何もしないのを信じているためです。あなたが彼女と結婚しないだろうと，彼女は確信しているか，確実だと思っています。言い方を変えれば，世の父親たちや母親たちがすることを彼女にはする必要がないのなら，彼女はどれほどセックスしたいかや，あるいはあなたや彼女の父や母とどれほど二人きりでいたいかを，彼女ははばからずに言うことでしょう。これまでのところ，ことはさほど悪くありません。彼女はあなたととても親密になっているようです。けれどもそれは単なる夢でした。だからたいしたことではありません。ですが，私たちはアナリストとして，夢はたいしたことであると考えます。ですから，すっかり目を覚ましているときの事実と，しっかり眠っているときの事実の区別がつく前の人生のある時期においては，この患者もそう考えるでしょう。

　この患者についてちょっと疑ってみましょう。つまり，彼女が夢と目覚めている生活の違いをよくわかっているのかどうかや，あるいは求愛──つまり情事──と，精神分析の違いがわかっているのかどうかを疑ってみましょう。ですが，さしせまった問題として私たちは患者に何を言いましょうか。私たちがいわば彼女に解釈したはずのときにです。無数の解釈があります。ですが経験はただひとつです。それはそこでアナリストがこの患者と共有した経験です。それに反して，私たちの誰もそれを経験していません。私たちはその問題を論じることはできます。ですがそれは分析ではありません。それは分析**もどき**です。何かが起こっているというアナリストの感覚は，患者がアナリストのところに来て，それを経験する機会をアナリストに与えてくれてはじめて，わかりようがあるのです。

2

プレゼンター：患者は 50 歳近い女性です。私が報告しようとするセッションで，彼女はやってきて黙ったままでした。それからあからさまにあくびをして，眠いことを表しました。そして彼女は言いました，「眠いならどうして私はここに来たんでしょう。家にいて寝ていればよいのに。私は眠るためにここに来るわけではありません」。それぞれのことばの間に彼女は沈黙しました。私は何も言いませんでした。長い沈黙の後，彼女は尋ねました，「どうして私はここに来るのですか」。私は彼女に尋ねました，「そうですね。どうしてあなたは来るのですか。ここに来るのはあなたにとってどんな意味があるのですか」。彼女は答えました，「あれこれの意味です。あれやこれやです」。それでは私に何も伝えていませんと，私は彼女に指摘しました。彼女は続けました，「そうですね。自分自身をもっとよく知るようになるために，私はここに来ます。あなたが助けてくれれば，私にとって，ことはおそらくもっとはっきりするだろうと思います」。けれども彼女はとても嘘っぽくこのことを言いました。

ビオン：もしそれが答えなら，何をお困りですかと言うこともできましょう。彼女が思うに，答えをわかっている質問をするために，来るわけではないでしょう。「あなたはなぜここに来たのですか」とあなたが彼女に尋ねるなら，それは彼女があなたに尋ねていることですと彼女は言えましょう。ですから，それはただ脇において，彼女に次のように言うべきだと思います，「あなたは問題提起をしましたね。たぶん後になれば，その答えが何かをあなたは言えるでしょう」。あるいは，単に「あなたは問題提起をしましたね」と言います。彼女が答えを発見したときに答えが何かを言う機会を，むしろ彼女に残したいものです。部屋のなかに二人の人がいることや，この質問はひとりかもう一方，あるいは二人ともに当てはめうることをこころに留めておく方が良いのです。

プレゼンター：私が彼女に以前話したことを思い出したかのように，突然彼女は話をやめました。彼女はカウチに横になって，頭を私の方に向けて言いました，「私は何も言いませんでしたか。そう，あなたはそれでは何も言ってることにはならないと言いました」。彼女は私をじっと見つめ，それから言いました，「私が何も言っていないとあなたは言いました。たぶん，私は何も言いません

でした」。私は言いました，「私が正しい答えを知っていて，あなたはその答えを推測することになっているんだけれども，あなたにはそれができないかのように，私のことを見つめていますね」。そのあと彼女は言いました，「あなたは私を助けられます。でもここでは私が自分ですべてのことをしなければならないと，あなたは言い続けています」。彼女を助ける力が私のものだと彼女は考えていると，私は言いました。

ビオン：あなたはあまりにやりこなそうとしすぎていると，私なら考えたでしょう。そのやりとりについて私自身が感じるのは——私はそこにいたわけではないので，できる範囲で言いますと——私なら黙ったままでいて，その質問についての答えを患者が私に語るように任せておこうということです。ともかく私が何か言いたかったとしても，それを言うのをいったんやめるでしょう。彼女は質問し，誰も答えていません。私が聞くのはただ沈黙だけです。質問へのはっきりとした答えは何らありません。作業をすべて自分がしなければならないと，彼女はどうやってわかるのだろうかと思います。誰かがそのことを彼女に話したのですか。また，その沈黙の中で彼女は何を聞いているのですか。私は沈黙を嫌いません。と言いますのは，実際のところ人が沈黙したままというコミュニケーションの形があるからです。音楽には「休符」があり，その間楽器は演奏しません。ですから私は沈黙に任せたいと思います。あるいは——私の考えでは，彼女がその状況にどれくらい馴染めるか次第ですが——何も語られていないときに何が語られたのかを聞く方法を，彼女が何か持たねばならないという事実に彼女の注意を向けるかもしれません。そのどちらかですが，あるいは当たっていないかもしれません。私について言うなら，すべての作業を私がしなければならないとしても，私に語ってくれる人を期待するでしょう。さもなければ，あなた自身何の援助もなく，あなたが彼女を助けることを期待されている状況に入ることになるかもしれません。あなたが彼女に会いに行くわけではありません。彼女があなたに会いに来ているのです。

プレゼンター：彼女はなぜ来るのかわからないと言います。

ビオン：それに対する私の返答は，「とてもありそうもないことだと思いますね。あなたがわからないなら，他の誰もきっとわかりません」となるでしょう。アナリストであるあなたがなぜ来たのかが彼女にはわからないというほうが，ずっともっともらしく聞こえます。ですが，この人たち二人ともがなぜやってきたのかに関して，彼女は途方に暮れるかもしれません。その部屋の中には二人きりです。けれども，彼らがなぜそこにいるのか，あるいは何のためにそこにいるのか，彼女にはわかりません。

その状況のなかで自分自身を発見するためという彼女の説明は，多少なりともっともらしいものです。それは合理的な説明です。精神分析的説明でさえあるかもしれません。二人の人がいる部屋に彼女がやってきて，彼らが何をしているのか質問しはじめたかのように，私には聞こえます。この二人の人が何に取り組んでいるのかをじっと見ている小さな女の子がいると言えば，もっとわかりやすいでしょう。

　この問題はさて置いて，彼女が望むなら話し続けてもらいましょう。それで，その部屋に彼女と一緒にいる男性に彼女が何を言っているのか，私たちは聞くことができます。これまでのところは明らかに，男性も女性も説得力のあまりない精神分析的解釈らしきこと以外には何も語っていません。簡単に言えば，謎は解決されていません。

プレゼンター：そのことがとても不安なので，わたしはこのケースを持ってきました。

ビオン：そうですね。そして彼女もそうなのです。彼女には二人の人がなぜそこにいるのかわかりません。彼女が言うこと，つまりそういった「なぜ」すべてを，あなたはとても重視しなければなりません。質問しても，そこに答えがすでにあるのであなたは答えてくれないと決め付けてしまう患者は，あなたや彼女が好奇心を抱く機会をまったく残してくれません。彼女は質問できますし，何も彼女に語ってくれない答えも得られます。同じことはあなたにも当てはまります。あなたは質問されます。ですが，あなたには何も話されません。あなたが解釈しようとするなら，「あなたがそんなに賢いなら，あなたが私に語るのです」という根拠のもとで，患者はさらに引きこもります。あなたはその引きこもりに屈するべきではなくて，彼女がそういった質問への答えをほしいなら，彼女はあなたに正確に伝え続けなければならないのを明らかにすべきです。分析は――アナリストに限らずに――，何も起きていないことに答えを求められるゲームではありません。あなたは答えます。そして，彼女はあなたにまた別の質問をします。助けるためのどんな手段もないのに手助けしようとしている自分にとうとうあなたは気づきます。その代わりに，どんな解釈も彼女にせずに，沈黙のままなら，「そこにあなたはいるにはいますが，私がここにきて，すべての仕事をすることになっています」と彼女は言いましょう。それは一種のゆすりです。彼女はアナリストがとにかく間違っていることを証明するでしょう。すなわち，アナリストがあまりに無知なのでどんな手助けもできないか，さもなければ，あまりに賢いので何の援助がなくてもアナリストは仕事ができるかをです。

参加者：あなたの感じた印象を話すなかで，あなたはアナリストが患者に言ったかもしれないことを指摘します。また，あなたのこころには浮かぶけれども，患者には言わないだろう解釈についてもあなたは話されます。この２種類の解釈を聞いていると，そのどちらも患者に解釈できると私は感じます。

ビオン：精神分析の**実践**においては，状況がどうなのかをアナリストは決断しなければなりません。そのことを彼に伝える人は誰もいません。その部屋で彼が自分で見たり聞いたりすること，つまりアナリストの感覚があるだけです。言うべき解釈を教えるものとしたトレーニングは，誤りです。何が解釈かを知る機会のある場所は，あなた自身の面接室の中だけです。解釈についてあなたが自分でわかる以上に，もっとあなたに伝えられる人は誰もいません。さまざまな人と一緒にいて，さまざまな状況が生じます。それは同じ人と一緒にいてもです。今日は昨日と同じではありません。それは動的な状況です。分析は静的ではありません。分析理論は３セッションぐらいの間はとても役に立ちます。あなたは患者について何も知らないので理論に頼らねばなりません。その後は，答えはカウチの上や椅子の上や，あなたが自分で見たり聞いたりできることの中にあります。

プレゼンター：私に助ける力があるのに私がそうしたがらず，彼女に自分で何でもするように私が言っていると彼女が言うので，私は彼女に言いました。彼女の言わんとすることは，私に全面的に依存して，私に嗜癖することです。でも，私にその力があるのが彼女にはわかっているので，私が彼女を助けるのを決心するまで彼女は寝ていられます。彼女は，ただ「私は嗜癖していません」というだけでした。

ビオン：その場合彼女が知らなければならないのは，彼女**が**なにものかということです。自分が何かではないのを彼女がわかっているなら，彼女**が**なにものかをどうしてあなたに言わないのでしょうか。精神分析はわからないことを人々に教える方法ではありません。精神分析は，何かを発見するためのなおいっそうの疑問です。出会うたびに，患者についてもう少し知りたいとアナリストは思います。私たちが答えをすべて知っていると患者に教えようとするのではなくて，患者が取り組む**なら**答えを見いだせるかもしれないと，私たちは教えようとしています。患者の代わりに誰もその仕事をしようとはしません。というのは誰もそれをできないからです。

プレゼンター：分析から何を得るのかという点——つまり，自分自身を知るなどですが——に，彼女は戻りました。彼女は言いました，「あなたには私と一緒に耐えるのがどんなにか大変に違いありません」。彼女は私とここにいるのが恐

ろしく困難だけれども，自分が良くなっているのがわかると言いました。それから彼女はまるでことばを食べているかのように，全く理解できないことを言いました。彼女の言うことがわかりませんと，私は彼女に言いました。彼女は答えました，「こころの中の混乱を言いたいのです」。私にもっと近づきたいと望む時でさえも，彼女にはそれがとても難しい，なぜなら，良くなっていると彼女が言いはじめるや否や，彼女は自由に話せないと感じ，混乱をもたらしてしまうからですと，私は彼女に言いました。

ビオン：彼女が食事を与えられているのなら，彼女のからだのもう一方の端から出てくるものと食物が何か関係があるのをほどなく発見できましょう。けれども，あなたは彼女に食事を与えているわけではありません。ですから，他の何かを考えださねばなりません。次のように言えます，「あなたは私のよい分析を取り入れ，今度はそれをたくさんのごちゃごちゃのしろものにしてしまうので，あなたはもっと食べなければと感じていますね」。消化管に関する話をするなら，ご存じのように食べるものと排泄するものとを子どもが関連づけるまでには長い時間かかります。その答えをわかるほどの歳になるまで，子どもはその問題を忘れていますし，その疑問を忘れています。こころに関する話をするなら——私たちがしようとしていることですが——，そういったことはすべてはるかに難しくなります。明晰でよい分析を受けているかのように患者は感じうるのですが，その分析が今度はたくさんのがらくたになるとも感じうるのです。

　患者には何を言うべきなのでしょうか。そこが**あなた**の入っていくところです。あなたはそこにいて，その時までにはその患者が理解していることばに関して何かをわかっています。それは単に**あなた**が何を理解しているのかという問題ではなくて，あなたの解釈をその患者が理解できるのかどうかという問題です。ばかばかしい例を挙げれば，赤ん坊に消化管の生態学について多くを説明しだすわけにはいきません。その説明は本当のことかもしれません。正しい解釈かもしれません。けれども，それは無意味な時間の浪費です。

3

プレゼンター：患者は 24 歳の男性で，病院勤務の医者です。そのセッションに彼は 10 分遅れて到着しました。彼は，次のように言ってはじめました，「私は下の階にいました。面接室まで上がってくるのをためらいました。煙草を買いに行きました。面接室まで来ましたが，立ち止まりました。ここにいられませんでした。エレベーターに乗りましたが，私にはセッションに来るのはつらくなりすぎるだろうと思って，気分が良くありませんでした。ここにいたら私は死んでしまうだろうと思いました。すんでのところで出ていきそうでした。私にはあまりにも苛酷になりそうだなと思いました」。患者は話し続けましたが，話題を変えました。「木曜日に私はあなたに言いましたが」（それは前回のセッションのことで，このセッションは土曜日です），「金曜日に当直になるのを私は心配していました。それは 24 時間勤務でした。結局その当直につきましたが，私にはあまりに苛酷でした」。それは 4 カ月間勤務してきて初めての当直でした。つまり，不安だったので彼にはそれまで当直はできませんでした。

ビオン：彼は身体に病気がありましたか。

プレゼンター：彼はそう思っていましたが，実際には危機的な不安に苦しんでいました。他の医者と話している間に，彼は気分が悪くなりそうになると言いました。

参加者：この時点で患者の話の腰を折るのは興醒めなのでしょうか。あまりにたくさんの材料があると感じます。

ビオン：そうですね。全く何も話さないのとは対照的に，情報の洪水を浴びせる患者によく出会います。それがここで起こっていると私は推測します。通常はコミュニケーション全体がおさまるある種の構造があると期待されます。けれども，もし患者がたえず話題を変えていくなら，彼は会話していません。あなたに自由連想の洪水を浴びせています。あなたを援助しているのではなくて，あなたに情報を与え続けているのではなくて，あなたに解釈できなくさせているのです。けれども，彼が何を目論んでいるのかもっと明快な考えが浮かぶまで，彼の話をさえぎりたいとは思いません。私が疑うには——もちろん私にはわかりません。私のこころの中で動いている単なる疑いなのですが——この患者は

何かの破局や不幸にとても怯えているゆえに，医学に取り組んだ人たちのひとりではないでしょうか。そうなれば彼は他の医者と会話ができ，そのおかげで実在するあらゆる不幸について聞くことができます。そうすれば彼は死なないでしょうし，不幸は起きないでしょう。なぜなら彼は医者であって患者ではないからです。

参加者：あなたのその疑いはアナリストが自分の胸に納めるべきことのひとつなのか，それとも患者に伝えることができるのでしょうか。

ビオン：私自身の胸に収めるだろうと思います。といいますのは，彼に解釈の洪水を浴びせたくはないからです。彼はすでに貪欲になっており，ますます多くを望んでいます。ですが，それは彼を助けるのではなくて，彼を洪水であふれさせてしまいます。必要以上の医療になります。ありふれたこの種の事柄は，医学生が解剖学を学ぶために解剖室に行く場合に起きます。彼らは破綻します。彼らは解剖を続けられません。なぜなら，人のからだを切断するとき，彼らの見方や態度すべてに大激変が起こるからです。

プレゼンター：患者は話題を変えなかったという気がします。ただ表面的には話題を変えたのですが。

ビオン：あなたのその感覚が，解釈の寄るべきところです。さもなければ，話題のそういったさまざまな変化すべてを解釈してしまい，あなたはポイントをはずし，変化していない話題をのがします。これらさまざまな自由連想が同じパターンなのであって，そのすべてが異なっているわけではないという気がしはじめるなら，そのパターンが何かわかるまで待つのが大切になります。

プレゼンター：あるトレーニング・アナリストとのセミナーで，アナリストは私にこう言いました。すべてのよい解釈には3つの要素が含まれるべきだ。すなわち，患者のふるまいの記述。そのふるまいの機能。そのふるまいの背後にある理論。

ビオン：ある意味で，そのような理論——あなたのおっしゃるようなもの——は，それを述べる他ならぬその人にとっては役に立ちます。そういう理論の中には，あなたにも何か意味のあるものがありましょう。学ぼうとしている間には，あれこれすべてのことにとても困惑します。私が思うに，トレーニングやセミナーをあまりに長く受け続けることができるのはそういうわけなのです。あなたが資格を得た**後**，初めてあなたはアナリストになる機会を手に入れます。あなたがなるアナリストは，あなたであり，あなた一人です。あなたは自分自身のパーソナリティのユニークさを尊重しなければなりません。それこそがあなたの使用するものであり，あれこれの解釈すべてではありません。今まさにあな

たが感じているように，話題が変わっていないと感じるなら，**それが**大切です。その後時が経てばそのパターンが何かを発見する機会を，その面接中か，翌週か，あるいは良くはわかりませんが翌年かにでもあなたは手に入れることでしょう。

　これまでのところで面接を取り上げてみましょう。あなたに何か考えが浮かび，「**さあ，解釈できる**」と感じます。ですが，解釈の準備が整った頃までには，問題は解決されます。あらゆる解釈が意図するのは変化が起こることです。それが正しい解釈ならばですが。解釈によって明確にされた難しい状況はただちに消失します。その状況はまたしても新しい問題を含んだ全く新たな状況です。

　不変の要素が何かを推定するには長い時間かかるかもしれません。身体医学においては，患者に関するあらゆる種類のこと——体温，脈拍，血圧等々——を見つけられます。その後でそれらをすべて総合できます。私たちは「これが何か私にはわかりません」と言わなければならないかもしれません。あるいは，「結局普通の風邪かもしれないと思いますが，経過観察し彼を安静にしておきましょう。また見に来ますので」と身内に言わねばならないかもしれません。「先生，どうしたんですか」と尋ねる不安気な身内に対して，「まだわかりません——もう少し知りたいのです」とか「まだわかりませんが，私が思うにはやがてはっきりしそうですね」など，訴えが何であれ，よい医者は言う覚悟がなければいけません。分析においてアナリストは，満足せねばなりません。そうでないと，アナリストは解釈せねばというプレッシャーに絶えずさらされます。この患者に関して，彼は仕事に復帰したいか復帰すべきであり，彼の欠勤は重大事だとあなたは感じるかもしれません。けれども，アナリストは無慈悲であらねばなりません。アナリストの仕事は誰かが仕事に復帰するのかしないのかではなくて，誰かに正しい分析が行なわれているかどうかですので，アナリストはそのプレッシャーに抵抗せねばなりません。あなたは**常に**プレッシャーを受けています。あなたが患者の話を聞こうとしている間，患者はあなたに押しつけようとし続けます。「でも先生，私は仕事に戻らなくては」，「これをしなくては」あるいは，「他のことをしなくては」。こういったことはすべて患者の人生に関係しています。ですが，分析には関係ありません。外科医は手術しているとき，手術室の中の大きな騒音には耐えられません。彼は人に話をさせません。規律がなければなりません。こうして外科医はその特別な仕事に集中できるのです。

　このケースにおいて，あなたは解釈できる条件をこしらえようとせねばなり

ません。患者はあなたに圧力をかけ，「この話を聞き続けたら，あまりにたくさんの連想がありすぎて，なんて解釈してよいのか絶対にわからなくなりそうだ」とあなたが感じるほど，たくさんの素材を患者は提供するでしょう。あなたはそれに抵抗し，あなたが納得して何かを言いたいと思うまで，患者が言わずにおれないことを聞き続けようと自分自身に言い聞かせねばなりません。さもないと，**あなたが望む解釈を与えるのではなくて**，他の誰かの解釈とあなたには思えるものを与えることに，あなたの人生を費やすという恐るべき状況に入り込みます。あなたが自分の言うことに満足しないなら，決してよい分析はできないと思います。

　分析が続いている間に，誰かの言ったこと——トレーニング・アナリストの発言のような——を，あなたは思い出すかもしれません。それはあなたが医学生の頃，病棟で見たことを思い出すようなものです。いろいろな人たちの分析方法を聞くことが多々あります。けれども，重要なのはただひとつ，**あなたの**やり方なのだという事実を決して見失ってはなりません。

　さて，このケースのことを続けましょう。あなたのおっしゃったその変化していない話題について，たぶん何か考えつくでしょう。

プレゼンター：患者は当直を続けたら気分が悪くなりそうだという感じを持ちました。彼は気分が悪くはなっていませんでしたが，そういうことが起こりそうだという感じを持ったのです。

ビオン：言い方を変えれば，彼は治るつもりがなかったし，そういった病気になりたいのでしょう。彼はともかくも，実際に自分が医者になっているほどとてもタフに違いないのを，全く考慮していそうもありません。医者という職業においては，最悪の状態の人たちを常に処置するものです。人々は怯え，不安げです。彼もまた，不安で憂うつで怯えてしまいそうなら，その仕事に就くのはよくありません。

プレゼンター：それで彼は，横になるために部屋を出ていきました。その時彼は救急病棟に呼ばれました。彼は行きました。そして，完璧に仕事をしました。何ら困ることなくうまく仕事ができたのを，彼はとても奇妙に思いました。

ビオン：ひとつのことわざがあります，「あらゆる太った男の中には，外に出ようとしている痩せた男がいる」。こうも言えましょうか，「あらゆる心気症者には，自由になろうとしている医者がいる」。あるいは「あらゆる神経症者には，自由になろうとしているアナリストがいる」。もちろん答えはいいえです。ですが，この患者に関して驚くべきことに，自由になろうとしている医者がいるのを彼は発見します。その緊急事態に彼は出掛け，心臓発作か何かではなくて，自分

が医者であるのに気づきます。このことをその出来事ばかりではなくて他の多くのことにもあてはめてみますと，危機になると医者が現れるなら，患者は結局は医者か潜在的なアナリストかもしれないと，あなた方は感じはじめるかもしれません。ですが，なぜ危機状況の時なのですか。結局のところなるほど彼は，単に肩書きではなくて，実体として医者であるかもしれないなら，なぜ彼はこれまでそのことを発見しなかったのでしょうか。彼が神経症者や心気症者に**ならなければならなかった**のは，なぜですか。あるいは，そのことを発見する前に，アナリストのところに出向か**ねばならなかった**のは，なぜですか。もちろん私たちは良くも悪くもアナリストとして，分析が役立つと信じています。ですが，その信念のために私たちは，精神分析の途方もない性質や謎を見失いがちです。とてもたくさんのアナリストたちが自分たちの対象にうんざりしているように思われます。彼らは不思議に思う能力を失っているのです。

プレゼンター：同じセッションの後のほうで彼はその疑問に自問して言いました。「分析が私のためにそうしてくれるのがわかっていたなら，ここにくるまで危機状況を放っておかなかったでしょう」

ビオン：進歩のひとつの特色は，もっと早めに進歩を発見しなかったことへの後悔や抑うつをいつも感じさせることです。

プレゼンター：彼はまた，分析が彼にとってどんな成果があったのかについて話しました。

ビオン：彼の気づいていないことは，彼が実際には分析への賞賛を表現しているということです。それはごく取るに足らないポイントのようにも思われましょう。実際のところは，しかし，大部分が見えないところにある氷山の一角のようなものです。患者は嫉妬や羨望や競争心を表現できること，そしてその後にアナリストに感謝や敬意を表せることに気づいていません。彼が分析を信じてなくて，分析が何かよいことをしてくれるとは期待していないのをほぼ示唆しているこれら多量の素材すべてにおいて，実際には彼の意見としては分析がいくらかよいことをしてくれた，あるいはむしろアナリストがいくらかよいことをしてくれたと言っているのです。アナリストは欠点を見つけること，いわば罪状発見に関わっているといくらか信じられているために，しばしばこの点が見逃されます。けれども，私たちはそうではありません。私たちは患者が誰であれ，何であれ，患者を見つけようとしているのです。チャンスがあるなら，こういった賞賛や愛着や共感の表現に彼の注意を向けるのは大切です。といいますのは，これらの感情は――特に彼のような患者にとって――述べる価値のないとても弱々しいものだと感じられているからです。私が思いますには，償いをし

たり人々を治す要求に彼は支配されています。その背後には，自分の破壊性への恐れや，人々を治すよりも病気にしてしまいそうな人になることへの恐れがあります。人々を治す医者になるなら，責められることはありますまい。けれども，人々を治し*たく*思うのは，別のことです。あなたはアナリストや父や母です。なぜなら，とても必要だけれども，それほど大切ではないと感じられる愛着や理解の能力が自分にはあると，あなたが信じているからです。もっと大きな尺度で言えば，単に人間どうしの幸福に関わっている人であるよりも，ヒットラーである方がはるかにすごいと感じられます。見失われがちなのは，私たちが医者としてサイコアナリストとして関わっているのは，人を援助することであり，人を不幸にしたり動転させることではないことです。分析過程においては，動転させねばならないかもしれません。しかし，それは私たちが試みていることではありません。この患者に関すれば，時機が来たら彼には愛情や共感や理解の能力――それは単に診断や外科学ではなく，単に分析の専門用語でもなくて，人への関心です――がいくらがあることを示すのはとても大切かもしれません。あなたは医者やアナリストを作ることはできません。彼らは生まれねばならないのです。

4

プレゼンター：患者は時間通りにやってきました。とても不安げな様子でカウチに横になりました。そして長い間黙っていました。それから彼女は先週の金曜日は来れませんでしたと言って，話しはじめました。つまり，彼女は仕事を終えようとしていた時，雨にはばまれたので，車をつかまえることも電話で私に伝言を伝えることもできなかったのでした。少しの間黙ってから彼女は言いました。「今日気づくことに，私はあなたが恐いんです」。ブラジリアにとても有名なサイコアナリストがいると聞いたときにこの恐怖を意識するようになったと，彼女は言いました。彼女はサイコロジストなので，いくつかのミーティングに出席できるのだろうかと思いました。そのアナリストが開いている会合に席を確保するにはどうしたらよいのか，彼女に尋ねてくる人たちがいました。彼女にはその答えがわからなかったので，私に尋ねようと考えました。彼女は次のような論法でこころの中で対話を続けていると言いました，「私が彼女に尋ねても，彼女が答えてくれないのはわかっている。尋ねないなら，そのミーティングがどこで開かれる予定なのか私にはわからない」。だから彼女は，率直に話して，私にその状況を説明しようと決心しました。自分自身とのその会話は，私との直接の会話を避ける手段であると私は指摘しました。

ビオン：答えてもらえないと，どうしてわかると彼女は言いましたか。

プレゼンター：後になって，私はその問題提起をしました。それは私との関係の種類がそうだからですと，彼女は答えました。

ビオン：彼女はどれくらいの頻度でくるのですか。

プレゼンター：週4回です。私と触れ合っていると彼女が感じ，私自身も彼女と触れ合っていると感じる時があるという印象はあります。しかし，ほんのたまにです。彼女は1年以上にわたって分析を受けています。彼女には18カ月の可愛い女の子がいます。1カ月前に彼女はサイコロジストとしての仕事に就きました。臨床領域ではないですが。フルタイムで仕事を始めたので，彼女の面接は彼女が仕事を終えた後の一日の終わりの時間です。これまでは彼女は一度も面接を欠席しませんでしたし，料金の支払いを忘れませんでしたし，遅れてきたりしませんでした。今では彼女は遅れて到着し，週1回面接を欠席すること

もあります。

ビオン：彼女がやってくる際に，あなたと彼女自身との間に彼女が距離を置くとあなたが感じる点に関してはどうですか。彼女はどのようにそうしますか。

プレゼンター：なぜ遅れるのかについて彼女が説明しだしたときに，まるで彼女が教師か母親に説明しているかのような印象を私は受けます。

ビオン：あなたはそのことを彼女に明らかにできましたか。

プレゼンター：やってみました。彼女の態度は「そうです。言い訳しようとしているのはわかっているんです」というものでした。それで彼女は遅れて到着するときにはいつでも「言い訳しはじめているのはわかっているんです」と言います。彼女は自分自身との内的対話のようなものを伝えますが，私に言いたいことを決して十分表現していないと，私は感じます。

ビオン：彼女はあなたと触れ合えないだろうとわかっているのに，わざわざやってくるのには何か理由があるに違いありません。その有名なアナリストたちはあまりに有名なので近づけない人たちであると，おそらく彼女は考えています。

プレゼンター：彼女は私に話しかけるとき，くだけて「あなた（you）」を使います。彼女は言いました，「あなたに質問するつもりです。あなたが答えないのはわかっています。でも，私には答えが必要なんです」。私は言いました，「私と話す前に，あなたは自分自身と話しています。しかも私に話しかける際には，私が答えそうな答えをあなたはすでにわかっているので，実際にはあなたは私に話しかけていないのです」。この両方ともが彼女を悩み悲しませるという印象を私は受けました。圧迫されて，くつろげないようですね，と私は彼女に言いました。これまでの経験から，彼女の態度で私が気づいたところを述べるときにはいつでも，彼女は活気づき，いっそう生き生きとするように思われることを私は観察してきました。私がそのような観察を述べるときには，彼女の表情が生き生きとして幸せそうなので，彼女は私により近づいているように思われます。ではありますが，たとえ彼女がその種の幸せな表情をしても，私には彼女に少しも近づける気がしません。

ビオン：それはどんな種類の幸せだとあなたは思いますか。

プレゼンター：面接中彼女は苦しい時に，罪悪感を軽減し償うために距離を利用すると私には感じられます。彼女は苦しんでいると私が指摘すると，「いえ。私ではないです。私は苦しんでいません」と彼女は言います。

ビオン：精神分析のルール――それを彼女は知っていますが――に一致しない経験をしているために，彼女は罪悪感や怯えを感じているように私には思われます。「有名なアナリスト」とは彼女が話しかけれないと感じる人であり，有名なア

ナリストもまた**彼女**に話しかけない人だと私は思います。その「有名なアナリスト」は彼女と何も関わりを持たないだろうと，彼女にはどうやってわかるのですか。

プレゼンター：批判されていると彼女はいつも感じています。つまり，彼女ならもっと良くできたはずなのにとか，もっとできたはずなのにとかです。

ビオン：ですが，彼女が「有名なアナリスト」の近くにいて，それゆえに有名なアナリストたちに話しかけてはいけないし，ましてや彼らがどこにいるのか知ってはいけないと，彼女に悟らせることがたまたま起こったのだと私には思えます。「有名なアナリスト」は彼女が分析を受けにいく人に変装していると，彼女は感じているのではないかと思います。この患者に何を言うかはさしあたりさておいて，その「有名なアナリスト」があまりに有名なために話しかけられないほどだという理由について論議しましょう。

プレゼンター：彼女にはクリニカル・サイコロジストの職業でとても成功しているひとりの妹がいるのに対して，患者は1年後にやっとなんとか仕事をえたという事実が，おそらくそのことに関係しています。ですから，彼女はたとえサイコロジストになってもスケジュールを守らねばなりませんし，仕事からの要請に縛られてしまいます。何か大事なことを私に言いたいときにはいつでも，彼女は最初に自分の妹を持ち出し，そして「私の妹は……と考えます」「私の妹は……と言いました」と言います。

ビオン：とても強く疑わしいのは，彼女の赤ちゃんがひとりの人であるのを彼女が発見しつつあるのではないかということです。赤ちゃんが恐ろしいものであると彼女に思わせる何かが起こりました。つまり，赤ちゃんが年をとったらおそらく彼女よりもずっと賢くなるかもしれません。すなわち，彼女が赤ちゃんのことをほったらかしてあなたに会いに来ているのかどうかを，赤ちゃんは知ることでしょう。幼児心理学について彼女よりもうんとわかる危険なパーソナリティだと感じられるこの対象を彼女は恐れています。彼女が自分の赤ちゃんと同じくらい賢くな**れば**，彼女自身その状態に戻れる**なら**，彼女は人についてうんとわかるのにと彼女は感じています。私たちは「あなたはこう感じました」，あるいは「あなたはそう感じました」というようなあらゆる解釈をします。その解釈には乳房に向かっている時にふさわしいようなものが含まれています。けれども，乳房に向かうことに関して，単に普通のサイコロジストやサイコアナリストたちよりも赤ちゃんはずっと知っていると私は思います。

　そのことをもっと「理にかなった」ことばで表現してみますと，この女性は自分が生み出したものにとても驚き，この赤ちゃんへの賞賛で一杯になってい

るのではないかと思います。あなたの解釈によって彼女は，子ども時代やさらには幼児期からの忘れていることさえ思い出すかもしれません。きっと赤ちゃんは思い出させるでしょう。赤ちゃんは彼女のアナリストではありません。ですが，それにもかかわらず彼女と彼女の赤ちゃんとの情緒状況は，どんな分析的関係よりもいろいろな感情をずっと強力にかきたてるものです。ここしばらく彼女はあなたと言語的性交をしてきました。ですから，彼女が妊娠するような機会は常にあるのです。それで，ある意味では赤ん坊が生まれる前に処理しなかった感情，すなわち妊娠や母親が自分の内部に持つものへの恐怖――たとえ彼女が今や母親でも――について，彼女は実のところ話しているのです。彼女は心理学についてすべて学んできたけれども，精神分析もまさに「同じ古ぼけたもの」なのか，あるいは違ったものなのかを彼女は心配しているかのようです。その後彼女はサイコロジストに対して反抗するでしょう――彼女はサイコロジストでもあり，反抗する人でもあります。あなたが「有名なアナリスト」と関わりがある――それが何であれ――のを，彼女は単に耳にすることではなくて，知るのを恐れていると思います。ですからこの観点からすると，彼女があなたのもとにくる場合には，彼女は性的な親――夫や妻――に実際にとても接近します。同じことが逆にも当てはまります。あなたがすぐれたサイコロジストやサイコアナリストなら，あなたは彼女が妊娠しているのをわかるか，彼女が赤ちゃんを産むつもりなのをわかるでしょう。妊娠症状のようなこころの症状を，私たちは何も知りません。しかし，この患者は子どもの時に，母親が気づく前にすら母親の妊娠の時期を知っていたはずです。ですから，彼女のアナリストでもあり，彼女自身でもあり，彼女の赤ちゃんでもあり，現れでてくる何かでもある，この「有名なアナリスト」についての不安があるのです。

　この観点から彼女があなたのことを恐がっているという彼女の発言に戻りましょう。すなわち，彼女がこの「有名なアナリスト」を持っているか，彼女の赤ちゃんには性格やパーソナリティがあるのを彼女がはっきりと理解できるかのどちらかのために，あなたは敵意や羨望を抱いてきました。妊娠や赤ちゃんを産むほどこころの成長を生み出しそうなものはありません。

参加者：男性についてはどうですか。
ビオン：男性はペニスをもった羨ましがられるすぐれた人ではなくて，赤ん坊を産めないねたましげで不幸な人です。ですから，アナリストのあなたが男か女かどちらであろうが，この患者があなたと関わったり，あなたの近くにくるのは危険です。というのは，あなたが彼女の赤ちゃんに何をするのか彼女にはわからないからです。まるで彼女が有名な赤ちゃんを産み，その赤ちゃんを愛し賛

美するかのようにふるまおうとしたなら，そのことは遅かれ早かれ分析のなかで示されるでしょう。これまでのところ赤ちゃんは安全でした。ですから，これまでのところ彼女は自分のアナリストに接近していません。つまり，彼ら二人の間に長い「電話」線があるかのように，彼女はアナリストに話してきただけです。ですが，まるで人形かひとかたまりの精神分析的たわごとであるかのように赤ちゃんを扱うのと，まるで人のように赤ちゃんを扱うのとの間に彼女は葛藤を感じることもありましょう。ある意味でひとりの母親が生まれつつあるといえましょう。ですから，彼女が自分の赤ちゃんをどんなに気に入っており，どんなに誇らしいかを表明するのは何か恐いのです。なぜなら，彼女の「父なる」アナリスト，「母なる」アナリストがその状況に対してどんなに嫉妬深くて羨望するかわからないし，あるいは彼女が出掛けて父か母なるアナリストに会っている間に赤ちゃんが置いていかれたら，どんなに赤ちゃんが怒るだろうか，彼女にはわからないからです。

　私はこのことに関して多くを語ってきました。ですが，私たちは本当の問題に触れていません。すなわち，この患者に何を言うべきかです。私があなたに語ってきたことをあなたは言うことはできません。患者はあなたが言い終わらないうちに，眠ってしまうか出ていってしまうでしょう。あなたが与えたいと思うように感じる解釈がどれなのかをあなたは考慮せねばなりません。母親と幼児とのまさに親密な関係のなかには，あなた自身のことや赤ん坊についてのことを見つけだす機会があります。それがまさに分析のすぐれたところです。精神分析は，母や父や赤ん坊について知っていること——それ自体ではなく——で「遊んでいる」だけです。ここで関わりのあることは，この女性が自分の直観を使って，この子に話し掛ける真の人にあえてなろうとするのかどうかであり，そして，実際のその子どもが真の子どもになるのを彼女が認めて，その実際の子どもがたくさんのことを知っていたり，知っているように思われるのを彼女が発見したときに，彼女が怒ったり怯えたりしないだろうかどうなのかということです。別の言い方をすれば，母親や娘や女の赤ちゃんたちはみな，嫉妬や羨望をとてもたくさん引き起こしそうに感じられるものです。

　この患者が分析にやってくるのを困難にしていることを表面化させてみたいですね。母親が赤ん坊にくっついたままなら，赤ん坊には良くないでしょう。父や母の望むことを首尾よく妨げてきた患者に——とても混乱したり，あまりに泣き叫ぶために母親は子どもから離れることができなかった——あなたが対処することがあるとしたら，その人は人生のその後において他人から離れられなくなっているでしょう。

5

プレゼンター：患者は 35 歳の女性で，7 年間分析を受けてきました。そして，私とは 2 年目になります。はじめは週 2 回で合意しました。というのは，そうでなければ彼女には無理だったからです。2 年目になって週 3 回に増えました。昨年私は，彼女とやっていくことを終えようと考えました。ですが，私の気持ちは変わりました。今年私たちはお互い話し合いはじめているという気がします。

ビオン：続ける価値がほとんどないと，どうしてあなたは感じましたか。

プレゼンター：私たちのコミュニケーションを妨げる何らかの障害があるので，お互い有効に話し合えないと，私は感じました。

ビオン：増大していくその印象とは何でしょうか。どんな患者との間にもその印象が起こりうるので私は尋ねるのです。ある関係を続けてもあまりに報われないとアナリストは感じます。妨害物があるとの感覚はどんなことでも起こりえます。ですが，その感覚が続けたくなる挑戦心や刺激を与えくれる場合があります。研修時代のことを私は思い出します。とても退屈に思われ，目を覚ましているのが難しい患者に出会いました。その後あまりに退屈なので，彼はどんなふうにそうしているのだろうかと私は感じはじめました。ですから，あなたもその妨害物に魅了されはじめるかもしれません。そうしたら続けることが可能になります。ですが，あまりに報われないので続ける価値がないと感じる時，その事態にこそ私たちは注意を向ける必要があるのです。

参加者：あなたは分析できない患者がいることに同意しますか。

ビオン：そうだと思います。時に忘れられるのは，分析が揺籃期にあり，あらゆる種類の患者に対応可能と考えるのは全くの誤りかもしれないということです。そのことはアナリストや患者の欠陥ではなくて，ただ単に私たちが十分知らないだけなのかもしれません。身体医学において結核が致命的な病気とみなされていたのは，それほど昔のことではありませんでした。今日結核の専門家の多くは臨床をしていません。結核専門医は医学の進歩のために過剰になっています。50 年，100 年後には分析的に治療できるようになる事柄があるかもしれません。けれども，今は治療できないようだという事実に変わりはありません。

このケースについて尋ねましょう。終了する時期だと何があなたに感じさせたのでしょうか。そして逆に，あなたに続けさせたい気にさせたのは何でしょう。

プレゼンター：その触れ合いにくさが私や患者のせいなのかどうか，私は全然わかりませんでした。

ビオン：そのことは常に考慮する価値があります。ですが，アナリストたちは逆転移を使えると考えるがために，ここでまたもや誤った議論になります。それは不正確な考え方です。あなたはあなたの抱く**感覚**を使うことはできます。けれども逆転移を使うことはできません。定義によれば，私は自分の逆転移について何もできません。アナリストに頼るか分析を受けるか以外に逆転移に対処する術はありません。けれども，頼れるアナリストがいないという事実に，大部分の人は耐え忍ばねばなりません。

　ある患者が退屈だとか仕事が報われないとか関係が進展しないとか，私たちは感じることがありましょう。そのことは患者の欠点**でもあり**，アナリストの**欠点でもある**かもしれません――だれが責められるべきかは重要ではありません。アナリストの欠点についてはそれを斟酌しておく他にできることはありません。唯一残された問題は，アナライザンド（被分析者）の側の要因に関して対処できる術があるのかということです。ある意味で分析の進展はまさにそれ次第です。そのアナリストが本来のアナリストになるよりも，そのアナリストのアナライザンドがよりよいアナリストになるのを援助できるようにも思われます。

プレゼンター：私はそういった感覚に気づいていましたが，同時にこの患者がセッションを決して休まないことにも気づいていました。ですが，私の使うことばは彼女のこころには触れないし，彼女は決してそのことばを理解できないという印象がしました。

ビオン：患者の料金はだれが支払いますか。

プレゼンター：彼女自身です。

ビオン：彼女は正規の額をきちんと支払いますか。

プレゼンター：そうです。彼女は支払いを遅れたことはありません。

ビオン：それはとても特徴的なことです。つまり，出席と支払いの徹底した規則正しさですが。あなたは彼女がくることで時間がわかります。彼女はアナリストがくることで時間がわかります。金銭的には何が支払われているのか，あたかも正確にわかっているかのように常に見えるものです――ドルであれクルゼイロであれその通貨が何であれ，あなたは数えることができます。ですから，理

解できる**ように見える**ふたつのことがあります。支払いのこの規則正しさと，精神障害者と認められ，しかも約束を守ることのできる——晴れであれ雨であれ，行く手に邪魔が入っても問題ではない——患者との面接を幾セッションも続けていることが私にはわかりました。あらゆる種類の事実を無視して，まるでそれらの事実が存在しないかのように作動し続けるように思われるそういった病んだ人は，どのようにことをなしうるのでしょうか。そういった類のことを，まだ私たちは学ばねばなりません。あなたは患者と続けていくので，そのきっかけを何か見つけるかもしれません。

プレゼンター：彼女は3年前に結婚しました。そして，今や妊娠7カ月です。彼女は妊娠に対して一連の反応を示しました。最初は妊娠をとても望んでいました。ですが，生理が遅れたときにはいつでもパニック状態になりました。実際に妊娠したときにはひどく恐がりました。彼女は奇形児を恐れていました。子どもを持つには歳を取りすぎていると彼女は考えました。

ビオン：ふたつのポイントが私に浮かびます。そういった不安をなぜ彼女はもっと早くに感じなかったのでしょうか。そして，今やどれほど敏感に彼女はそれらの不安を感じるのでしょうか。とても理にかなっていると思われるサインを彼女は示しているように思われます。もし私が女性で子どもを生まなければならないとしたら，ひどく取り乱して怯えることでしょう。生と死の問題に始終直面する医者や飛行士や船乗りや炭坑夫のような部類の人々がわずかばかりいます。患者がいわば子どもを望むか望まないかという際に，こういった根本的な問題に彼らが対処していることを悟りにくいのはよくあることです。「生と死」と私が言う場合に，私は「死」ではなくて，生と死を言いたいのです。**生**と死は，民族自体の継承でもある個人の誕生です。

　あなたのおっしゃったことから思うのですが，この患者は際立って進歩しており，ほとんどの場合に否認される恐怖や不安を抱えていることにとてもよく順応しています。しかし，生と死を一種の神経症症状としてあなたに提示してくる患者に何を言うべきでしょうか。私は問題提起をしています。ですが，さしあたりそれには触れずに，話を続けましょう。

プレゼンター：彼女が時々気分が良くなったと述べる理由が私には全くわかりませんでした。彼女が表現していた不安や恐怖にもかかわらず，妊娠するのが進歩の一形態とみなせるものだとは私にはよくわかりません。

ビオン：月経や妊娠などのやっかいごとはすべて一種の無意識的な風刺であるという可能性を考慮するのは役に立ちましょう。まるで彼女はアナリストを打ち負かしたいとは思っていないかのようです。ですが，彼女が望むなら，もちろん

彼女の方が良くなって，どんどん元気になっていくと感じえましょう。彼女にはこのすばらしいことができるのです。しかし，女性が妊娠したり，生理が止まったり，ある種の身体的発達をするなら，生来男のようなあわれで虚弱な生き物は動転するでしょう。というのは，それが男のありさまですから——女性がそういうことをできるのが理解できないおろかでまぬけな生き物です。彼女もまた怯えているために事態は複雑なのです。彼女は気分よく感じて**いたり**，さらには事態が危険な状況であると感じて**いたり**もできます。男は女が妊娠できている事実に耐えられないかもしれませんし，男は妊娠についてとても不安で怯えるために破綻をきたすかもしれません。私たちは妊婦についてもっと分析的に理解する必要があります。また，私たちは妊夫（pregnant male）のこころの反応についてもっと知る必要があります。人類の発生単位はカップルです。ですから，カップルに赤ちゃんが生まれてくる場合——たとえ男がカップルのうちのひとりであるにも関わらず——男は性的パートナーからできる限り遠ざかりたい気になってしまうかもしれません。あるいは男は出掛けっぱなしかもしれません。分析においては，絵の片面があなたに提示されるだけです。この患者はあなたがまるで夫であるかのように感じています。彼女はまた次のようにも感じています。精神分析的妊娠の可能性をあなたが信じられないかもしれないという意味で，あなたが分析的夫であり，そして「精神分析的赤ちゃん」について合法的に話せるような精神分析的性交の結果がありうる，と。彼女が妊娠しているために彼女のアナリストが次のように言って姿を消すのではないかと彼女は心配になるのです，「おや，まあ，あなたが妊娠するのなら，あなたが治るのなら，あなたが夫をえたなら，さようなら。私は行きます」。あるいは，アナリストが怯えて次のように言うかもしれないと心配でしょう，「あなたは精神病に違いありません。妊娠していると考えるほど重症のはずです。入院して外科のお世話になったほうがよいです」。私は明確さのために誇張して表現しています。ですが，彼女のなかに確実に不安が生じています。そして，羨望や敵意や恐怖のありようで，あなたのなかに生じるものを恐れています——とりわけあなたが首尾よく分析を成し遂げられるのなら。

プレゼンター：彼女は妊娠初期の3カ月間だけ心配していました。その後流産の兆候がみられたので数日安静にしなければなりませんでした。それから彼女はとても魅力的で穏やかな気分を感じはじめました。そして，妊娠しているのさえ忘れますと私に言いました。それは実際にそうだという印象がしました。

ビオン：できるのは分析し続けることだけです。ですが，彼女はまさに複雑な関係を作り出すのだと思います。彼女は妊娠していることやいろんな不安を抱いて

いることも，実のところなんとかしてあなたに伝えようとします。そして，あなたが彼女を追い払わないので，彼女は勇気づけられ，またやってくるし，来続けようとします。

彼女の夫に関して何かあなたは知っていますか。

プレゼンター：彼女が彼について伝える印象では，彼は彼女と同様に病気です。そして彼らはライバル状態で生活し，ひとりがもうひとりをコントロールしようとします。彼女はマスターベーションをよくしています。ですから彼らはセックスが少なくなっています。

ビオン：青年期の患者は，子どもであるのがどんなかをとてもよく覚えています。というのは彼はまだ子どもだからです。さらには，大人になるのがどんなかをいっぱい知ることもできます。というのは彼は大人だからです。ですから，その時期に私たちはふたつの特殊な目標に対処しています。同様のことがさまざまな時期に何度も起こります。すなわち，カップルにも起こるでしょう。といいますのは，二人とも以前には結婚したことがなかったかもしれません。彼らは二人ともセックスについてすべてわかっていると思っています。ですが，実際にはわかっていません。すなわち，彼らは**昔知っていた**こと——両性のそれぞれがとても馴れ親しんでいたマスターベーションやあらゆる種類の性行動——を知っているだけです。ひとつの結婚したカップルが潜在的に生まれつつあり，性的ペアは存在しなくなりつつあると言えましょう。

プレゼンター：最近のセッションのことで話しておきたいことがあります。部屋に入ってきたときに彼女はすでに話していました。彼女は黙っていられないので，これはごく普通に起きますし，面接中月並みなことを話しつづけ，笑顔でとても幸福そうにしています。もし私が彼女をさえぎるなら，彼女はとても苛々となります。私は彼女に尋ねました，「そういったことを話すとき，あなたは私に何を言いたいのですか」。わからないけれども，朝の夫との喧嘩で彼女はとても苛々しているので，私が彼女に立ち去ってほしいのかと，彼女は答えました。

ビオン：あふれんばかりの家庭内のつまらないことに，あなたが我慢できるのかテストしているように思われます。

プレゼンター：つまらないことに魅了されているという印象を彼女から受けます。

ビオン：家庭内不幸のような何か重大なこと，つまり家族放棄や家庭崩壊をあなたは望みたい気持ちにおそらくなっていると思います。夫と同じようにアナリストは赤ん坊を産むようなすばらしいことができません。ですから，アナリストはとても嫉妬深く，とても羨ましくなる機会が至る所にあるので——たとえ他

に何も生み出せなくても——不幸を生み出したいと思います。ですから，彼女はこう答えます，「そうですね，あなたの好むのがそういうことなら，私の家族を清算して離婚しましょう——**そうすれば**，自分がなんとすばらしいアナリストだとあなたは感じられますね」

6

プレゼンター：私にひどい軽蔑を抱いているかのようにふるまう患者がいます。その状況は私にはとても苦痛です。彼に私の限界を示すことができてこれたら良かったのにと感じます。

ビオン：**あなたはなぜ自分の限界を示したいと思うのですか**。**患者が**あなたの限界や能力をどう思うのか、患者が述べるべきです。あなたは患者を分析しているのです。ですから、あなたが知りたいのは患者がどう思うかです。**アナリストが**自分の限界を知らせることの意義が私には理解できません。

プレゼンター：私にはまるで限界がないかのように患者は行動します。

ビオン：患者がアナリストのもとに来る場合、患者は自分自身に関することを学ぶべきです。実のところ、アナリストとの関係に基づいて解釈されることがよくありますが、それはアナリストが重要だからではありません。アナリストについてある信念を示しているその人特有の性格に、アナリストが単に注意を引き付けたいがためです。たとえば患者がアナリストへの軽蔑や敵意の感情を、なんらかのやり方であらわにしたり表に出すなら、それによって患者についての何かがあなたに語られているということが大切なのです。患者がとても感謝しているというのなら、それは分析やアナリストに関して何もあなたに語っていません。ですが、患者について多くのことを語っているのです。そのことは、患者が感謝の気持ちを感じる**ことができる**ということをあなたに語っています。これと対照的にもうひとりの患者は感謝の気持ちを表現できないかもしれません。というのは、彼はとても嫉妬深く羨望が強いので、全く感謝の気持ちを表現しません。「私が〜であるとあなたは感じていますね」のように解釈できます。その解釈はアナリストが何か大切な人だからではなくて、アナライザンド自身がどのような人であるのか認識する機会を彼に与えるがためにです。アナライザンドが愛したり愛着したり感謝できるのなら、彼のできることとできないことのリストアップを通して、それを彼が知ることこそ大切です。分析においては、患者が自分自身ではない誰かとどういう種類の関係を持てるのかをみることができます。

プレゼンター：そうすると、アナリストが間違いを犯すなら、その間違いを分析す

るのではなくて，その間違いに対する患者の反応を分析するのが大切なのですか。

ビオン：その通りです。私たちが人間であることは皆わかっています。絶対確かなことは，それだから私たちは皆間違いをするということです。間違いをしないのなら，今日世界がめちゃくちゃの混沌状態なのをとても説明できないでしょう。世界はしょっちゅう間違いを犯している人間によって動かされます。この患者のことを検討しましょう。彼が間違いをする人々との関係を持てないなら，彼は人間と関係するのをあきらめねばならないでしょう。ですが，彼が人間と交わりたいのなら，間違いを犯し，常にある種の問題を抱えている人々との関わり方を学ばねばならないでしょう。注意を払わねばならないことは，その間違いが何であれ「私が〜だから，あなたはとても気が動転していますね」です。「またしても同じ不満ですね。いったん気づいてしまうと，私が間違いを犯したように見えるという事実を，あなたは許すことができませんね」

プレゼンター：ですが，アナリストがそういうアプローチを取るのはあまり快いものではありません。私たちの間違いについて考えるのをやめないというのは。

ビオン：私たちの間違いについて，私たちが実のところ考えるのをやめないとは思いません。自分たち自身についてできるだけ多くのことを知るべきだと，たいていの人は同意します。ですから，時間とお金に余裕があるなら，アナリストのところに行けるかもしれません。しかし，それほど恵まれていたとしても，ひとりの人生の短い期間に利用できる時間の量はごくごくわずかなのです。たとえ始終分析を受け，自分たちの弱さに気づこうとしても，いつか気づくとはとても思えません。分析を受けている間は，私たちは変化しています。でも，どんな分析も私たち自身の性格と歩調を合わせられるのかはとても疑わしく思えます。ですから，私たちはさらにいっそう間違いを犯すことのできる人になります。歳を取れば取るほど私たちが賢くなる——ひたすらそう**願いたい**ものですが——と，そもそも**信じ**られるとは思えません。全体として，共同体はより賢くなってくれと願うのみです。ここ100年の間に，いくつかの問題に対する世間の態度に分析はかなりの影響を及ぼしました。自分たち自身や他人への人々の見方に誇張や硬さが減りました。

あなたの問題に戻りましょう。この患者に関してどんな間違いがこころに浮かびますか。

プレゼンター：患者のふるまいよりも話の方にあまりに多く注意を向けていました。彼の態度——私に敬意を示さないこと——は，私を随分悩ませました。それに，私は自分自身の反応に好奇心をそそられました。

ビオン：それはそうかもしれません。ですが，そのことはあなたが自分自身のアナリストや，あるいは何か別の状況で取り上げるような種類の事柄です。事故や災害が起きた際に，通常の器具が何もないのに，訓練された看護婦が現場で緊急処置を何か実行しなければならないとわかった場合を想定しましょう。それから当該手術の際に，適切な器具が揃った手術室の中でふさわしい看護スタッフと熟練した外科医が同じ処置を施すのを考えてみましょう。もちろんその方がもっとうまくいくでしょう。ですが，銃で撃たれたばかりの男や女を前にして，看護婦は何をすべきでしょうか。彼女にできるのは彼女の医学知識に従って何かをするだけです。医学訓練を受けていないと嘆いたって無駄です。それはおかど違いです。適切なのは彼女の日常感覚を使い，その負傷者に援助できることをするだけです。イギリスにおいては医者が患者を治し損なったからといって，医者に法的対抗手段を取れません。治せないのは犯罪ではないのです。無能な医者がいても犯罪ではありません。犯罪なのは怠慢な**こと**です。医者がやろうとしなかったという理由で医者に対して行動を起こすことはできます。精神分析においては助け**ようとする**のが義務です。助ける義務を負うことはできません。あなたが真実や事実であると考えることに患者の注意を引きつけようとはできます。ですが，それがうまく成し遂げられることを義務付けられているとはみなされません。他の誰かなら成功するかもしれないし成功できるという事実では，単に不適当なだけです。それは何度も起こる苦痛な状況です。私たちが充分よくわかっていなかったり，その問題への対処の仕方を他の人ならもっとよく知っているだろうことに私たちは気づきましょう。ですが，他の仕事でなら，私たちがもっと難しくない立場になるとも思えません。何をするのであれ，完璧に満足してしまうほど自己満足するのが危険である一方，患者が休日を取って，あなたを攻撃するのを楽しんでいるからというだけで，自分が悪いアナリストであると信じるのも危険です。このことはあなた自身の分析期間中には完璧には取り扱えないことですが，資格を得てあなた自身の分析を終えた**後**にはじめて学べることです。その時，あなたは自分が何者なのかを見いだす機会を得ます。

　あなたの言うことを私が正確に理解しているなら，この患者は自分のアナリストを扱う正しい方法を知っているかのようにふるまっています。けれども，どんな理由でそれがアナリストや，自分の仕事があまり得意でない人を扱う正しい方法だと彼は思うのでしょうか。たとえば私が無能な外科医だとしても，軽蔑や敵意で私を扱うのが必ずしももっともよい態度ではありません。実際のところそのやり方が誰かへの正しい対処の仕方なのかは疑わしいと思います。

できることなら，その事実に注意を向けるべきです，「あなたと比べて私がとても不満足な人間であるとあなたは感じていますね。ですが，あなたが私よりとてもすぐれているなら，無礼にしたり軽蔑したりであなたの優越性を示すことこそ正しいことだと，あなたは感じてもいるようですね」。この指摘は，あなたについて彼がどう感じているのかを彼が見る機会になりましょう。そして，彼があなたに軽蔑的で敵対的なら，他の状況でもおそらく同じでしょう。また，その指摘はその種の態度と，彼が持てるかもしれない他の考えとを比べる機会にもなります。

プレゼンター：私がそのことを彼に指摘したとき，彼はとても感情的になり，両手で顔をおおい，啜り泣きはじめて言いました，「私は途方に暮れます」と。

ビオン：それはとても際立った反応ですね。高慢さと軽蔑のその態度がよいものとは感じられてはいないけれども，それを手放したら自分が途方に暮れるのを彼は恐がっています。その態度では，明らかにとても傷つきやすくてとても弱いので，優越者への資格にはなりそうもありません。もちろん目的は患者を泣き叫ばせることではなく，ただ自分の発言を理解する機会を彼に与えることです。そこが分析がアナライザンドにとっておおいに苦痛になるところです。この患者が協力するなら彼の見せ掛けはぼろぼろになるでしょう。すなわち，自分の正体をみられることに彼は耐えられそうもありません。カウチに横にならなくて，アナリストに対面して座りたがる患者がいます。彼らがどんなに劣っているかを示すためにカウチがそこにあるのではなくて，それを使ったらやりやすくなるかもしれないからそこにあるということが彼らにはわかっていません。対面する患者は黒い眼鏡をかけたり，不安げに目をそらせたり，身体的にしろ精神的にしろじっと見られるのを避ける方法を何か見つけることに，よく頼るものです。分析を受けることはたやすいように見えますが，実は患者のパーソナリティに対してある観点を持ち，それを見つめる心準備のあるもうひとりの人が存在する状況にいるのはとても不快だと，患者は発見します。

7

プレゼンター：患者は40歳の未婚男性で外交官です。彼は自分が何を望んでいるのかわからなくて、6ヵ月前に分析にやってきました。彼にはいくつかの身体症状があり、自分の問題に対処できないという気がしていました。彼の身体症状は偏頭痛と、疝痛（せんつう）や便秘や消化不良のような胃腸障害でした。この素材はごく最近のセッションで、先週の土曜日のものです。

彼は横になって話し始め、夢を見ましたと私に言いました。病院で痔の手術を受けており、とても心配でした。というのは、彼はイギリス製の麻酔薬が使われるのを望んでいたからです、という夢でした。彼は目が覚めたあとで、その夢の意味を解こうとしましたが、わからないという結論に至りました。それで彼は当惑しました。というのは、昨年すでに痔の手術を受けたからです。彼にはひとりの友人（彼もまた痔の手術を受けていました）がいました。その友人は彼に言いました、「イギリス製の麻酔薬を使ってほしいね。あとで排便が楽だから」。彼はその夢に当惑したので、私と一緒に分析するためにとって置こうと決めました。彼はもっと当惑するだろうと感じたので、その夢について考え続けるのを恐がっていました。私は言いました、「あなたは夢を見続けるのが恐かったんですね」

ビオン：彼の分析をやめるつもりでしたか。

プレゼンター：いいえ。

ビオン：どのくらいの頻度で彼に会っていましたか。

プレゼンター：週4回です。

ビオン：これが土曜日のセッションでしたら、次に彼に会うのはいつでしょう。

プレゼンター：普段は月曜日です。でも、先日の月曜日は彼は都合が良くありませんでした。月曜はあまりに忙しいことがよくあるので、月曜のセッションを別の日に変えてほしいと実のところ私に求めました。

夢は理解できそうだとわかっているので、夢を見続けるのが恐いんですと彼は同意しました。たとえ彼の理解が間違っていたとしても、それでもなおその夢には意味があり、それゆえ分析できるものになるでしょう。ですから彼は、私とその夢を理解できる方を望みました。

ビオン：自由連想なんてあるのだろうかと彼は疑問を抱いていますし，またあるかもしれないと恐れてもいるようです。一般的にこれはいささか重要なポイントです。精神病者は自由連想できない夢をとてもよく見るものです。だからその夢は役に立ちません。この患者の夢も，夢へのどんな自由連想もないのなら，同様に役立たないことでしょう。ですが，彼は夢について連想しています。そして，その結果何があらわれてくるのかいささか不安になっています。もちろん，彼がどんな種類の仕事に携わっているかが大いに関わっています。彼は外交官として，秘密情報を胸に納めておくことになっています。ですから，彼のひとつの問題としては，どのような方法で分析を受けて，あなたに正確に情報を知らしめ，それと同時にどのように秘密のことを秘密にしておくかです。

参加者：痔の手術に関する素材に引き続いて，あなたはなぜ分析の終了について尋ねたのですか。

ビオン：というのは，彼が何かを失おうとしているか，あるいは彼から何かが取り除かれようとしていると，彼が伝えているからです。彼は手術を受けるつもりです。そして，彼の生体の一端から何かが除かれようとしています。

プレゼンター：彼の不安にはふたつのことが関連しています。ひとつは夢ごときのことで混乱する恐怖です。もうひとつは彼がすでに虫垂の除去のために手術を受けているという事実です。消化不良のため医者が開腹手術を勧めたちょうどそのあとに，彼は分析を受けにやってきました。彼は不安で，医者の意見に同意しませんでした。

ビオン：それが自分にとって有益な手術になったり，自分が手術に同意するなんて，彼には信じられません。何か価値あるものを失うのではないかと彼は恐がっていると思います。ですが，多くは，そういった除去を彼が気づかずに行なうことのできる「イギリス製の麻酔」次第です。彼は自分がこの喪失に気づいていたいのか，あるいはそれに気づかないままに喪失を被りたいだけなのか，決心がつきません。

プレゼンター：彼は自分の夢が分析でのことと何か関係があると思うと言いました。からだの痛みに対してはどんな種類の麻酔があるのか彼はすでに知っていますが，こころの痛みに対してはどんな種類の麻酔があるのか——何かあるとしたらですが——彼は知らないと，私は彼に言いました。

ビオン：彼のアナリストがある種の危険な組織の片棒だったり，彼から何か価値あるものを取り除きたい人々の片棒かもしれないということが，ここでの彼の不安だと私は思います。

プレゼンター：彼は少し前に，自分がとても金持ちでたくさんの不動産を所有して

いる——それが事実だと私にはわかっていましたが——と，私に言いました。外交官としての彼の仕事はそれほど給料がよいものではありません。革命が起こって他のあらゆる財産をすべてなくしてしまうかもしれないと彼は恐れているので，一種の安心感として彼は外交官を確保しているだけです。

ビオン：道義的に言っても，責任や権力のある地位の人たちが分析を受けてもよいかどうかという重大な疑問が持ち上がります。なぜなら，とても重要な情報を彼らが手放すかもしれないからです。アナリストやアナリストの関係者両方に関わるのをこの患者が恐れることが何か起こったと，私には思えます。アナリストは共産主義者かもしれません。資本主義者かもしれません。他国の政府に雇われているかもしれません。あるいは，スパイと通じているかもしれません。たとえば，あなたが私とつながりがあるのを患者が知ったなら，どんな種類の情報が外国人に流れるのか，彼は恐れるかもしれません。彼の見方からすると，自分の仕事を失うかアナリストと別れねばならないかもしれないという危険性があります。それは，サイコアナリストとのつながりを他の人がどう思うか次第です。そういった状況においては，人の裏切り行為という問題に関して，深刻に考えねばならないと思います。裏切り者と実際に関わりを持ったり，関わりを持ったと糾弾される危険を犯さずに，彼が分析を受けるにはどうしたらよいのでしょうか。

プレゼンター：彼の対象関係は奇妙です。金持ちだけれども，仕事ではほとんど稼いでいません。彼はときどきニューヨークの母親に金の無心の電話をしなければなりません。あるいは彼が公然と敵意をぶちまける旧家の忠僕である彼のお抱え運転手に金の無心をします。ビルを買いたいとしても，まさに最後の瞬間まで弁護士付きでそのビジネスを彼は引き伸ばしつづけます。彼は自分の仕事に何ら喜びを見いだせません。生き残るために必要だから仕事をするだけです。けれども彼はほとんど稼いでいないし，とてもたくさんの財産を所有し，働くことに喜びを持てないので，いったいなぜ働くのか彼にはわかりません。

ビオン：もっとも早い時期の注目すべき仕事の形態のひとつとして，小便や排便をしなければならないことがあります。他の種類の仕事，たとえば乳房に対する仕事は，きわめて迅速に報酬がえられます。ことがうまく運ぶなら，赤ん坊は乳房を吸います。というのは，乳房を吸うことから利益がえられるのがとても明らかだからです。それは消化管の仕事には当てはまりません。なぜ便器を使わなくちゃいけないのか赤ん坊には全く定かではないでしょう。ひとつには，とりわけ便が硬くなるまで赤ん坊がそれを留めていた場合に，排便を実際にする際に痛みの感覚が起こりえます。それはからだの末端をほとんど噛まれるが

ごとくのことです。

　当面のことに戻りますと，この患者に何が起きているのかを知ることこそ難しいのです。彼が全財産を独り占めにするなら，その一部なりとも手放すのが精神的にも身体的にもとても苦痛になると予想されるので，彼はそのことを恐れていると言えましょう。

プレゼンター：ものを吸収し排出する消化管のように彼が自分のこころを使っているようだと，私は彼に言いました。そのことばに彼はとても当惑しました。とても長い間沈黙しているので，どうしましたと私は彼に尋ねました。彼は言いました，「たくさんのことがこころに浮かびます。でもそれらには意味がないので，話さないようにしているのです」

ビオン：それらが重要ではない，ありきたりのことだという理由で，彼はさまざまな考えを保持する権利を取っておこうとしています。

プレゼンター：排出したくないものを独り占めにしていると，私は彼に指摘しました。

ビオン：その通りだと思います。彼は素材を保持しています。でも，それが意味がなく重要でもないと，どうして彼にはわかるのですか。

プレゼンター：彼は排出したくないので，どんな援助ややすらぎも得られないと私は言いました。

ビオン：どのみち彼には得られません。彼の内部にこういった混乱したものすべてを保有しようとするなら，内部にとても悪いものがあると彼は感じます。他方彼が話すなら，彼がいかに混乱しているかがアナリストにはわかります。ですから，もしあなたがそれを知れば，あなたの言動が彼には不安なのです。混乱しているのはあなたのせいだ，その混乱の責任はあなたにあると，彼が明らかにできるなら，ある意味でことはもっと簡単です。さもなければ，何か別の説明が必要ですし，あなたのどんな反応が混乱にまでいたるのかわかりようがありません。

プレゼンター：考えるのをやめることができる——他人の考えに従いさえすればよい——という彼の信念によって，彼はこの混乱を避けようとします。その人とは私になるでしょうと，彼はほのめかしました。

ビオン：早期の原初的な状況への対処方法を彼が見つけたのは間違いありません。「便秘に」なって苦痛な体験を避けるか，いわゆる「下痢に」なるか，どちらかが患者にはありえるのです。知っていることを彼が独り占めにするとしましょう。その場合には，彼は分析をストップさせています。他方，彼が協力的で自由に話すなら，その際にはそれが一種の言語的下痢になり，すべてを失うの

ではないかと彼は不安になると思います。ある意味でそのことは，彼の混乱や他のがらくたを単に捨てるようなことではなくて，自分自身のからだの肝心な一部を失いそうになることとして感じられます。原初的なことばで言えば，便秘になるか，ある種のペニスを含んだすべてを失うか，どちらかの恐怖が起こります。全財産を失うという彼の恐怖が，合理的に起こりうるのは本当です。結局のところ，今日お金には一種の力があることになっています。私たちは通常お金を何かをするために使います。

プレゼンター：あなたが「下痢」と表現したことに呼応したことですが，彼は自分のお金を保有するために，自分のこころを使えないという気がします。同時に彼は変化をとても恐れています。例えば彼は，絵画を買うために世界中を旅行しますが，それらの絵画を決して壁に掛けません。というのは，それらの絵画を結局交換したくなるかもしれないし，そうなれば，絵画を取り外し，他のどこかに取り付けるというたいへんやっかいな目に合うのが心配だからです。彼には，絵画を壁にもたせ掛けておく方がよいのでした。

ビオン：その点からすると，絵画をまるで一種の通貨のように彼は使っています。

プレゼンター：彼がイタリアから戻ったとき，ペルシャ絨毯をいくらか買ってきました。そして，それらの絨毯はあとで彼の部屋から盗まれました。その盗難に関して彼は何もしませんでした。警察も呼ばず，だれにも知らせませんでした。そういったものを保管できない自分に彼は不快感を抱きます。

ビオン：それらの絵画は疑いもなく価値のあるものだと感じられています。絵画的な彼の思考は役立ちうるとも彼は感じていると思います。ですが，実際のところ彼があなたに言っているのは，それらの考えはとても取るに足らないので，そういう考えは言いませんということです。そうするとそれらの考えや考えになりそうなものはすべて，それらの肛門を表わしています。——それらの前方の眺めではなくて。それらの考えは壁を向いています。そうすると，彼があなたに表わす考えは，単なる肛門の産物のようなものだから，取るに足らないと感じられています。

プレゼンター：痛みを消すために手術中に使われるのではなくて，その後患者が痛みなく排泄できるために使用されるはずの「イギリス製の麻酔」の意味を説明してもらいたいのですが。

ビオン：患者が懸念しているのは，痛みのない分析の受け方です。夢について話すのはまったくかまわないと彼は感じます。というのは夢は重要でないからです。同様に自由連想もまったくかまいません。なぜなら自由連想は害のないくだらない話だからです。言い方を変えれば，大事なことを何かあなたに言ったなら，

あなたが自分自身の目的のためにそれを使うかもしれません。意識的にすら，その種の不安が起こりえます。与えられる情報を人は利用します。そうした情報に関して私たちが細心の注意を払うのは，分析の中においてだけです。アナリストが分析において得る情報を利用することに関して，アナリストは良心的であるべきですし，アナリスト自身の個人的な目的のために，分析状況を利用してそのような情報を使うべきでないとのことは，重大問題だと考えられます。この患者の難しさは，そこにあります。**自分自身の**プライベートな利益のために分析を求めているのが彼にはわかっています。——結局のところ，他に何を彼はできるのでしょうか。

8

プレゼンター：このケースは，すでに（セミナー4）で論議されました。その時のセッションと最も最近のセッションとの間に起こった変化について，私は述べたいと思います。私が解釈のなかで羨望に言及してから，患者はもっと自由に動きはじめました。彼女はカウチに横になり，いつものように黙っていましたが，彼女が動いているのに私は気づきました。ただ静かに横になっているのではなくて，彼女は心地よい態勢を見つけようとしているようで，それゆえからだ全体を動かしていました。彼女はまた精神的にも前より動きやすい印象を私は持ちました。15分程の沈黙の後──それは通常の長さでしたが──彼女は言いました。「解き放たれた感じです。私が考え感じる悪いもの，つまり私の気持ちを破壊的にする羨望のようなもののなかに，自分自身がいるのがわかります」

ビオン：その患者についてネガティブな観点から言うと，彼女を繋ぎ止めているものがなんであれ，それから解放される恐怖について彼女は表現していると思います。ですから，硬さが少なくなり，動きやすく感じる心地よさや安心感が起こりうるのですが，彼女をひとつのパーソナリティに繋ぎあわせているものがなんであれ，それが解体しているという不安もまた起こります。まるでパーソナリティがなんらかのぴんと張り詰めた構造のなかにもはや持ちこたえられないかのようです。よりよい気分を患者が感じられる利点のひとつとしては──気分の良さがどういう意味なのかを言うのはとても難しいのですが，通常は快適な感覚か何かです──そういった恐ろしい感覚にもかかわらず，精神がほぐれるようなら，もっと分析を受け続けようとのある程度の信頼になることです。つまり，それは補償です。またそれは，アナリストの存在がとても重要である状況のひとつでもあります。アナリストの存在の重要性は当たり前とされるのが常ですが，それがもっと明らかになるときがあります。別の言い方をすれば，患者が50分を恐ろしく体験しているのに対して，同じ50分に対してそう感じていないアナリストが目の前にいるのは助けになります。

プレゼンター：解き放たれる感覚を彼女は何かよいものとして経験しました。そして，硬さを取っていく能力を失うのではないかという恐怖を表現しました。

ビオン：彼女は多様な方法で恐怖を表現できます。けれども，その恐怖は根本的には実のところ彼女に慰安をもたらしているものと同じです。彼女がたとえその慰安を歓迎しようとも，その状況についての不安を彼女はきっとなんらかの方法で示すと思います。

プレゼンター：彼女はこの変化を維持できないのではないかと思うので，自分自身に対して激しい憎しみを感じると言いました。私は自分が排除されている気がしました。

ビオン：たとえ**アナリスト**がその変化を維持できたとしても，患者が**自分には**できないと不安に感じる事実には変わりありません。ですから，アナリストがその変化におそらく何か関係していると感じることや，もしアナリストがそこにいなかったならどうなるだろうと思うことが，とても不安になるのです。あなたはどのように排除されたと感じましたか。

プレゼンター：解放感はうれしいが，同時に楯に取り囲まれている感じですと彼女は言いました。彼女は自分の外見の内側は流動的であっても，自分が包囲されていたり，空気もなかったり，生きていても外見にまったく縛られている感覚がすると言いました。彼女自身に関してばかりでなく，私たちの関係に関する事柄についても彼女は話しているのだと私は考えました。

ビオン：そのような状況に患者が対処するひとつの方法があります。つまり，外部の動きを——それがなんであれ——内部の動きに従わせることです。そしてその逆も同じことです。それらの動きがすっかり一致すれば，そのふたつの間にある不快な葛藤に全く気づかなくなります。この事態はもっと原初的でない状況で繰り返されます。つまり，子どもが父や母の意見に躍起になって完璧に同意しようとしたり，子どもが望むことに親が同意してくれることを懸命に願う状況においてです。もしそれがうまくいけば，二人が別々の人間であるという事実に気づかずにおれるでしょう。けれども，あなたがこの患者に関して述べたことからすると，それは並はずれて原初的なものではないかと思うのです。至極容易に想像できることとして——ですから，その正当性を言うつもりはありませんが——子宮内の赤ん坊は母親の動きに合わせようとしたり，あるいは母親が胎児の動きに合わせようとするということです。

プレゼンター：彼女が誕生しつつある印象を受けますねという私の解釈を彼女は拒絶しました。

ビオン：分析の中で，そして人生全体においても，人々は多くの「生まれ変わり」を経験します。患者がひとつのこころの状態からもうひとつのこころの状態へと現れ出る状況のようですと言ったとしたら，そのことをさらに明らかにでき

るものでしょうか。分析的な経験の中で，その種の出来事——患者の態度やパーソナリティが変化しているように思われるその激変——のように見える何かに出会う機会があるものです。

参加者：外部の動きを内部の動きに合わせ，逆もまた同じの患者に関してあなたは言及されましたが，もしその患者がうまくやれば，アナリストは患者との作業を奪われるでしょう。それを患者に表現するのは可能でしょうか。

ビオン：それをどのように表現すべきかを知るのが問題です。個人は現代社会に受け入れられている慣習に調和する考えをいろいろ持ちます。そうした状況で，革命的共産主義者が保守的社会に存在しているなら，軋轢が生まれます。この好ましくない状況は，人を皆共産主義者にすることで対処されるように見えます。そうなれば，すべてうまくいき，泰平無事で，艱難辛苦もありません。すべての人は幸せで癒されます。通常はそうなることは例外で，反逆する人は常にいます。彼らはその滑らかで申し分のない社会に反逆する資本主義者かもしれません。あるいは，芸術家や画家や彫刻家のなかにその容認された慣習に反逆する人がいるでしょう。ヘルメス[訳注1]においてプラクシテレス[訳注2]がしたように，人間の外形の彫像がいったん容認されたなら，ロダンのような人は，人間の古典的で身体的で外面的容貌ではなくて，性格や精神のようなものをあらわにしたいと思います。その状況はずっと繰り返されます。ロダンは革新的です。その後彼は慣習的になり，だれもがロダンのように彫刻します。彼らは**まさにロダンのように**彫刻するかもしれませんが，もちろん彼らはロダンではありません。絵画でも同じです。美しい男や女がどんなふうに見えるかにだれもが同意します。その後ピカソが現れます。彼は，彼言うところの男や女たちを描きますが，それらは私たちが皆馴染んでいる解剖学的構造に一致していないように思われます。その後，「まさに」ピカソの「ように」描くのが容認されたスタイルになります。

　私たちがやりくりできるようにならねばならない素材とは何なのでしょうか。もし彫刻を教えているのなら，「あなたの大理石を尊敬できるようにならねばなりません」と言えましょう。すぐれた彫刻家は彼の大理石や粘土を，あ

訳注1）Hermes：ギリシア神話のゼウスとアトラスの娘マイアの子。神々の使者，富と幸運の神，街道，航海，商業，雄弁，盗賊などの守護者。また，死者の霊を冥府に導く神でもあります。

訳注2）Praxiteles（B.C. 4c頃）：ギリシア・クラシック期の彫刻家。紀元前4世紀頃に活躍した巨匠のひとりです。少女から女性への境にあるやわらかい肉体を優雅なS字状の輪郭のうちに捉え，卓越した大理石彫法を駆使して，微妙な肉付け表現に成功したといわれます。オリンピア出土の「幼児ディオニュソスを抱くヘルメス」（紀元前4世紀）が有名です。

るいは素材がなんであれ，尊敬して見つめるはずです。さもなければ，彼はその素材を不恰好な形態にゆがめ切断するでしょう。フローレンスにおけるミケランジェロの未完成の作品のなかに，この点が見受けられます。彫像は大理石を超越した様相を呈していますが，なおもノミの痕跡を残しています。

　音楽家はどんな素材で作業するのでしょうか。数学者はどうでしょうか。私たちは何で作業しているのでしょうか。私たちは何を出現させようとしているのでしょうか。望むらくは，最終的には自分自身の人生を利用できる人間になることでしょう。そういうわけで，アナリストは彼の患者を尊敬すべきですし，ともかくも自分が語り掛けている人に対して，尊敬**試みよう**とできるのがとても大切なのです。患者がアナリストに敬意を払わないような場合に，このことはとても難しくなります。つまり，患者はサイコアナリストのところに行かねばならないのを，とても劣っている印とみなすことがよくあります。

　神経症や精神病などの集塊に埋もれた分析状況のどこかで，生まれ出ようと闘っている人がいます。私が思うには，アナリストの機能とはそういった神経症や精神病のメカニズムをすべて説明してみせることではありません。患者を自由にする過程で付随的に起こるのならそれは別ですが。ミケランジェロやレオナルド・ダ・ヴィンチやピカソやシェイクスピアや他の人たちが素材のかたまり，つまり私たちに実人生を思い出させる実際の形態をまさに解放できたように，アナリストも似た仕事に従事していると言ったとしても，奇抜なようには思えません。すなわち，子どもがそこに潜む大人を見いだすように援助しようとしたり，同様に，大人が依然として子どもであることを示そうとするのです。このふたつのことは，単にお互いを区別できなくするためではなくて，創造的で有益なやり方で，とてもよく調和するでしょう。この患者は潜在的には母親なのです。しかし，そのことはすっかり隠れています。

9

プレゼンター：患者は医者で病理学者です。私の治療を受け始めてから5年になります。治療開始からの1カ月間，彼は週末にかなりの偏頭痛にみまわれました。その1カ月後にはそういった頭痛から彼は解放されました。最近またそれらの頭痛が現れました。

ビオン：彼はなぜ分析にやってきたのですか。

プレゼンター：彼の主訴は性的関係が難しいということでした。彼は，偏頭痛がおさまったことをとても喜んでいるようでした。ですが，その事実を探求することに全く興味を示しませんでした。5年の間には，その事実に言い及ぶこともありましたが，その問題をもっと深めたいという様子は見せませんでした。このところのセッションで私たちが羨望を扱っていたので頭痛が戻ってきたという印象がします。そして，私はまた，羨望は頭痛の消失と何か関連があると思います。

　次のセッションは興味深く思いました。彼はやってきて，横になり，沈黙したままでした。それは彼らしくありませんでした。それから分析のトレーニングを受けている彼の兄弟について話しはじめました。彼は，兄弟から電話を受け，その兄弟がちょうど一部屋購入したことを告げられました。兄弟はとても裕福です。患者はとても羨ましくて腹立たしさを感じると言いました。ですが，それにも関わらず患者は兄弟に話し掛け，そして彼の言うことまでも聞いて，彼から何か学ぶこともできました。患者は羨望がとても破壊的なのはわかっていると言いました。そして，その時彼は羨望をなんとかしてコントロールしようとしました。

ビオン：羨望をコントロールしなかったなら，何が起こりそうだと彼は思いましたか。

プレゼンター：羨望のコントロールとはどういう意味ですかと，私は彼に尋ねました。彼の応答はことばのうえでは沈黙でした。そしてそれに付随して起こったのは，彼が不安な時にいつもする動作でした。彼はいつもは仰向けに寝ます。この時には彼は横向きになり，からだを動かし続けました。少し過ぎた後，とても痛ましい気持ちだと彼は言いました。そして，「私が自分の攻撃性をコン

トロールできないので，あなたは私を混乱させようとしている」と言いました。

ビオン：さて，誰かが誰かをコントロールしてきたようですね。彼は羨望をコントロールしていると言って始めました。いずれにしても今やその葛藤の半分はアナリストの内部にあるように見えます。彼は羨望をコントロールしていなかったら，何をコントロールしていたのでしょうか。そして，今や誰があるいは何がコントロールされると不平を言っているのでしょうか。

プレゼンター：どうしましたか，実際に何が患者に起こっているのですかと尋ねて，私は確認したいと思いました。

ビオン：彼は羨望をコントロールしました。ですが，彼の羨望はそのことをとてつもなく嫌がっています。

プレゼンター：彼がその電話の最中にどんな経験をしたのか明らかにしようと私は努めました。

ビオン：ここで私に大切なように思えることは，利用できるのはどんな証拠なのか知る機会をあなたが手に入れているということです。もし私がそのアナライザンドに同一化するなら，私は羨望をコントロールしてきました。ですが，もし私がコントロールされている羨望なら，「もう一方」が——それが誰であれ——私のこころをコントロールしようとすることに当然不平を言います。「私は羨望をコントロールします」と患者は言います。また，患者は「アナリストが私の羨望をコントロールしており，そして私のこころをコントロールしようとしている」と言います。羨望をコントロールしようとするアナリストに出会うほど怒り狂うことは何もありますまい。彼が羨望を抱くのさえ許されもしない場合に，インポテンツになるのは何か驚くべきことなのでしょうか。

　このグループには少なくとも 3 人の人がいるように見えます。X の羨望をコントロールする支配的な人。彼によってコントロールされている X の羨望。そして，アナリストです。面接室内でまれならず起こるこの独特な状況にふさわしい理論や解釈を——分析的であれそうでないにしろ——何か思いつきますか。精神分析のこと広大な書籍類すべてのなかで，この挿話に一致するような既成理論は何かありますか。

参加者：その三者状況からはエデンの園が思い出されます。

ビオン：そうですね。エディプス状況を明るみに出し，切り開くことこそが分析の特質であるとフロイトは常に主張しているようでした。あなたはこの臨床事態をエディプス物語に関する理論とマッチさせることができますか。

プレゼンター：今では私が患者に尋ねた質問は不適切だったという印象を抱きま

す。

ビオン：私と同程度の期間あなたが分析を実践してきたのなら，あなたは不適切な解釈で思い悩まないでしょう。私は他の類いの解釈をしたことがありません。それが人生です。精神分析的絵空事ではないのです。正確で適切な解釈をするアナリストが存在すると信じるのは，部分的には精神分析の神話です。あなたが自分の解釈は不適切だと感じるなら，私はきっと思い悩む気に**ならないでしょう**。むしろあなたが自分の解釈は適切だと感じるなら，私は悩まされるでしょう。分析の実践はとてつもなく難しい仕事であり，教条主義の声明が入りこむ余地などほとんど与えられないものです。

参加者：アナリストには何が残されていますか。感覚だけですか。

ビオン：実践です。つまり，これまで来続けた患者がいるという計り知れないほどの利点です。アナリストはあまりわかっていないかもしれません。ですが，この患者に関して他の誰よりも知っています。彼は事実が何かを知っています。私がこの患者について話す場合には，アナリストの持つ利点が私にはありません。つまり，私はその患者を知りません。ですが，もし私がこの患者のアナリストなら，私が彼のこころをコントロールしているという，あの発言にある敵意を疑いもなく信じます。

　この話を聞いてきて，再活性化されるように思えるもうひとつの分析理論は，投影理論です。この患者は私の上や——もうひとつの理論を導入すれば——私の中に彼自身のパーソナリティや感情の一部を投影しているのではないかと強く疑われましょう。私は患者との論争に時間を費やしたくはありません。つまり，「あなたはあなたの考えを私の中に投影しました」，「いいえ，あなたがあなたの考えを**私の中に投影しました**」など，**果てしがない**のです。経験上そんなことは時間の無駄です。ですが，反面私が患者のこころをコントロールしているという話が，私にはまったく同意できないものだと受け取られるのも望みません。ですから，投影に関するこの**理論は**——ここでその理論は当てはまり，適切だと私は思うのですが——私が**実践**に携わる際に問題の解決にはなりません。患者の敵意にさらされているのに，できるなら正しい解釈をしなければならないという不幸な立場の中にアナリストはいます。アナリストが患者のこころをコントロールしていると言われるにも関わらず，その状況から距離を取っておれるなら，ことは有利になります。

　私がふたつの理論を述べたことに気を留めてください。ひとつは，患者が彼自身の考えや感覚を私**の上**に投影していたということです。もうひとつは患者が彼自身の考えや感覚を私**の中**に投影していたということです。最初のは比較

的単純な状況に当てはまります。二番目のはいわゆる精神病的な患者タイプの理論に関係します。この患者が私の中に何かを投影しているのを私は彼に説明したいものです。そう言ったとしても，私が述べた点，すなわち誰が何を言ったとか言い争わねばならないという，おそるべき時間の浪費を回避しながらですが。

その種のことを何か言ってみますと，「あなたの述べるそういう感覚には，とても長い歴史があるようにみえます。あなたとあなたの兄弟との関係は，あなたが初めて赤ん坊の兄弟にともかくも気づくようになった時にさかのぼるのではないでしょうか。あなたは兄や弟のような血縁関係みたいに私を感じているようです。あなたは自分の羨望をコントロールしていると感じるときもありますし，あなたがコントロールされてきた羨望であると感じるときもあります」。そのような解釈に患者がどんな反応をするのか私にはわかりませんが，推測はできます。そのような患者を分析している利点は——彼が来続けるなら——推測する必要はないということです。

プレゼンター：その患者は**彼が**アナリストのようにふるまいます。彼自身の理論で彼の感覚を説明し，アナリストのようにそれらを私に提示します。私が尋ねようとしているのは，適切な場所にことを納める類いの質問です。

参加者：そうしますと，アナリストが質問してその患者をさえぎると彼は混乱しますか。

ビオン：彼は混乱すると思います。そして彼のやり方は次のように言うことでその状況に対処することです，「私は混乱していません。私はアナリストです。私は混乱していません。**混乱しているのは**アナリストです。彼は弟で私は兄です」。こんなふうに患者に扱われる経験というのは，実際のところ不快でやっかいなものです。ですが，そういう言いがかりや投影すべてがあなたに投げ掛けられている際にも，あなたは考え続けることができねばなりません。

プレゼンター：私が彼を分析できるのを無効にするために，彼は私を黙らせておきたいのだという印象を受けます。

ビオン：まったくそのようですね。しかし，患者はあなたほどには仕事がわからないという事実に留意してください。足を骨折したり結腸癌なのは患者だから，彼は外科医よりもすぐれた外科医なんだと患者が主張するとしたら，ばかげたことでしょう。ですが，患者が神経症や精神病なのだから，彼らはアナリストよりもすぐれたアナリストだと人々が考えるのは分析においてはよくあります。私たちが自分たちの欠点について恐ろしくたくさん学んだにも関わらず，それでも患者が私たちのもとにくれば，私たちがアナリストの立場にいるとい

う事実に適応するのには時間がかかります。ですから，癌患者が外科医よりも癌についてわかるという理由で，外科医が手術をやめる権利がないのと同様に，神経症患者ほどには神経症について私たちはわからないと同意して役に立つ有益な目的は断じてないのです。

10

プレゼンター：患者は10歳で，4人姉妹の3番目で1人男兄弟がいます。学業成績がとてもひどくなっているのを家族が心配して，彼女は分析にやってきました。彼女はアルファベットを覚えることができなかったり，数を学ぶことができませんでした。彼女は鉛筆をあまりに強く押しつけるので，アルファベットの文字をほとんど模写できませんでした。彼女は検査を受けましたが，そのテストは彼女の時空間の座標軸が貧弱であるのを裏付けました。その検査はまた，彼女がとても知的であることも明らかにしました。

彼女の母親には精神病性の危機が二度あり，両方とも入院しました。母親はほとんどいつもある種の精神病状態にあり，子どもたちが何をしているのかにほとんど注意を払いません。他の子は知的なのにこの子は鈍くて馬鹿だと，母親はこの子の不平をいつも言ってきました。

ビオン：あなたが彼女をみるところと検査報告は一致すると思いましたか。

プレゼンター：そうですね。通常の時間感覚が彼女にはないようです。彼女のプレイでは，同時にすべてのことが起こるようなので彼女についていくのが難しいのです。

ビオン：そうすると彼女は，短い時間の間にとてもたくさんあなたに伝えるんですね。

プレゼンター：そうですね。とくに行動によって。人形をひとつの場所から他の場所に運んだり，部屋から出ていって戻ったりなどです。空間の制限が彼女にはわからない兆しもよくみられます。彼女は他の部屋のなかに入ろうとします。プレイルームの制限枠が彼女には耐えられません。分析当初やつい先月に私が気づいた主なこととして，学校に私たちがいて彼女が先生のふりをしたがることがあります。昨年になって彼女はゆっくりと改善し，今では読み書きも少しできます。私が文字を書けるのか，足し算の仕方がわかるのかをみるために，彼女は私をテストしたがります。この前の面接では，私に掛け算がわかるのか彼女は確かめようとしていました。「あなたはこれをしなくちゃいけない」「あれをしなくちゃいけない」と彼女はとても厳しくいつも私を脅したものでした。

ビオン：あなたが描写していることは，彼女がそれほど厳しくなかったらどうなるのかを発見しようとする実験だと私は思います。あなたが彼女の赤ちゃんになるなら，彼女はあなたの母親になるのを試すことができます。

プレゼンター：彼女が母親を真似れたら，さらなる危険を避けられると彼女は感じているのでしょうか。

ビオン：大人になったり，若い母親になるチャンスをつかみそこなったと彼女はきっと感じているに違いないでしょう。彼女はあなたとの間で母親になるチャンスを得たいのです。

プレゼンター：最近彼女はとても悲しそうで落ち込んでいました。「どうして悲しいのか言えそうですよね」と私は言いました。2日すれば彼女の誕生パーティがあるのだけれども，ボーイフレンドと喧嘩してしまったから悲しいと彼女は言いました。以前にそのことを彼女は話さなかったと私は指摘しました。4カ月と2日このボーイフレンドと付き合っていたと彼女は言いました。彼女がなぜまだ悲しくて，ボーイフレンドとよい関係には戻らないだろうとなぜ考えるのか，私は続けて確かめようとしました。彼から笑い者にされたくないと彼女は言いました。彼は彼女をもはや愛していないとも言いました。

ビオン：どうしてその少年は彼女との恋から手を引いたのですか。

プレゼンター：わかりません。そのことはこの前のセッションで持ち上がった新たなことでした。

ビオン：そうすると彼らがどのように，あるいはどうして友達でなくなったのか，彼女はあなたに言わなかったのですか。

プレゼンター：言いませんでした。この地では子どもたちが夏季に海辺に出掛けたり，たくさんのパーティをしたり，遊んだりしじゅう一緒にいる機会があります。彼らはヨーロッパの小さい子たちとは違った生活をします。8歳や10歳の少女はダンスにいき，すでにボーイフレンドがいます。

　このセッションが重要となったふたつのことが起きました。ひとつは，彼女の一番上のお姉さんが父親の出張でドイツに1週間ついていったことでした。彼女はとてもやきもちをやき，うろたえました。もうひとつは，彼女の男兄弟（ただ1人の男です）が，クリスマスに特別なプレゼント（たとえばテープレコーダー）をもらったことに関係していました。彼女はとてもやきもちを焼きました。彼女はいつもはほとんど不平をこぼしません。でも，このふたつのことでは彼女は悲しくて，いっぱい不平をこぼしました。

ビオン：彼女のライバル心や羨望——つまり，他人への彼女の羨望か，彼女への他人の羨望かですが——を解決する機会を彼女は持ったことがないようですね。

カタストロフィックな何かの反応を引き起こすことなく，ライバル心や嫉妬や羨望をいずれ感じなくてはならない機会を，分析はまったくもって初めて彼女に提供しそうです。どうやって彼女は分析にやってきますか。

プレゼンター：お抱え運転手が彼女を連れてきます。いつも同じです。

ビオン：彼女は来るのを拒んだことがありますか。

プレゼンター：いいえ，一度もありません。彼女は来たがります。セッションを欠席したことはありません。分析の当初には，彼女にはできないことを他の子がしたり，彼女にはないものを他の子が持っているのを見るのが耐えられませんでした。彼女は同じことをしたり，同じものを持ちたがりました。私とプレイしていたとき，彼女はしょっちゅうインチキをしました。彼女はゲームに負けるのに耐えられませんでした。ここ3カ月間はそれがなくなっています。

ビオン：どういうことだと思いますか。なぜ彼女はもうインチキをしていないのですか。

プレゼンター：彼女が人形と絶えず遊んでいた間——母親になったり，赤ちゃんを産んだり，赤ちゃんを養ったり——彼女が自分の母親や私を羨ましがらないようにするために，そうやって遊ぶ必要がどれほどあるのか，私は彼女に示そうとしました。3カ月前に，休暇の後で彼女は母親になる遊びをやめました。それから，彼女はゲームのなかでもうインチキをしようとはしませんでした。

ビオン：この子とのダイナミックな状況をあなたは扱っていますね。そして，この子は早すぎて早熟すぎる直観力を持っているように私には思われます。彼女はごく早期の段階で耐えられる以上のことを，（私たちの用語の意味で）「見る」ことができました。

プレゼンター：昨年暮れのセッションのひとつを述べたいと思います。彼女は私に人形を持ってきて，私のそばに置きました。彼女は言いました，「さあ，身をくるんでそこにいるのよ。お医者さんを呼びましょう。あなたに赤ちゃんが生まれそうよ」

ビオン：このダイナミックな状況において，彼女は大人になっているように感じており，ある種の分析的赤ん坊があなたとプレイしているこのゲームから生じてくるかのように感じています。でも，それがどんな赤ん坊になりそうで，彼女自身がどんな赤ん坊になっているのかにも不安を抱いています。彼女は赤ん坊と母親と——彼女は母親に**なりつつあります**——両方になっているかのように感じているので，ことは複雑です。ですが，自分自身が母親になるのを彼女が認めるなら，どんな赤ん坊が生まれるのか恐怖が起きます。彼女がすでに言ったことからすると，母親がいわば滑って転んで，彼女の赤ん坊になるのが彼

の恐怖だと，私なら考えたことでしょう。その子はよい赤ちゃんになるでしょうか，悪い赤ちゃんになるでしょうか。表現を変えれば，彼女は自分が悪い母親――よりすばらしい人ではなくて，より悪い人――になるかもしれないと恐れます。このことは，いくらかはとても直観のある子どもにおける問題です。彼女は直観能力の増大を恐れます。というのは，彼女が母親の立場になったなら，自分がしでかすかもしれないことのためにです。

参加者：彼女はアナリストを使うよりもむしろ面接室を使うという印象を私は受けます。

プレゼンター：そう思います。昨年彼女は，赤ちゃんと旅行に出掛けたり，部屋を出入りする遊びをよくしました。彼女は何度も赤ちゃんに寝なくてはいけないといって，私を2，3分外に置き，ドアに鍵を掛けて部屋のなかにいたがりました。

ビオン：外というのは何のためでしたか。あなたはどう感じましたか。

プレゼンター：彼女は母親のように感じ，赤ちゃんと一緒にその立場にいたいので，部屋のなかに留まりたいのだと私は感じました。

ビオン：ひとつの疑問として，あなたはその部屋のなかの母親や彼女の赤ん坊を守るはずなのですか。あるいは，彼らを傷つけるだろう悪くて敵対的な対象なのですか。

プレゼンター：1週間か10日ほど，彼女は私を憎んでみようと試したときがありました。けれども，その後彼女はあえてそれをやめ，私を再び誉めました。後になると，私は赤ん坊を産むのを望んでいることになりました。別の時には，私はメイドの立場にいる印象を受けました。つまり，私が赤ちゃんの世話をしたり，彼女がショッピングに出掛けている間に，赤ちゃんに薬を飲ませるのを彼女は求めました。

ビオン：それが誰にしろ，どこかによい母親がいなければなりません。ですが，危険な父親，つまり羨ましがったり敵意を持ったりする排除された父親の問題も持ち上がります。

プレゼンター：父親がドイツに旅行したときに，初めて父親は分析の中に現われました。ブラジルの当地に父親がいる間に外国旅行をしているという母親の真似事遊びを，約3日間彼女はしました。彼らは長距離電話の会話をしました。父親が分析に登場したただもう1回は，彼女がアメリカ合衆国のディズニーランドにいる真似事遊びをしていたほぼ丸一週間でした。彼女は子どもたち皆を引き連れた母親の真似をしました。彼女の夫を遠くから呼んで言いました，「ねえ，来てよ。あなたがいないととても淋しいわ。子どもたちがとても悲しがっ

ているから，すぐに来て」。それから彼女は私に言いました，「パパは来れないの。とても忙しいから。いつも休暇の終わり間際に来るわ」

ビオン：父親は明らかにいい人ですね。

プレゼンター：そうですね。

ビオン：彼女は忘れていた何か，あるいは決して適切にはやり遂げてこなかった何かに触れることが，電話によって可能になります。彼女がまだ経験していない情事——家族の父親に「触れるようになること」が生じます。彼女は実の父母の**背後**にある何かに気づいているかもしれません。過去が現在に影を落とすように，未来は前方に影を落とします。この観点からすると，学校に行くのは彼女にとって時間の浪費です。というのは，彼女が学校で学ぶどんな種類のことも，赤ん坊を産むことに関係があるとは見れないからです。印象的なのは，**そういうことを彼女は望んでいるのであり，そういう種類のゲームが必要だと彼女は感じているように思われる**ことです。

11

プレゼンター：患者は8歳の少女です。彼女はセッション中たくさん絵を描きます。ここに報告しますセッションにおいて，彼女は窓から外を見ている少女の家の絵を描きました。家の前を道が横切り，2人の人がそこで楽器を演奏して立っていました。ガールフレンドに歌を歌っている少年についての音楽で，彼女が学校で学んだ音楽か何かを彼らは演奏していました。

ビオン：彼女はその音楽をどのように紹介しますか。それを歌いますか。

プレゼンター：いいえ。彼女は説明します。

ビオン：絵についての一種の実況解説ですか。

プレゼンター：そうです。「ボーイフレンドがいるというようなあなたのお気にいりのことや，留めておけない好きではないこともまた私に伝えているんですね」と私は言いました。彼女はその少女と2人の少年を消しました。それからふたつの木の間に吊り下げられたハンモックに座っている少女と，人の顔に描かれた太陽を描きました。

ビオン：太陽の顔の表情はどうでしたか。

プレゼンター：特別な表情ではありませんでした。彼女は再びその絵を消し，海のなかの小さな魚たちや釣り船を描きました。それから海底の大きなアーチです。アーチにはいっぱい宝物が隠されていると彼女は言いました。泥棒がそれを盗み，警察から脱走し，海に宝物を投げたのです。自分のなかの隠されたものを彼女が恐れており，私には理解できないだろうと彼女は心配していると，私は言いました。彼女はアーチの内側に貝殻ひとつとネックレスひとつと，アーチの近くで泳いでいる1人の男を描きました。そのスイマーについて私は彼女に尋ねました。彼はそっぽを向いて泳いでいるのでアーチを発見しないでしょうと彼女は言いました。私は次のように言いました。私がそういった隠されたものには喜ばないのではないか，私が彼女を好きでなくなってしまうのではないかと彼女は恐れています，と。それから彼女はスイマーを消し，アーチの方向に向かっている彼を再び描きました。

ビオン：解釈の前に誰か質問がありますか。あなた方自身の知識でもっともギャップを感じるのはどういうところですか。

参加者：私が思うには，私たちはあなたの言うことを聞きたいのです。

ビオン：そうですね。きっとそうだと思います。喜んで私は意見を言いましょう。ですが，スーパービジョンとは何だと思いますか。その行為の目的は何ですか。私がこの子の分析をしているなら，誰かとこの事態を論ずる機会はないでしょう。すなわち，私は解釈を考えねばなりませんし，そしてその解釈が考え方として正しくて，彼女が私の好きに使わせてくれている諸々の事実と関連していることを願わねばならないでしょう。アナリストであるためには語られるべきことはいっぱいあります。もちろんよりよいアナリストへのなり方を学べるならの話ですが。けれども，スーパービジョンにおいて一体全体要点は何かあるのでしょうか。いずれにしてもほとんど何の役にも立たない科学会議よりも，スーパービジョンがさらにひどいものだとは思いません。語られるべきことがあると思える理由を，私の見方からたくさん述べることはできます。ですが，あなた方が考えねばならないのは，そこなのです。あなた方に余分な時間がほとんどない場合に，科学会議やスーパービジョンや業務の実践から離れたことに費やすような時間の余裕がありますか。このミーティングを私たちはどう利用できますか。

参加者：見方のやりとりができます。

参加者：この子との面接ではクライニアンの観点を私は利用するでしょう。つまり，母親や一次対象と彼女の関係です。

ビオン：私が疲れていて何が起こっているのかわからなくて，この子が何も私に語ってくれないのなら同じことをすると思います。実際のところ悪循環に陥ったら，クライニアン理論やフロイディアン理論やアブラハム派の理論や何かの理論に私は頼るかもしれません。

プレゼンター：私には患者の不安は原光景に関係しているように思われます。少女は窓から見ています。

ビオン：あなたのその意見に私は同意しないわけではありません。ですが，なぜ音楽的になのでしょうか。なぜ音なのでしょうか。なぜ，描画なのでしょうか。

プレゼンター：それはラブシーンであるためとの考えが私に浮かびました。

ビオン：そのことで争おうとはまったく思いません。でも，その子はアナリストに何を言おうとしているのでしょうか。そして，画家や音楽家としての自分の能力に彼女はなぜ頼らねばならないのでしょうか。ラブシーンやセレナーデという考えは大切なように思います。そして，それを絵に描けるのが大切だったのかもしれません。

プレゼンター：ラブシーンという感覚はとても強力です。といいますのは，それが

次から次に描かれたからです。彼女は描画を通して会話をし続けています。

ビオン：この子が十分な才能に恵まれているなら，彼女がコミュニケートしたいことをアナリストに伝える難しさを埋め合わせることができるかもしれません。そういうわけで私は質問するのです。この子の言語は何ですか。彼女が話せるのは明白なので，事態はいささか複雑です。彼女は起こっていることを絵画で述べています。

プレゼンター：彼女には詩で表現する能力もあります。

ビオン：彼女はアナリストに話そうとすれば，彼女の持つあらゆる能力を使わねばなりません。彼女は絵を描けねばなりません。彼女は見れねばなりません。彼女が描いてることにことばでの説明をできねばなりません。そういったことすべてを使って，なおかつ自分の問題を明確にするという困難な仕事が彼女にはあります。アナリストの先入観を突き抜けねばならないために，患者の仕事はさらにいっそう難しくなると感じるときが私にはあります。

参加者：理論の他にもアナリストには，彼には先入観もあるとあなたは言いたいのですか。

ビオン：もちろん。

参加者：それについて何かもっと話してくれますか。

ビオン：小さい子どもが分析を受けに私のもとに来るとしたら，2分以上部屋に留まっていたなら驚きでしょう。私が予想するには，私みたいな人に話しかけたくないでしょう。でも，それは当たっていないかもしれません。彼女は私から彼女の知っている誰かを思い出すかもしれません。彼女が言いたいことを聞いてくれるお爺ちゃんのような人をです。ですから，彼女は私が聞いてくれるのを期待して，私にとても長い話を進んでするかもしれません。この問題は，私たち誰しもに起こります。実のところ，分析トレーニングを受ける難しさのひとつとして，次のことを私たちが忘れがちなことです。つまり，真に不可解で真に不思議なのは，誰かがともかくも分析を受けにくるということです。

　この患者に戻りましょう。あなたに何かを伝えるには，絵を描こうとするのが価値があると彼女は感じているようです。何か質問しようとするなら，あなたはどんなことばを使いましょうか。それが下手な絵だという印象をあなたは決して与えたくはありません。ですが，太陽が何をしていて，その表情がどういう意味なのかは興味を持って知りたいでしょう。私はそのことを追求しています。といいますのは，とても知的に話す子どもは，あなたが「原光景」と表現することのほぼ確実な観察者だときっと考えられるからです。何が起こっているのかについて，子どもや幼児は極めて早い時期から疑い深くなります。あ

なた方が赤ちゃんの眼差しを見たいかなる場合に思いを馳せても，その眼差しの持つ効力を思い出すことでしょう。自分自身の赤ちゃんに見つめられることにずいぶん不安を覚えるお母さんを私は知っています。ある時にはこの眼差しは，「何？」になるようです。またある時にはこの眼差しは，さらなる「なぜ？」になるようです。そういったわけで私は尋ねるのです。太陽の表情は何ですか。ある時点ではその表情は，きっと両親の関係を目撃したり，気づいた際に，彼女の気持ちがどんなだったかの表現に違いありません。今ではその表情はアナリストと彼女との関係への観察にいっそうなっているようですが。

太陽と，ふたつの木の間に吊されたハンモックの絵を彼女が描いたあとで，何が起こりましたか。その絵について他に何かあなたは覚えていますか。

プレゼンター：以前の描画では，眠れないというサインがいつもありました。しかし，この絵では人物は眠っていました。

参加者：私が空想するには，彼女は母親の場所を盗んだために眠れるようになったと思います。

ビオン：あなたがある空想を抱くことができるなら，それは解釈になるかもしれないというチャンスが常にあります。

参加者：私はあなたに向けてこころの訓練をしています。

ビオン：「こころの訓練」とはぴったりですね。子どものために人がこころの訓練をしなければならないのは，驚くにあたらないことでしょうね。子どもを育てるほど簡単なことはないと決めてかかっている人はとてもたくさんいます。

参加者：私は「こころの訓練」は必要だと思います。というのは，子どもは象徴化能力をほとんど持っていないからです。

ビオン：同じ見解がサイコアナリストに当てはまると感じるときがしばしばあります。私たちがとても信じたがっているほど，子どもに能力の欠如があるとは私は感じません。実のところ，この問題に関しては大してわかっていないし，子どもがもう少し説得力のある話をできるなら，子どもでさえも私たちに何かを教えてくれるかもしれない可能性を考慮する方が，ずっと有益だと私は思います。

私は以前にキーツが兄弟に書いた手紙を引用しました。その中でキーツは，シェイクスピアの偉大な力が何なのかにふと気づいたと言いました。それは，シェイクスピアは，確かさに性急に到達しようとせずに，謎や一部だけの真実に耐えられたということです。その話の重要な点は，「確かさへの性急な到達」です。私たちの目の前に広げられている，ひどくあいまいでとても把握するのが難しいその問題が何かをわかるはずだというプレッシャーを，私たちはアナ

リストとして常に掛けられています。この子は協力的で友好的です。彼女は絵を描き，話し，表現します。解釈がわからねばならないという感覚に，人は拘束されるものです。ですが，私たちがこの描画を見つめたり，会話に加われたり，その結果この子が見たり感じたり聞いたりできる――私たちにはできない――ことを，彼女が語る機会を与えられることこそが真に大事なのです。「原光景」が並々ならず確信的になるのは，それを子どもがあなたのために描写するときです。才能に恵まれた大人も，まさにあの詮索，つまり親夫婦へのあの凝視，もっと曖昧に言えば性的ペアへのあの凝視を簡潔に濃縮して表現する言い回しを見つけるときがあります。この眼差しはある種の性行為に没頭している二人の親に向けられているか，あるいは同様に没頭している二人の子どもをじろじろ見ているひとりの親なのかという，どちらかの可能性です。この詮索や，この三者状況――観察者と二人の被観察対象といったこうした表現可能性をいささか再結集するために，あなた方自身の経験を調べるのは価値があります。観察されるものを充分に考えてみることで，なおいっそう訓練を高められます。音ですか。視覚ですか。臭いですか。どんな感覚でしょうか。それによって，いわゆる「精神分析的解釈」のこと広大な多様性をあなた方は手に入れることでしょう。

12

プレゼンター：患者は26歳の男性で，6年間私との分析を受けてきました。彼は，他の誰でもなく，私から分析を受けることを望みました。彼は同性愛に悩んでいました。

彼の父親は何千エーカーという農場や大きな家を所有し，とても力強く裕福な男性でした。彼の母親は中国で生まれ，その後ロシアに行きました。彼女が13歳になる前にロシアからブラジルにやってきました。彼の父親が母親に出会ったのは，母親が15歳ぐらいの時でした。母親は彼女のことを知っている誰からも美少女と表現されました。彼女は息子がブラジル人ではなくて中国人やロシア人と見られるのではないかといつも心配でした。彼の出生時，母親はとても安産で彼は母乳で育ったと，彼は言いました。7年後に生まれた弟はひどい病気で，おっぱいを吸えませんでした。患者はそのことがとても心配なのを覚えていました。彼はまた，8歳か9歳の時に母親に一度キスしようとしたことも覚えていました。彼は母親の口にキスをしました。母親は言いました，「駄目，口にキスしないで。許しませんよ」

彼は今もなお弟に対して父親のように感じます。その弟は，外壁の窓から窓へ渡ろうとして，8階の窓から落ちそうになったことがありました。5年後，患者はマリファナに酔って10階の彼の家の窓から飛び降りたい気になりました。しかし彼は，「私は分析を受けている。私の人生には希望がある」と考えました。

彼には偉大な友達がいます。国際的に有名な女流画家です。彼の母親はこの友情にとてもやきもちを妬きます。1度この友達とその夫を彼の農場の家に泊まるよう招いたことがありました。彼の母親は言いました，「この女性はあなたにとても興味を持っているようね。この友情をあなたに続けてほしくないわ。スキャンダルになるでしょう。彼女は夫と別れるでしょう」。彼が言うには，母親は彼の友達にいつもやきもちを妬いてきました。

彼がわずか10歳の時に，母親がある女性と情事をしているのではないかと彼は疑いました。彼はとても心配になり，母親を見張りはじめました。母親の寝室さえもです。

13歳ぐらいの時には，彼は男性に興味を持ちはじめました。彼はメイドの兄弟とセックスしようとしました。彼が美の新しいタイプと述べる男性に出会うまで，多くの青年との性関係を続けました。その男性はドリアン・グレイ[訳注3]のようだと彼は言いました。この関係は分析中2年間続きました。その後，彼はこの青年に言いました，「僕達は友達になっている気がする。君の友達として，僕は君とのどんな関係も持たないつもりだ。君には二度と会いたいと思わない」。彼はその男性に多額のお金を申し出ました。しかし，その青年は断って言いました，「いらないよ。友達だろ」

　次に彼は，株式取引を操作することで名を馳せた若い女性専門家と性関係を持ちました。取引のために40万株を彼は彼女に渡し，そしてすべて失いました。彼は言いました，「はてさて，数カ月すれば私たちが持っている株は損失以上に儲けてくれるでしょう」。彼は熟練した画家ですが，醜い人物しか描きません。たとえば両手のないタイピストや両腕のないヴァイオリニストです。どの人物にも醜い特徴があります。絵は常に黒です。彼に尋ねた人がいました，「どうしてこういう絵を描くのですか」。彼は答えました，「私が芸術家だからです。『芸術家』がどういう意味なのかご存じですね。美を求め，真実を求めるということです。そして，**これが人間の真実です**」

ビオン：彼は何のためにあなたのもとにやってきていると思いますか。あなたが望もうが望むまいが，彼はあなたのところに来たいと強く求めました。あなたはなぜ彼に会わなくちゃいけませんか。彼についてのあなたの説明からすると，彼はあらゆるものを持っています。頭脳，知性，お金。

プレゼンター：とても自分のことが嫌いだという理由で，彼は私のもとに来ました。「ホモセクシャルになるよりハンセン氏病患者になった方がましだ」と彼は一度言いました。

ビオン：彼はどういう意味で「ホモセクシャル」と言うのですか。それが専門用語であるという事実に彼の注意を向けることもできましょう。彼がホモセクシャルである証拠は何ですか。それを彼に尋ねることもできましょう。そして，**彼は自分がホモセクシャルだとどのようにしてわかるのですか**。

プレゼンター：彼の持つ証拠は，セックスにおいて女より男を好むということです。若いときに，彼はすべての女性を憎みました。彼は言います，「セックスする

訳注3）Dorian Gray：イギリスの小説家オスカー・ワイルド（1854-1900）の作品『ドリアン・グレイの肖像』の主人公。美貌の青年で自由放胆な享楽家。その美貌によって放蕩悪事を尽くしますが，遂には自分の分身（良心）である肖像画をナイフで刺し，最期を遂げます。

までは仲間だけを求めています。その後は，誰にも会いたくありません」

ビオン：「ホモセクシャル」のような用語は，もはや専門用語としては用いられません。それは単に，人が何度も繰り返し使うことばの一部です。不幸なことに，私たちの使うことばは全体の品位が落ちています。ある見方をすれば，性関係を絶対に持てないということはありません。子どもや幼児でさえも性関係を持ちます。ですから，この男性が性関係を持てると聞いても，私には特別驚くに値しません。彼が行なう他のあらゆることと同様に，性関係はたやすく行なわれるものになっています。彼は女性よりも男性を好みます。それがどうしたというのでしょう。とても多くの女性は女性よりも男性を好みます。性関係は，彼が持とうが持たまいが，とても重大事のポジションに押しやられています。ですが，それは断じて真実ではありません。性関係はどんな動物にもできるいくつかの事柄の一つです。彼はまるで性関係を持てないかのようにふるまっています。ですが，彼が困っているのは持てるということです。ですから，彼が持てないのは何かを，私は考えてみたいのです。明らかに彼はほとんど何でもできます。すると，絶望感を生じさせているのは何でしょうか。

　フロイトは『夢判断』の中で，シンボルは変化するものだと言いました。もちろん彼は正しかったのです。実際問題として，ある特定の個人によって使われるシンボルは，その個人独自の製作物です。ですから，シンボルが使用されている場合には，そのシンボルが何を象徴するのか考えなくてはなりません。ある意味で人は，他の誰しもと同様に，「ホモセクシャル」や「ヘテロセクシャル」な性関係を持つことによってこの問題を解決できます。そういった用語は，今や元々の価値を失い，新しい意味を持つシンボルです。

　この青年は13歳で性関係を持てました。それまではずっと自分の生殖器を使う困難を抱えていませんでした。ですが，彼の13歳でのその種の経験が「それ」ではなかったというひとつの現実化でありえます。

参加者：彼にとって精神分析とは何でしょうか。

ビオン：精神分析は彼にはお馴染みの類いのもうひとつの実例にすぎません。精神分析が他の誰かとの単なる会話にすぎないなら，彼にまったく影響を与えそうにもないと私は思います。すなわち，彼の絶望感を和らげるために精神分析が何かできるとは，彼は信じそうにもありません。しかし，**他ならぬこの**アナリストを彼が選び，このアナリストのところに来るのを強く求めるというまさにその事実からすると，分析が他のすべてのものと似たり寄ったりだという感覚とは異なっているように思われます。

　私が思うに，この男性は愛することもできなかったし，愛された経験も一度

もありません。ですが，同時に——ここが謎なのですが——男や女と単にのらりくらりと暇をつぶし，そういった安易な性関係を持つことよりも，ましなことがあるのを彼はわかっています。そういった経験には憎しみが現れるのは常ですし，性的経験やそのパートナーへの憎しみが出てくるものです。同性との性関係のその問題にことばが集中するのがどうしてなのか私にはわかりません。それがまったく説明の要のない単純な説明になることを除いてはですが。性関係は，「結婚」や「婚約」と呼ばれる時があります。その人は成熟した個人だと人は信じてだまされます。自分が幸せな結婚をしているという患者を扱わねばならない際にはいつでも，性的経験でのパートナーへのそういう憎しみの要素を私たちが明るみに出せるかどうかを見る必要がいつもあると思います。「ホモセクシャル」な関係の特殊性の一つは，これです。つまりその関係は，二人がお互い常に憎しみ合っているがゆえに，不満足なのです。私は，「常に」といいますが，それは正しくはありません。お互い深く愛し合っている二人の男や二人の女に出くわすかもしれません。たとえば，デヴィットとジョナサンです。男と女の情熱的な愛の成熟した関係は，とても遅くにやってくるものであり，その関係に終わりはなく，そこには常にもっと学ぶべきものがあります。

参加者：セックスの関係もある同性の二人の人々の愛情関係について，あなたの意見を知りたいのです。

ビオン：そういう二人の人々に会ってみなければならないでしょう。それから私の意見をあなたにお伝えできます。精神分析に関する要点はすべてそこなのです。もちろん，いいですか，あなた方はそういったあらゆる本や他の何もかもを読んでみたいのでしょうが，あなた方が扱っている人に関する自身の意見を作る方法を，そうすることでは得られないのはそういうわけなのです。

プレゼンター：数週間前にその患者は私に言いました，「先生。他の男性のように，どうして私は女性に関心がないのでしょうか」。私は言いました，「あなたは男友達にしたことをしているのだと思います。女性は尊重する価値のあることをあなたはわかっていますが，それぞれの女性に女ではなく男をあなたは見ています」。彼はとても神経質になって言いました，「そんなことはわかりかねますね。私が女性を男として見ているのなら，それはひどい」。次の２回のセッションに彼は来ませんでした。その後彼は再びやってきましたが，前のセッションには触れませんでした。後になってから，彼はとても落ち込んだと言いました。

ビオン：この青年は，彼の性生活について何かを言われます。そして，まるでとて

もひどい類いのニュースか何かを聞いたかのように，彼は即座に「これはあまりに深刻だ」と答えます。手短に言って，アナリストが彼に何がしかを言うことに関して彼は敵意を表現しています。ですが，アナリストが彼に本当のことを言っているのなら，それは敵意へのこれといった理由になりません。ですから，単に言語的なセックスが起こっているだけだとしても，**分析的**関係ですらそれと同じ敵意が見つけられる関係なのです。性行為が愛情や愛着を表現するおそらくはもっとも親密な方法であることが，この状況を深刻にします。性行為の品位が落とされ，それが誰かれとなく持てる種類のことになるときに，事態がとても深刻になるのはそういうわけなのです。

13

プレゼンター：この患者は，そもそも5カ月間通ってきました。その後，自らの決定で止めました。というのは，強迫神経症の重症例になったからです。手を洗うのにとても長く——1時間——かかり，風呂に——4時間——かかったので，彼がセッションに到着したときにはわずか5分残されていただけでした。1年後，彼は戻ってきて，再開しました。1月末までに，彼が各セッションにおいて少なくとも30分間は来られなかったら，治療を続けられないと，私たちは合意しました。彼はそういった要件を満たせませんでした。ですからセッションは，1月31日で終わりました。セッションの時間が少なくとも30分はあるように，彼がなんとかして時間に間に合わせられると思うときには，私たちは続けられますと，私は彼に言いました。

提示したいセッションは，私が分析を中断した2カ月後に起きました。復活祭の祝日週間で私の時間が自由になったので，彼に会うことができました。

ビオン：分析を中断したことについて疑問があります。次のように最初にきちんと言うほうが，私には簡単なように思われます，「私に空きがあるなら，週X回あなたにお会いしましょう。それから，私の休暇の都合に合わせてほしいと思います」。患者が時間を取れるなら，患者に支払いを求めることを言えるでしょう。都合のつけられる時間への支払いをあなたは求めます。患者がその時間をどうするのかは別問題です。この患者は次のように言えましょう，「わかりました。きちんと来ます。最善を尽くします。週何回も来ます。万事を尽くします」。さしあたって時間の都合をつけることにあなたは合意できます。ですが，その時間をどう使うのか患者に言うことはできません。

参加者：二人の人が共に取り組むべき仕事という概念において，つまり実際の仕事においてですが，何か暗黙の了解になっていることはありませんか。

ビオン：そうであればと思うものです。ですが，ほとんどの場合そうではありません。その考え方の背景には，両親は子どもの世話をしなければならないと子どもが信じているとのことがありえます。しかし，実際には彼らは世話しません。そういうわけで捨てられる子どもたちがいるです。ですから，事実守れない契約にあなたが加入したがっているとは思いません。患者の協力をいくらかなり

とも得られる**なら**，試すことはできます。ですが，患者の協力があろうがなかろうが，患者を治しましょうとか患者のためになんとかしましょうという立場に入り込みたくはありません。彼は来ないかもしれません。あるいは30分遅れてくるかもしれません。あるいは来て，何も言わないかもしれません。ですが，患者が何をしようとも患者を手助けしますと約束できないのは，子どもがどんなに敵対的で非協力的でも子どもを育てますと請け負えないのと同じなのです。

参加者：「あなたは自分自身を犠牲にしています」とか「あなたはセッションを犠牲にしています」と患者に言う価値はあるのでしょうか。

ビオン：私ならそう言わないでしょう。都合のつく時間やお金がとてもたくさんあるので，そんなやり方で使っても大丈夫だと感じているようですねと，私なら言うでしょう。

プレゼンター：私の出したもうひとつの条件は，彼の母親が彼に敵意を抱いているので，両親の家を出るべきだということでした。彼が他人と住んでいたときには，なんとか約束を守ろうとしました。彼がこのセッションにやってきた時（25分遅れで），彼はすでに家から出て下宿に住んでいました。家主は自分自身の子育てにとても苦労した神経症的な女性でした。彼は長い間電話の利用やバスルームの使用を許されませんでした。彼が物事をするのにかかる時間は，彼と女家主との間に緊張傾向を作り出しました。たとえば，彼がミルクを温めたくても，彼女は認めないものでした。ミルクを温めるのはわずか1分しかかからないじゃないかと彼が強く主張するために，二人は言い争いをはじめました。それで彼女は小さな石膏の彫像を彼めがけて投げつけました。彼はよけましたが。それから，彼女は彼に椅子を投げようとしました。彼女の子どもたちの一人がやってきて，二人を仲直りさせました。ですが，女家主は彼に出ていくように言いました。すると，彼は自分の部屋に行き，荷造りをはじめました。しかし，いつものように長い時間かかりました。荷造り後，彼は階下におり，女家主に月家賃の半分を返すよう要求しました。彼の両親がそのお金を取りにやってきたら，はじめてお金を返しましょうと彼女は言いました。その後，彼女は彼を道路に押し出しました。二人の間には契約があり，彼は支払いを済ませたのでそれは我慢ならないと，彼は抗議しつづけました。

ビオン：子ども時代や幼児期に，どんな契約がありましょうか。彼はどうやって支払うでしょうか。彼が内金等々を支払ったと言うのは，まったくもってもっともです。ですが，彼は父親や母親にどんな内金を支払ったのでしょうか。言い方を換えれば，親が子どもを育てるよう義務づけられるどんな契約があります

か。

プレゼンター：彼は私を女家主のように扱っていると，私は彼に言いました。今や彼は，契約を破ったことへの違約金を支払うよう**私**に求めました。

ビオン：アナリストが父親や母親でもないのに，アナリストとのどんな契約があるのでしょうか。しかも，これまで誰もしてこなかったことをあなたがするのを彼は期待しています。

プレゼンター：私が先の解釈をした後に，わかりかねると彼は言いました。ですから私は，その解釈を繰り返しました。この状況は，彼にはすでにお馴染みのものですと私は付け加えました。つまり，他人は彼に何か借りがあると彼は感じている。彼らは彼に我慢しなければならないし，彼のことを気に留めるべきだ。彼は母親から冷遇されたので，あれこれの貸しがあると，彼は感じている，と。

ビオン：ですが，彼らには借りはありません。幸福な人生や適切な子育ての借りなど誰も誰かにあるわけではありません。彼がほとんどそれに近いものを得る唯一の場所は，アナリストとの間です。そこでは，他の誰もしてくれなかったことをまったく見知らぬ他人に彼は期待します。

プレゼンター：彼が言ったことと彼が温めたかったミルクとの間には繋がりがあると私は思いました。つまり，ミルクは冷蔵庫のふたつのプラスチック容器のなかにありました。彼はよいミルクをもらっていないし，彼の母親がくれたミルクは，彼には冷たく感じると私は指摘しました。

ビオン：でも，ミルクが温かかったらどうでしょうか。誰がミルクを温めたのですか。ミルクを温めるのは誰の契約ですか。そういう考えを彼はどこから得ましたか。私たちは患者からの協力をいくらか得たいものです。けれども，なぜそれが見込めるのか私たちにはわかりません。アナリストが結ぶ唯一の契約は最善を尽くしましょう，だけです。うまくやりましょう，ではありません。

参加者：それは幼児ナルシシズムの問題ではないのですか。

ビオン：肝心なのは，そのことがセッションのなかでどのように見えるのかです。彼の愛される権利はどこからくるのですか。どんな母親も自分の赤ちゃんをなぜ愛すべきなのですか。母や父が子どもに教育や子育ての義務があると，子どもはなぜ考えるべきなのですか。このことに患者の注意を向けられるでしょう。「あなたに幸福な人生を与える契約をまるで誰かがしたかのようにあなたは話しています。でも，どこからそう考えるのか私たちにはわかりません」。患者は親がどんなひどい父や母なのかについてありったけのことをしばしば言うでしょう。その通りなのです。ですがその場合，よい父や母がいるという考えは

どこからくるのでしょうか。患者がよい分析や援助を受けるのをなぜ期待しないのかについては言えるかもしれませんが，それはなぜ患者が**期待する**のかの説明にはなりません。さらに進んでみましょう。適切な分析やスーパービジョンなどを受けたアナリストに，報酬を支払うつもりの人がいるという考えがここにあります。ですが，持つべき知識を誰がアナリストに提供するのですか。患者の望むものが彼の世話をしようとする「母親」ではないなら，その期待がどこからくるのかは言えません。アナリストに適切な技能があるのを患者が期待するのには，理由があるに違いありません。

参加者：生まれたくはなかったと語る患者のことを思い出します。ですが，彼らはこの世にいるので，世話されるのを期待します。

ビオン：まったく。アメリカ合衆国の憲法においてすら，あらゆる人間は幸福になる権利があるという条文があります。しかしながら，こと私たちの仕事について言えば，わざわざ分析を受けたり，教育を受けたり，資格を得たりなどがアナリストには必要だろうとのその考えを患者はどこで得るのでしょうか。そして，アナリストはどこからそのお金を得ると患者は考えましょうか。私たちは患者から彼らのお金を奪おうとしているためではなくて，こうしたトレーニングや教育すべてに誰かがお金を支払わねばならないがために，アナリストは患者に支払いを求めねばならないのです。ところで，間違っていることすべてを正そうと待ち受けている運命や神がいるとの考えは，危険なものになりえます。「私は生まれたくはありませんでした」という先の発言は，いかなる責任性も完全に拒絶しています。この患者は，誰に対してあるいは何に対して自分自身を守っているのでしょうか。

参加者：おそらくは，今度は分析を受けるのに何を自分が支払わねばならないかという恐怖に対してです。

ビオン：分析の経験を彼がうまく利用すれば，彼にうまく利用できることを彼の両親が与えてくれたことも彼には見えてきそうです。そうすれば，彼の両親は絶対的に悪であるはずはありません。

参加者：両親への敵対感という考えを彼は持ち続けがちだろうと私は思います。

ビオン：まったくもってありそうですね。そのことは自分がひどい分析を受けているのを証明しつづけようとする彼のニーズに力を貸すでしょう。あるいは，彼がよい分析を受けているなら，分析を受けなければならないがゆえに，彼がいかにひどい育てられ方をしたかをそのことは証明します。「ここに反復強迫の起源がある」というような専門用語にそれを翻訳できます。あなたの患者は何度も何度も来続けなければなりません。しかも，ひどい分析を受け続けなけれ

ばなりません。あなたは反復強迫のレクチャーに出掛けたり，それに関する本を読めます。ですが，分析のなかであなたがその反復強迫を見る際に，その獣性を認識するのはとても難しいのです。

14

プレゼンター：患者は26歳で一人っ子の女性です。彼女はサイコロジストで，卒業したてです。そして，精神分析協会から私のもとに送られてきました。約1カ月前に週4回の分析を彼女は始めました。彼女の人生のここ9年間に起こったことは，昨日起きたばかりのように思えるし，それ以前のことには何もたいして注意が向かないと，彼女は始まるやいなや切り出しました。起こったことはこれでした。9年前彼女の父親が15歳の少女との関係で警察とごたごたを起こしました。患者はそのニュースをラジオで聞き，新聞で読みました。それ以来彼女は警察や弁護士の動きをすべて追いました。彼女の両親はそのことについてまったく話しませんでしたが，彼女は起きていることをすべて知っていました。家族は警察から逃れて，ある町から別の町へ引っ越しました。今では父親は，保釈金を出して裁判待ちです。母親は家族の希望に反して結婚しました。彼女はとても裕福でしたが，父親はダウンタウンのビルの掃除夫にすぎませんでした。

　私が報告しますセッションの最初に，彼女はいつもとは何か違うことをしました。つまり，彼女は横になる前に私を見て微笑みました。それから彼女は言いました，「今日私は何も考えられないんです。なぜでしょう。昨日ここを立ち去ったときには，とても自由に感じたのに」

ビオン：9年前に情緒的に重大なことが何か起きたので，彼女は二度ともとのままではなくなってしまったと感じているかのようです。ですが，あなたと一緒のちょうどその時に，彼女は同じことがまた起きた――いわば彼女はあなたに微笑みました――のではないかと心配になりました。今やどんな問題が起こるかもわからないのです。言い方を換えれば，このことは見たところは大したことのない出来事の典型的なひとつと感じられます。それにもかかわらず，このことは決して忘れられないような一連の出来事のはじまりとなります。他方，彼女がアナリストや他人に微笑もうとしないなら，それはまた絶望的に深刻な状況です。幼児のごく早期の経験のひとつに微笑みがあります。その微笑みはまったく驚くべき結果の引き金になることがよくあります。すなわち，母や父がただちにそれに気づきます。「見て，赤ちゃんが微笑んでいる！」。ですからあ

る意味でこの引き金行動は，思いもよらぬ結果を招くように感じられます。そのことに患者の注意を私なら引き付けようとするでしょう。「不幸なあの一連の出来事をあなたに思い出させることが，何か起きたに違いないと思います。おそらくそれはあなたが私に微笑んだためです」。あるいは単に次のようにも言えましょう，「何があなたをとても怯えさせたのかを知るのは役に立ちましょう。そのことが差し迫った不幸の引き金になったとあなたは怯えています」。多くの経験から私は，この微笑みは根本的な何かではないかと思います。それはまるで胎児が誕生の開始を招いたかのようにです。それを証明する方法は私にはわかりませんが，そのことがまさに誕生前の，ある種のカタストロフィックな出来事の最初の事実だとこころに留めておくのはきっと役に立つと思います。それから微笑みのような誕生後の出来事があれこれ後からやってきます。ご存じのように，そういったことは微笑みからおならや消化不良まであらゆる名で呼ばれます。別の場合——思春期が典型的に思われます——もあります。その時に人は，子どもなのがどのような感じかをわかるほど充分に子どもになり，そして，とても大人と感じるほど充分に大人になります。他の場合にはまだそれほどは気づかないかもしれない感覚に，人々が近づけるこうした段階が多くあるのです。

　あなたの患者に戻りましょう。9年前の先の出来事や，患者があなたを見て笑った少し前の出来事があります。あなたにせいぜいできるのは，次に何が起きるのか見聞きすることです。あなた自身の分析作業の過程で，あなたは分析を実行する自分の道具を製作せねばならないばかりではなく，既知のことや精神分析理論を確証しそうに見えることにも貢献せねばなりません。あるいは，もっとはっきり言えば，精神分析理論に実際変化を引き起こさせるかもしれません。別の言い方をすれば，テーマが成長しているなら，既存理論は柔軟でなければなりません。私たちはあれこれの理論をすべて学ばねばなりませんが，それは，最後には完璧に有害です。私たちは理論や事実の「消化不良」になります。そしてついに，患者の言うことをほとんど聞けなくなります。今日問題なのは，精神分析理論を知らないことではありません。問題はあまりにたくさんの理論があるので，そのために患者を見れないということです。

　幸せな結婚をしている両親を持つことの利点は，とてもたくさんの恐怖や不安があっても大して問題にならないことです。もしことがうまくいっていないなら，笑いはすれども，決して微笑まないように見える個人を成長させるでしょう。すなわち，刺激がとても大きいときに初めて，微笑みのような何かを抑制する力に彼は打ち勝つのです。患者は何度も笑うことはできても微笑むのは

できません。あるいは，彼らが微笑んでも彼らの目は常に微笑んでいません。実際のところ，分析はそのことをさらに悪化させることがたびたびあると思います——そうすべきではないのですが。しかし，サイコアナリスト自身が，人生を楽しめなかったり，微笑みに相当することができないように見えることがあります。その種のことはほとんど表現のしようがありません。ですが，精神分析の利点は，本物の人に出会う機会が得られるということです。

　子どもたちが微笑むかどうかを気にしない人たちがほとんどです——それについて話すのがポイントではありませんが。けれども，この患者と一緒にいて，微笑みがあなたに一撃を食らわします。**そこ**が重要です。このことが分析の教科書で触れられているかどうかは，少しも重要な問題ではありません。問題なのはこの患者が微笑み，**あなたがそれに気づくことです**。それが一連の思考やあなたとの連鎖反応の始まりになりえます。

　あなたが彼女にキスしたり，彼女に恋をし始めること——あるいは，し始めないことを彼女は心配している可能性があります。あなたがそうしないなら，おそらくそれは，あなたが彼女を愛さないためか，あなたに微笑んだことであなたが彼女に腹を立てているためです。まったく些細なことが大きな比重を占めます。けれども，その出来事が９年前に起こらなかったら，あるいはその時に適切に処理されたら，今日そのことはそれほど途方もなく重要にならないでしょうし，彼女は切迫した不幸の気配を感じて生きてはいないでしょう。私がきっとそうだと思うのは，あの９年前の出来事以前に，おそらくは幼児期の間に，何か他のことがほぼ確かにその問題の一因になったということです。

15

プレゼンター：患者はこのセッションの前に数回欠席しました。そして，この日面接室にやってきて，椅子に座りました。彼女は沈黙したままで，なんらかの不安にとらわれているように見えました。私には彼女の不安が感じられる，ですから彼女は何かやっかいな経験をしていると，私は彼女に言いました。

ビオン：あなたはなぜ彼女にそう言いましたか。

プレゼンター：緊張して不安な雰囲気をからだ全体で感じました。

ビオン：患者にそう話すのが必要と，あなたがなぜ感じたのか不思議に思いました。あなたがそうすべきだとか，そうすべきでないとか指摘しているのではありません。単になぜあなたがそうしたのか不思議なのです。

プレゼンター：それが私のこころに浮かび，彼女にそう示してみたいと感じました。

ビオン：でも，なぜでしょう。私は単純な質問を，さしあたってあなたに指摘しているわけではありません。

プレゼンター：どう答えていいのかわかりません。

ビオン：あなたはまったく正しいと思います。ですが，それはいささか重要な問題なのです。といいますのは，さもないと患者に何か言うのが大切なことだという思考習慣が身につきます。しかし，あなたはそこにいて彼女に会いました。ですから，あなたの考えを彼女に伝えるのが重要だと，あなたがなぜ考えたのか興味深くて知りたくなったのです。しかしながら，そのことは脇において，何が起こったのかみていきましょう。

プレゼンター：彼女は微笑んで言いました，「そうですね。きづらかったです。ここは快くないし，退屈です」

ビオン：彼女は来る必要がありません。そうすると何が問題ですか。それが彼女を困らせているすべてだとしたら，彼女は立ち去って他のことをすればよいのです。

プレゼンター：実際私は彼女に尋ねました，「どうしてくるのですか」。彼女は答えました，「今では最初の時よりきづらくはありませんが，ここはリラックスするための一日の時間だと思いました。私は分析を止めて，もっと満足のゆきそ

うな絵画コースを選びたいと思います」

ビオン：なぜそうしないのですか。そのことは，ともかくも彼女があらわれた理由の謎を増すだけです。

プレゼンター：絵を描いていた頃から随分たちますと，彼女は言いました。コースは彼女にふさわしい仲間をまさに提供するでしょう。

ビオン：そういったことはすべて絵画クラスへ行くのにとてももっともな理由だと，私には思われます。ですが，あなたの面接室に彼女がいるのに，何とも対処のしようがありません。実のところ推測するに，これまで彼女がせいぜい言っているのは，彼女がそこにいるはずがないということ——いる理由ではなくて——の説明です。

プレゼンター：私が思うには，彼女は私との関係で自分のやっかいさを認めたくないし，自分自身のふるまいが好きではないのでセッションにきづらいのだと，私は言いました。

ビオン：なぜ彼女はいくらか変わりたいのだと，あなたは思いますか。ともかくも，何が彼女を阻止していますか。変わりたいのなら，なぜしないのですか。

プレゼンター：彼女は私の前で不安感に耐えられなくて，おそらくは恥じていると私には思われました。

ビオン：ですが，想像するに部屋にはドアがあり，彼女がお望みなら出ていけます。あなたの同席を彼女が好まないなら，彼女がすでに話した方法で別の人たちを見つけることができます。その説明では，あなたの面接室で彼女がしていることをまだ明らかにしていません。あなたは彼女の言い訳を見つけようとしているように，私には思われます。ですが，なぜあなたがそうすべきなのか私にはわかりませんし，彼女がなぜ来ているのかをどうしてあなたは語るように求めないのか，私にはわかりません。

プレゼンター：私の言うことを彼女は考えて，それから答えました，「いつも私はそんなふうでした。ベストであるのを常に望んできました。子どもの頃学校で，校長先生の娘と友達でした。私たちは二人ともコンサートで詩を朗読することになりました。でも，その時が来たら，聴衆の面前でうまくできないのではないかと心配になって，私は詩を読めませんでした。それで，先生が私を信頼していたし，友達が私に失望したと感じたので，私は泣き叫びました」。彼女は私のベスト・アナライザンドになりたがっているし，分析に何の困難もなく，何の不安もなければと思っているようですねと，私は彼女に言いました。

ビオン：ですが，あなたが彼女のお気に入りのアナリストであると彼女は言っていません。多くの点で彼女の友好さがいささか欠けていると，あなたは言ってい

ます。ひとつには，セッションによく現われません。私はなぜか知りたいですね。また，彼女がなぜ現われ**たのか**，そしてアナリストはどういう人であり，**自分が**どういう人であると彼女が考えているのかも，私は知りたいのです。私なら彼女に言うでしょう，「あなたはとても率直です。私が退屈だとあなたは気づいたとおっしゃいました。あなたはたいていの人にそう言うのですか。あるいは，それはサイコアナリストに対する取って置きの類のコメントですか」。この患者に限って，そのことがとても大切だと私が考えるためにそう言うのではありません。あなたがこの事実を見失いがちなために言っているのです。患者はやってきて，あふれんばかりのひどいことばを使うかもしれません。あるいは，患者がすぐれた芸術家ならたくさんのおかしな絵を描いたり，強力な楽器を持ってくるかもしれません。その際，患者に次のように言うのが役立つことがあります，「あなたは……をやってますね」。それがなんであれです。「誰とでもそうするのですか。あるいは私とだけやってきてそういうふうにふるまうのですか。そうだとするとどうしてですか」。あなたは患者を怯えさせたくはないし，また，誰もが靴を拭きたがるドアマットだと，あなたが自分自身をみなしているという印象も与えたくはありません。結局のところ，あなたは人生全般にわたってアナリストになるつもりなんだと，私は理解します。ですから，あなたの専門家人生をどのように費やすつもりかが大切な問題です。私たちのほとんどは，長ったらしくて高価でうんざりした訓練を受けました。それは単に退屈とみなされたり，取るに足らない人とか尊敬する価値のない人と扱われるためでしたでしょうか。

　私の指摘することをもしあなたが言うなら，患者のふるまい方にあなたが気づいているのを彼女に明らかにしてくれる，ある要素をもたらします。あなたの解釈によって，あなたが彼女にいくらかは期待している理解のチャンスを，彼女に与えられるのかは私にはわかりません。それはあなたが自分で決心せねばならないことです。私たちは皆たくさんの時間を無意識の動機を分析するのに費やします。しかしそれは別問題です。つまりそれは，あなたはコンサルテーションを活用できますよと知らされる際に生じる問題です。あなたは分析を利用できますと言ったところで，実のところ言うだけ無駄です。ですが，**患者が**あなたのことを何者と思うのかを，分析は彼らに表現させうる便利な方法です。たとえば，この女性がアナリストに会いたい**なら**，あるいは誰かに対してひどいことをしたいと感じているの**なら**，アナリストに会うのは役に立つと彼女は考えるでしょうか。私たちにはわかりません。けれども，少なくともあなたは，自分の時間をどのように使いたいのか考えることはできます。

私たちがいつのまにか分析に流されがちなのは，たまたま分析が得意だという理由にすぎません。ほとんどの人はあれこれ何か得意なものがあります。ですが，それだからと言って，私たちの人生の残りをそうすることに費やしたいものでしょうか。そして，私たちの夫や妻が，そのような仕事を私たちと共にすると期待できましょうか。この疑問は広範囲に及びます。それは分析をするのにはまったく関係ありません。ですが，実人生にはおおいに関係があります。分析の世界ではありとあらゆる理由でアナリストとして旗揚げする人々と，単なるその事実のために深刻な精神状態の患者たちで散乱しているという，悲しくて憂うつな事実があります。
　彼女や友達のどちらかが，先生のお気に入りの気持ちのいい立場にいたかったとは，この女性はまったく思っていなかったかのように聞こえます。あなたが彼女の分析をしたがっているのではなくて——それが何であれ——あなた自身の何か個人的な目的のために彼女を欲しているのではないかと，彼女は心配していると思います。すなわち，彼女のお気に入りのアナリストになるか，彼女があなたのお気に入りのアナライザンドになるかを，あなたが望んでいるということです。彼女はどちらも特別考えたがらないかもしれません。彼女自身が選んだのではなくて，親やおじやおばや先生等のような他の誰かが——そういう人は，人間の性格をともかくも何かの目的のために利用できるかのように扱いますが——彼女のために選んだことを彼女が行なったり，そうなるように当てにされるのがどのようなものなのか，彼女は実のところすでにわかっているのかもしれません。ほとんどの人は，まさにその態度の犠牲者になるのに馴染んでいます。私たちの父や母は，私たちが偉大な男性や偉大な女性になってくれればというファンタジーを抱きます。彼らは少年を少女のように髪を巻き毛にしたり，少女を少年のようにページボーイ・ヘアカットでドレスアップすることがあります。あなた方はご自分でもリストアップできるでしょう。ですから患者たちは，私たちがそれとは違い，彼らのパーソナリティを尊重してくれるのを，気づかないままに望んでいます。患者たちが私たちのパーソナリティをまるで尊重しないかのように私たちを扱ったとしても，それによって私が圧倒されるだろうとは思いません。私たちをかき回し，それに関して私たちがどうするのか成り行きをみるために，ある種のふるまいが意図して呼び起こされたり誘発されたりします。先の状況に対するあなたの反応は（あなたの解釈にこだわっているわけではありません），彼女や彼女の女友達をひいきにしているのが彼女の先生や誰にしろ，そういう人たちには決して彼女が言おうとはしなかったかもしれないことを，あなたには言う価値があると彼女に感じさせ

るほどの安心感を与えたようです。患者が語ることはすべて——特に早い段階で——彼女にアナリストに関する何かを伝え，そして，もし彼女が幸運なら，彼女自身に関する何かを彼女に学ばせるかもしれない話です。

　何がこのストーリーの解釈か私にはわかりませんし，気にも留めていません。ですが，他ならぬこの話を彼女がなぜ私に語り，その話の背後に何があるのかを彼女に説明することに関しては，留意する**でしょう**し，気をもむ**でしょう**。私が思うに，姿を現さない患者は——そういうやり方で姿を現し**ている**患者は——かなりの不幸に苦しんでいます。どんな不幸かはわかりませんが，何でもないことのために彼女はやってきて，それほどの時間やお金を費やさないでしょう。これまでのところ，彼女は自分の望まないことを成し遂げています。つまり，同じ退屈で古ぼけたものを生み出そうとしている人を彼女はまったく望んでいませんし，彼女のことをお気に入りとして扱う人も望んでいません。そのことは確かに曖昧なままです。ですが，この患者があなたのもとに来続ければ，素材が積み重なるのでそのことはもう少し明らかになるでしょう。最初は曖昧です。そしてあなたは理論に頼らねばなりません。しかし，患者が来るごとに，あなたはより多くを得ながら続けられるでしょう。彼女や彼女の女友達に関するこの話は，6セッション後，6カ月後，6年後にあなたの与える解釈の基本を形成するでしょう。そういうわけで，あなたの面接室のあなたの目の前で起こっていることに，あなたの感覚を開いておくのがとても大切なのです。

16（I）

プレゼンター：患者は6カ月間週4回の分析を私と行なってきました。治療をはじめたとき，彼女は心身症的問題を——出血と下痢です——いくらか抱えていました。そして彼女はだんだん痩せてきました。
ビオン：「心身症的」と誰が名づけましたか。
プレゼンター：私です。
ビオン：**彼女**は何と呼びましたか。
プレゼンター：身体の病気だと言いました。その問題は人生の中でいろいろ起こった出来事に関係していると，彼女は感じていました。
ビオン：彼女はことの全体を訴えただけでしたか。不安から出血まで，あらゆることですか。
プレゼンター：そうですね。彼女にキスをし，抱擁したことが1度あった精神科医に1年間治療を受けたために不安になっていました。
ビオン：その精神科医をご存じですか。
プレゼンター：はい。
ビオン：それはとても不都合ですね。当の患者について論議したいものですが，同僚の専門的態度にも関わってしまいます。それはやっかいで，現実的な問題です。それでも**あなた**について語られている話を止めるわけにもいきません。

　ある一定の規律に従うことについては多く語られています。イングランドにおいては，男性医師は看護婦が同席しないかぎりは，女性患者に会わないのが慣例でした。それは分析においてはまったくもって不可能です。分析は個人的関係であらねばなりません。自分たち自身の専門家としての生活において，あなたが従おうと思うルールの種類や，あなたに会いにくる人たちとどんな関係を専門的に持つのかを，あなたは築かねばなりません。あなたと面識があったり，社会的に出会ったことのある人たちが，あなたの分析を受けたがることがよくあります。それがどういう結果になっていくのか，私にはわかりません。ですが，私との分析を受けたい人がいれば，彼らにはある基準に従ってほしいものです。そして，私自身もある規律や行動規則に従いたいものです。こうした理由のために，まったく無害かもしれず，社会的関係においては適切でさえ

あるかもしれないキスや何か他の行動を，私が活用できるという考えを推奨したいとは思いません。分析関係は別物です。仕事が違うのです。私が思うに，ある点で分析は外科手術と同じくらい厳粛だとみなすのが公正です。外科執刀医はある一定の規律を守ります。私はあるケースを知っているにすぎませんが，そこにおいてはある外科医が自分自身に立ち居ふるまいの自由を許し，カタストロフィックな結果を招いたように思われるのです。その外科医は何か不適切なことをしていたわけではまったくありませんが，手術中にある軽率な言動——会話や人との冗談——を許容しているようでした。まったく簡単な手術だと考えたことが恐ろしい結果を招いたと，私は思います。手術は簡単でした。ですが，患者の子どもは同じく簡単に死にました。手術室のいくらか安易な雰囲気のさなかに，突然悲劇が起きました。救急処置がただちに行なわれ，その雰囲気全体は一変しました。すべては遅すぎたのです。

そういうわけで「簡単な」精神分析的ケースのようなものがあると，私は認めるわけにはいきません。私はその種の話を聞いたことがあります，「学生にはもっぱら簡単なケースを与えるべきだ」。その意見はまったくナンセンスです。私は簡単なケースに出会ったこともなければ聞いたこともありません。決して。あなたの提示しているケースを取り上げましょう。私がとても考える気にならないのは，そのケースが簡単だろうということです。ある意味で，あなたが身の毛もよだつ込み入った分析を受けるよりも，むしろ込み入った身の毛もよだつスーパービジョンを受けてほしいと断然思います。ですから，ぜひとも事柄自体ではなくて，この状況においての最悪を味わっていきましょう。

プレゼンター：その精神科医が彼女にキスしたときに，彼女の内側で原子爆弾のように何かが破裂した気がしたと，患者は言いました。

ビオン：さて，いちばん最近のセッションに向かいましょうか。

プレゼンター：そのセッションは一昨日行なわれました。彼女は入室して座りました。彼女はカウチに横にはなりません。昔はカウチに横になったものでしたが，今では座るほうを好みます。彼女はとても不安で，「どうしてあなたは私に話し掛けないのですか」と言いました。「ここでは私があなたに話し掛けるはずだと，どうして思うのですか」と私は言いました。

ビオン：次のように言ってもよいかもしれません，「私が話していることばに不満を感じているようですね。私があなたにキスしたり，その類のことばを話してほしいと，あなたは感じているかに聞こえます。ですが，その種のことを私が何もしてはいけないと，あなたはとても心配しているようにも思われます。私に話してほしくないことばを私が使いだす場合に備えて，あなたはカウチに横

になる危険すら冒しませんね」。実のところ，彼女にこう言うのがいいことだとは思いません。なぜなら，彼女の不平が何なのかもっと明らかになるように，もう少し彼女に話してもらいたいからです。

プレゼンター：彼女はよその町に住んでいるので，お抱え運転手つきの車でやってきます。そして，同伴者としてもう一人の女性が彼女と来ます。彼女は言いました，「同伴の女性が私に尋ねました。私の夫があなたと長い知り合いかと。私はそうだと言いました。分析を受けるその人を知っているのはよいことだと，彼女は言いました。つまり，厄介を避けられます。その後で私は，彼女が何を知っているので，そういった質問を私に尋ねるのだろうかと思い始めました。あの精神科医と起きたことを，夫には言いたくありません」

ビオン：患者は何歳ですか。

プレゼンター：30歳です。

ビオン：で，夫は？

プレゼンター：わかりません。彼らには2人の娘がいます。

ビオン：結婚してどのくらいになりますか。

プレゼンター：ほぼ10年です。夫にその話を知ってほしくないと彼女は言います。というのは，彼女同様に，皆がそのことを知ってしまわないだろうかと，夫に不安を感じてほしくないからです。「誰が知っていて誰が知らないのかと，夫が私に尋ねたりしてほしくないのです」。そう言ったとき彼女は泣いていました。

ビオン：私の印象では，面接室で起こることを誰にも語ってほしくないと，彼女はあなたに望んでいます。完璧に隠したいのです。何かもっと証拠がほしいので，この時点では私は解釈しないでしょう。その証拠は，あなたの面前で形をなしてくるテレビ画像を見ているようなものです。ですが，あなたは話の真っ只中に入りました。患者は椅子に座ってあなたに対面し，泣いていましたか。

プレゼンター：そうです。

ビオン：あなたを見ることはできましたか。

プレゼンター：はい。彼女は泣き続けて言いました，「義理の姉妹には愛人がいました。夫にそれが起きたなら，妻や愛人を殺し，そのあとで自殺すると，夫は言いました。ある男が私に話し掛けたというそれだけの理由で，かつて夫はリボルバーを手に取りました。私の夫はそういったことを知るのにおそらくは耐えられないし，そのことはたぶん私たちの人生を共に破滅させると，かつてあなたは私に言いました」

ビオン：暴力の脅しがここでの重大事であるかのごとく聞こえます。夫でない人と

彼女が会話することが，危険になります。夫との会話ですら，ある段階では夫でない人との会話でした。つまり，彼らが夫婦でなかったときです。それは，彼女がボーイフレンドを探すのは危険だったという意味になりましょう。ともかくも人を求めるのは，まったくはなはだ悪いことになります。どんな種類の潜在的な夫や妻に，あなたが話し掛けているのかは，決してわかりません。配偶者になりうる人を見つける問題全体のやっかいさは，その2人のどちらとも，もう1人が誰なのかを知らないということです。通常彼らは自分たち自身についても知りません。

　先の話の中へと戻りましょう。1人のアナリストと，プライバシーという条件のもとで，向かい合って座って心配して泣いている30歳の1人の女性。私たちがこの部屋に入ったとしましょう。この光景に私たちはどのように割って入るでしょうか。私たちの手にリボルバーを持ってですか。この患者の観点からすると，まさにそうする人がいると彼女には感じられています。この種のことを何か言えましょう，「まるであなたが私のかわいい妹で，私があなたのかわいい兄のようにあなたは感じていると思います。危険な武器を持った父か母のような人に，暴力的で敵対的な介入をさせるゲームを，あなたと私で何か遊んでいるかのようです」。これは役に立つや否やでしょうか。もうひとつ試みましょう，「あなたはキスのような類の何かのゲームを私と続けている少女のようであり，父親が入ってきてとても憤慨すると感じています」。どちらの話を語るべきでしょうか。どちらの解釈でしょうか。フロイトは言いました。解釈は単にことばの解釈の問題ではなく，「構成」の問題であると。アナリストが芸術家であらねばならないのは，そこです。アナリストは起こっていることを構成せねばなりません。

プレゼンター：そのような話を知るのを彼女の夫は耐えられないと，私がかつて彼女に話したと患者が言ったとき，私は彼女に尋ねました，「私がそういうのをあなたは聞いたのですか」。彼女は言いました，「そうです。それを我慢できる人もいると，あなたは私に言いました。で，私の夫は我慢できないと思います。その精神科医との面接の後，遅れて家に帰ったことがありました。私の夫は尋ねました，『君のセッションは1時間だけではなかったのか』」。

ビオン：彼女の夫は病気ですか。

プレゼンター：彼女によると精神的に病気です。

ビオン：暴力になりかねないですか。

プレゼンター：彼女はそう言います。

ビオン：暴力犯罪は性的事件とよく関連することを私たちは皆知っています。そし

て，このことは精神分析を危険な職業に実際のところなしうるのです。患者の性的要素をないがしろにするのは，明らかに危険です。それは分析にならないでしょう。もう一方で，こういった性的要素を取り上げること自体が，性的行動です。というのは，2人の人がプライベートな状況のなかで，「乳房」や「ペニス」のようなことばを使って話しているからです。このペアは性的なやり方でふるまっているという理由で，実際に攻撃されかねません。ですからアナリストは分析をしないがために批判されるか，既婚女性と性的会話をしたという理由で攻撃されるかの，どちらかになりえます。このことを不安な事柄として言っているのではなくて——どんな仕事にしろ，私たちはこういったことに直面せねばなりません——，この患者にどんな解釈をすべきかという問題を研ぎ澄ますために，私は言っているのです。

プレゼンター：前の患者が欠席だったために，彼女のセッションを5分早く始めたことを思い出しました。ときどきその精神科医が50分たってもセッションを止めず，時間を気にせずに続行したことに彼女が別の機会に言及していたので，私のこころにそのことが浮かびました。そのことは彼女にとても罪意識を感じさせました。というのは，彼女はとてもたくさん話したからです。

ビオン：もしあなたが2分遅れたなら，きっと抗議する患者がいます。ですが，あなたが20秒早くても，彼らは抗議するでしょう。正確であるためには，あなたにはほとんどコンピューターが必要です。そういう理由であなた自身の規律を確立し，それを守り通すのが大切なのです。もちろんあなたは，患者とその点を常に取り上げることができます，「私が遅く（あるいは早く，あるいはあまりに長く続行し）始めたと，あなたは感じていますね。私がスケジュールを正確に守っていない事実に，あなたは動揺していますね」。そのあとでどのように続けましたか。

プレゼンター：「私があなたに5分早く会ったのはどうしてだろうと，あなたはおそらく思っていますね」と私は言いました。彼女は答えました，「あなたの面接室から誰かが出てきたのに私は気づきませんでした。私は友達に何時と尋ねました。5分早くあなたが私に会ったことに気づきませんでした」。私は言いました，「あなたは何かに気づいたと思います。さもなければ友達に何時とあなたは尋ねなかったでしょう」

ビオン：単に次のように言うことができると思います，「そうですね。私の解釈にあなたは同意されません。私はまだそれが正しいと思っています。間違っているかもしれませんが。たぶん私たちはその解釈の成り行きを見守ることができましょう」

プレゼンター：私が述べておきたいもうひとつの点はこれです，「その精神科医と起きたことは取り消せないと感じます」と彼女は以前に言ったことがありました．

ビオン：「あなたの知っている事実を知られたら，あなたがどんなタイプの人なのかを知られたら，過ちは訂正も修正もされえないとあなたは感じています」と言えましょう．この発言が，なされた過ちにあの日以後拘泥することへの単純な問いにすぎなくても，**何か**過ちを犯すことやアナリストも過ちを犯すことに対して，彼女はひどく怯えた感覚になりましょう．こうした状況では，2人の平凡な人がどうやったらうまくやれそうなのか，わかりかねるものです．

参加者：患者には破滅的と感じられる事実を，正常なものとして対処する規律をアナリストは持つべきだと，あなたは言いたいのですか．

ビオン：違います．アナリストは，自身の面接室の内部で守る規律を単に持つべきだと思うのです．たとえば，患者が好めば，彼女があなたに腕を回し，キスするのを止めれません．あなたにせいぜいできるのは，患者があなたを尊重していなくて，彼女の唇を利用する物体としてあなたを扱っているという認識の機会を彼女が持てるように，充分規律の守られたこころの枠組みにいることだけです．そうする権利があると彼女が感じるなら，結局どうなりましょうか．

参加者：彼女はアナリストを脅かそうとしているのでしょうか．

ビオン：充分にありえます．結局のところ，アナリストは起こっていることに高い感受性を持つと考えられています．ですが，アナリストがその状況を知覚し続け，そういった感覚に開かれ，同時に明晰に思考できるのをとても困難にするやり方で，患者はふるまうことができるのです．

16 (Ⅱ)

プレゼンター：これは同じ日の2回目のセッションからの素材です。彼女は悲しいというよりも悲痛でひどく緊張した表情でした。彼女は言いました，「今朝最初のセッションのためにここに到着したとき，とても苦しく感じました。ある教師と性的関係を持ち，結果的に妊娠したことを私に話してくれた友達に会いに行きました。彼女はそのことを他の2人に話していました。まもなく町中の誰もがそのことを知りました。彼女の夫もそのことを知っています。なのに彼らは，誰から見ても共に幸せに暮らしているふりをしています。そのことで，あの精神科医と起きたことを私は思い出しました。私の友達に起こったことは私にも起きたと，私は感じました。とても気が動転したので，友達に私の感情を取り繕うことがほとんどできませんでした。私がとても困惑するのは，私が精神科医に会いに行ったときに，そんなことは何も起こってほしくなかったという事実です」。彼女が彼とうまくやれるだろうと，その精神科医は彼女に言いました。ときどき彼は彼女の手を握り，そのことは彼らが親密に感じることの役に立つし，彼女にからだがあるという感覚を与えるだろうと，彼は言いました。事実を認識するのが彼女には難しいと私は思うし，それだから彼女自身を彼女の友達のように感じているし，その友達の人生を生きているように感じていると，私は彼女に言いました。

ビオン：あなたがするかもしれないと彼女が恐れていることに，あなたは注意を向けましたか。

プレゼンター：はい。彼女は言いました，「私が恐れているのは，あなたが私の気持ちを理解しないだろうということです」。彼女の気持ちは何ですかと，私は彼女に尋ねました。彼女は言いました，「あなたに抱き締めてほしいのですが，何も起きてはいけないということです」

ビオン：彼女はあなたとの身体的な接触を望んでいるのでしょう。ですが同時に，そのことを町中にあなたが言うのではないかと恐れてもいます。あなたが彼女を抱き締めたなら，そのことを**彼女**が町中に言うだろうとも感じています。ですから彼女は分析を求める一方で，秘密のはずのことを誰もが知っており，欲求が満たされず危険で公然とした状況になるのを恐れています。

プレゼンター：彼女の居住する町の人たちが，彼女と彼女の精神科医との間に起きたことを知るのではないかと，彼女は恐れています。

ビオン：そして，起きたことを**あなたが**知るという不安もあります——特に彼女があなたに話しているときに。やっかいなのは，分析の受け方であり，しかも彼女自身とあなたについての物語を語ることなく，あなたに正確に情報を知らせるやり方です。とりわけ彼女が自分自身についての話を語るのなら，実のところ分析を受け，**さらに**プライベートな生活を送るのが，とても困難に感じられます。その一方で，彼女が自分自身について何も語らないのなら，彼女はどんな分析を受けるつもりなのでしょうか。これによって真の困難が明るみに出ます。つまり，分析はプライベートであるべきですが，同時に援助者も必要で，患者が自分たちの問題について話せる人がいるべきことが，大切と感じられます。アナリストたちにことを秘密に保つべきだと十分納得させるのがいかに難しいかを，私は経験上知っています。アナリストたちは，絶対不可欠なこととして思慮分別を持つべきです。私たちはスーパービジョンや科学会議などにどのように参加すべきであり，同時に患者のプライバシーをどのように尊重すべきなのでしょうか。

プレゼンター：「あなたは私の腕に抱かれ，赤ちゃんのように愛撫されたいんですよね。でも，あなたが赤ちゃんのように扱ってほしいだけなんだということを，私が理解しないのではないかと心配なんですよね」と私は言いました。

ビオン：そう望むべくは，彼女が赤ちゃん**だった**ときでした。今ではありません。それはあまりに遅すぎます。

プレゼンター：生後1年の間に，彼女にとても重要なことが起こったという気がしました。捨てられたとのことに関連した何かです。実際，彼女の母親は祖母に彼女を預け，4カ月間留守にしました。母親が戻ったとき，赤ん坊は母親を求めませんでした。

ビオン：そういった事実は重要です。ですが，とりわけ重要なのは，今起こっている**このこと**です。私たちは過去の状況についてよく話します。それはけっこう役には立ちますが，過去は過去です。私たちの誰しも，過去については何もできません。私たちが何か**できる**のは，現在です。ですから，この患者が**今**あなたにそんなふうに話し掛ける，何が起こったのでしょうか。彼女はもはや赤ん坊ではありません。

プレゼンター：私がブラジリアにやってきているのを知って，彼女は捨てられたと感じているのだろうかと思いました。

ビオン：彼女は捨てられるのも忘れられるのも，きっと望んでいません。ですが，

反面自分のことを話されたくもありません。そして，あなたも自分のことを話されたくないのだと，彼女は感じるでしょうし，あなたが彼女に会っているのを世界中に知られたくないと，あなたが思っていると，彼女は感じるでしょう。あなたにキスしたがっているヒステリーの患者がいると，あなたは他人に語るでしょうか。あるいは，彼女のアナリストがそんなふるまいをするのを，**自分が**言いはしないかと彼女は心配しているのでしょうか。性生活に関することに気づくのは途方もなく難しいと感じられます。あなたが助けを求めるなら，あなたはヒステリーに違いないとみなされます。あなたがプライベートな生活を望むのなら，あなたはパラノイア的であると言われましょう。この患者は子ども時代に，プライベートな生活を持てないという感覚に馴染んでいたことでしょう。告げ口する人たちや，見聞きする両親が常にいました。現在に戻りましょう。以前には誰にも語れなかったことを彼女が話せる，礼節をわきまえた大人や責任感のある人を彼女は求めています。

プレゼンター：彼女は続けて言いました，「私とその精神科医との間にあのことが起こった後，はじめて私は，それが起きてほしくなかったのだと気づきました。おそらく私のした何かのせいで，彼はあのような行為に駆り立てられたのでしょう。不道徳な人間であると，私はいつも感じていました。彼はそのことに気づいていたに違いありません。少女時代に，昔住んでいた町の大聖堂に私は行きました。私は聖母マリア像を見ました。彼女は胸に傷を負っていました。そして私ははりつけにされたキリストを見ました。そして私はいろんなことを想像しはじめました」。どんなことをと，私は彼女に尋ねました。「あなたはどんなことか十分想像がつくはずです」と彼女は言いました。「私があなたのこころを覗けるとあなたは思いますか」と私は言いました。

ビオン：あなたのこころに抱いていることを知るのは，彼女にはとてもうれしいことでしょう。彼女のこころに何があるのかを誰かに語るよりも，あなたのこころに何があるのかを知るほうがはるかにずっと心地よいのです。

プレゼンター：彼女は言いました，「聖母マリアの衣服を引きはがし，乳房を吸うのを私は想像していました」

ビオン：大聖堂で彼女は何を考えているべきなのでしょうか。アナリストの面接室で彼女は何を考えるべきでしょうか。アナリストが許容することを見つけることというのが，その答え方のひとつです。彼女が感じそうなことを，あなたが想像できると彼女が言うときには，彼女はあなたが想像することを，あなたに言わせようとしています。あなたが解釈するのなら，あなたが突然死んでしまったのか，あるいはあなたに何が起こったのか，彼女は見つけられます。です

が，あなたが生き残っているなら，彼女の考えが何であれ，それを彼女はなんとか言おうとするかもしれません。ですから，先に言いださないことがとても大切です。

　30歳の女性ならボーイフレンドや夫を見つける過程においては，あれこれすべてをやり遂げてきただろうと予測されましょう。けれども彼女は，決して主導権を取るつもりがないし，アナリストに対して，ことを——特に性的なことを——決して話すつもりがないと思っているようです。アナリストが部屋のなかで十字架像や聖母マリアのイメージを抱いたなら，彼女は何が許されて何が許されないかを知るでしょう。ですがその時でさえも，彼女は聖母マリアのふるまいにショックを受けることがありましょう。

プレゼンター：彼女のファンタジーのひとつが，ある連想のなかで現れました。彼女は自分が売春婦になっていたのかもしれないと言いました。

ビオン：売春婦だとすると，彼女自身のなかの性的人物が自由を求めており，解放されるのを望んでいます。あなたはそれをご存じかもしれませんし，それを許すかもしれないし，許さないかもしれません。彼女が性的なのをあなたが気にしないと示唆することを，あなたの言動が示したとしましょう。あるいは，聖母マリアが売春婦だとあなたが思っているのを示唆するふうにふるまったとしましょう。そうしたら困ったことになりましょう。あなたがそう言ったら，彼女は「ほらごらん，このアナリストはなんて冒涜的な人なの」と言って，自分が出ていってしまうのではないかと心配なのです。ですが反面彼女は，自分が清廉高潔な人物であるといくらか感じもしましょう。

　自由になるのを望んでいる正直な女性がいるのですが，そのように正直になりたいのを恐く感じているとの事実に彼女の注意を向けることで，この問題への方策を見いだせましょう。やっかいなのは，正直のなり方であり，神への崇拝の仕方であり，性的な成熟の仕方であり，彼女の住む環境における子どもの持ち方です。こういったことすべてが，解決されてこなかった問題であると感じられています。それらの中には，彼女が試してみるまで決して解決されないだろう問題もあります。けれども，彼女が精神科医にキスをした頃にはもう，あまりにも遅すぎます。それ以前には，彼女はどう感じそうかわかっていません。その後ではダメージになってしまいました。

　危険を冒してセックスについて質問する子どもはかならず「何？　そんなこと知らないの」とか「それにしても，そんなことを知っているの」と言われます。この点はまた，宗教にも当てはまります。子どもが教会に行って，はりつけにされたキリスト像を見ても，「あれは何」とは，とても聞けないと感じら

れます。**ものごとを**学びがたいのは，質問しようとしないためです。質問すれば，あまりに多くを知るか，それほど十分にはわからないかが常です。つまり，あなたは無知か，信心深いか，無神論者です。30歳のこの女性はアナリストのもとにやってきて，トラブルに巻き込まれずに質問できることを希望しています。ですが，もちろんひとりのアナリストは他の人たちと同じようだと，強烈に感じられますし，ひとりの小さな子どもは他の子どもたちと同じようだと，とても強く感じられますし，ひとりの親や大人は他のみんなと同じようだと，強く感じられます。こころを成長させる種類の，こころの食物を得るのは難しいのです。

17

プレゼンター：患者は1年ほど分析を受けている34歳の男性です。彼はサンパウロ郊外の小さな町の極貧家庭で生まれました。20歳ぐらいのときに彼は町に出ました。お金もなく飢えていました。彼はある少女に出会い、6年後に結婚しました。結婚したくはなかったけれども、世の中のしきたりゆえに結婚したと、彼は言います。彼は幸せでないとこぼし、およそ3年間胃痛持ちだと言います。この痛みは不幸な結婚のせいだという理屈づけを彼はしています。彼らには子どもはいません。ここ7年の間に彼は大金持ちになりましたが、妻には言っていません。1カ月前に彼は家を出ました。

　最近のセッションを提示したいと思います。彼は到着し、「おはようございます」と言い、いつものように私と握手し、カウチに横になりました。彼は言いました、「今週は夢を見ませんでした。今日私は1時に妻に電話をすることになっていましたが、しませんでした。私は電話機を持っていませんから、ランチタイムには毎日私は友達のオフィスに出掛けます。10分後妻は私に電話をしてきました。私がそこにいるのを彼女がどうやって発見したのか、私にはわかりません」

ビオン：私は面食らっています。彼が電話機を利用できるのか妻にはわかっていない状況について彼は述べています。それで、けっこうなのですが、機械的なコミュニケーションは何もありません。次にあなたが耳にするのは、彼の所在を**彼女が**どうやって推測するのか、**彼には**わからないとのことです。彼の所在を発見するのに、彼女はどんな装置を使っているのでしょうか。私は何かの解釈を示唆するために質問をしているわけではありません。ですが、これはとんでもない話のようだという事実に注意を引こうとはしています。彼はとても裕福になります。彼の妻はそのことについて何も知りません。彼の所在や、彼が金持ちなのか貧乏なのかを誰にも知らせないために使用され、そして同じその装置によってそういったことが暴かれる、その装置とはなんでしょうか。

　それに関しては静観していましょう。けれども、非コミュニケーションでもある——それは機能しているようですが——このコミュニケーション・システムへの手がかりが何かを知りたいものです。

プレゼンター：彼は続けました，「私は銀行で働いている若い女性に話しかけるために，そこへ行きました。彼女が日光浴をしてきたことに私は気づきました。それで私は彼女に尋ねました，『毎週日光浴に行くんですか』。彼女は言いました，『ええ，毎週』。私は彼女に今週末もそのつもりか聞きました。彼女はそうだと言いました。私は彼女にどこで日光浴するのか聞きました。彼女は家でだと言いました。家にスイミングプールがあるのか彼女に聞きました。『とんでもない。アパートに住んでいるんです。でも一日中日光が当たるんです』と彼女は言いました。私が百万長者でありスイミングプールを持っているのを，彼女は知らないようです。それで，金持ちになるためにスポーツくじを賭けていると，私は彼女に言いました。彼女は言いました，『私がくじに勝ったら世界中を見ようと思うわ』。私は言いました，『でも，世界のどこもここと同じようなものですよ。不老不死にとらわれるから，金持ちになっても何の値打ちもありません』。彼女は言いました，『そうね。オナシスならそういうことすべて知っているでしょうね』」。その後，彼は言いました，「また風邪をひきかかっているようです。きっと私の病気は妻とは何の関係もありません。彼女に罪はありません。私は試しています。つまり，年末までは家にいます。私の病気が治らないなら，きっぱりと家を出ます」。「治るチャンスがあるとどうして思うのですか」と私は彼に尋ねました。彼は言いました，「わかりません。でも，妻に罪がないのはわかっているんです。それはそれとして，私はポジティブシンキング^{訳注4)}を試せます」。それはある日系人によって広められた一種の礼拝です。

ビオン：彼の銀行への訪ね方は不可解ですね。通常は銀行には金銭上の理由のために行きますが，**彼は**とても興味深い会話をしました。その会話は通常は銀行によって準備されるものではありません。彼は，明らかにその会話が一方通行にしかならないのをわかっています。理屈の上では，生計をたてるために銀行勤務をする若い女性は，金融や人の貯蓄に関しておそらくは何も知ることはできません。銀行の従業員は，銀行の仕事に関してほとんど知らないものなのですが，もう一方では銀行にくるお客さんについて，彼らがまったく話し合わないとしたら，はなはだ驚きでしょう。その若い女性を調べるために——たとえば，彼女が週末あいているかどうか——彼の利用するものが，そのまま同じように

訳注4）positive thinking：Norman Vincent Peale（1898-1993）が "The Power of Positive Thinking" などの著書で広めたこころの実践方法のことではないかと思われます。その考え方は，ポジティブでグッドなものにこころを集中させ，ネガティブなものを排除することにより，個人の人生に幸福をもたらそうとするものです。

ボーイフレンドになりうるかどうか調べるために，その若い女性にまんまと利用されるはずがないと，彼はなぜ思うのでしょうか。アナリストたちは決して出会わないし，患者の情報に関する一種の中央銀行を持つはずがないと，彼は信じているのですか。私はこれらの疑問への答えに，特別興味があるわけではありません。しかし，彼が拠り所にしている，この一方通行システムが何かを知ることに興味が**あるのです**。

参加者：彼はまたもや自分の富を隠しました。家での状況が，銀行において繰り返されました。

ビオン：そのことは，彼が家を利用しオフィスを利用し銀行を利用するとの考えを，いくらか示してくれています。彼がなぜ分析にきているのか疑問に思います。

参加者：彼のシステムが分析のなかでどのように機能するのか，おそらく彼は知りたいのです。

プレゼンター：彼はとても情緒貧困であるとの見解を，私は持ちました。

ビオン：ええ，その通りですね。その意見を彼にどうやって明確にしましょうか。理論的には解釈ですが，もちろん，そうする際には受け手がいなければなりません。ですから，あなたのことばの何を彼が聞くのかという問題があります。彼が情緒貧困であるというその考えを，もう少し補足してもらえますか。

プレゼンター：彼はひどい服を着ていますし，食べるといつも痛みがありますし，お金の使い方を知りません。

ビオン：それは驚くにあたりません。なぜなら，他の何かにいつでも交換できるものとして，お金は利用できるだけですから。でもお金をどう使うか彼が知らないなら，お金は何の価値もありません。さて，素材を続けましょう。

プレゼンター：家を出た後も痛みはしつこく続いたので，妻には罪はないのがわかっていると彼は言います。

ビオン：その発言からは，彼女が彼に毒を盛ろうとしているのではないかと，彼が心配になっているかのようです。彼の食物に身体的な毒を盛ることから，何か他の種類の毒までありましょう。それは彼の鍵となるコメントです。気になるのは，彼女にどんな罪があると彼が考えたかです。

プレゼンター：私は彼に言いました，「女性と同居したり，あなたの内的感覚を共有したり，女性を信頼するうえでのあなたの困難は，そのことでいくらか違ったものになりますか」

ビオン：こう言ったほうがたぶんもっと賢明でしょう，「誰かを信頼できるとは，とりわけ女性を信頼できるとは感じていないようですね。いわゆる女性という生き物——妻や銀行員——とあなたは関わりがあるようですが，あなたは彼女

らをとても疑っていると思います」。次の点はさらに論議となるところです。私なら次のように言いたいですね，「あなたの内部に，ある種の女性がいるのではないかとも，あなたは強く疑っていると思います。胃の痛みについて語るとき，あなたは内側の悪いものについて語っています。そしてそれに怯えています。妻や銀行の若い女性のように，あなたの外側に悪いものがいるかのようなときもあります。あなたの外側にいるにしろ内側にいるにしろ，**私が**危険な女性であると，あなたは感じていると思います」。そう言うのを私がためらうのは，彼がそのような解釈を理解できるほどまでに至っていないだろうからです。彼がその解釈を拒絶することには疑問の余地がありません。ですが，そのことは彼がその解釈を理解できないだろうことを，必ずしも意味するわけではありません。しかしながら，私は単に私の印象や，その患者に言い**たくなる**と感じることを話しているだけなのです。この解釈はおそらくは正しいのですが，実践においては，まさにその解釈をする時期かどうかという難しい問題があります。

プレゼンター：彼は言いました，「私は変化すると思います。私がひとりで住んでいる新しい家は，水まわりに欠陥があります。それを替えねばなりません。アパートをもうひとつ持っていますが，まだ住めません。ですから，妻のもとに帰ると思います。それ以外にも，ひとり住まいによって私の仕事に差し障りが出始めています」。「どうしてですか」と私は尋ねました。「そうですね。身の回りを世話してくれて，食事の準備をしてくれる人が私には必要です」と彼は答えました。

ビオン：そういったことはすべて言い訳であり，妻のもとに戻る理由を解明するよりも，むしろ覆い隠す説明になっているように私には思われます。こう言ったら，もっと生産的になるかもしれません，「家を出たときと同じくらい，あなたは家に戻ろうとすることに不安を感じているようですね。実のところは，私に話し続けると，あなたが忘れてきたこころの状態に戻りそうになったり，いわゆるあなたの『無意識』に戻りそうになりはしないかと，あなたは恐がっているのだと思います。そしてあなたは，女性の内部や，あなた自身の内部や，私の内部に関して同じことをいたく感じていますね」。彼はそれから決して逃れられないだろうと心配しています。

プレゼンター：私は言いました，「あなたは経済的に困ってないので，洗濯婦やコックやメイドを雇えますよね。家に戻り，治るための据え置き期間を設けることで，あなたが他人の感覚と遊んでいるのに気づくとは思えません」。彼は言いました，「家に戻るべきではないと，あなたは明らかに言っていますね」

ビオン:あなたの解釈への反対理由として,道徳的性質が含まれたことがあります。彼の良心やアドバイザーや親や何かの権威のいずれにも見えなくするのが大切です。というのは,あなたがそういった機能を乗っ取るのではないかと,彼は心配になるからです。あなたに協力していると彼が感じるなら,彼は,子どもでいるのにはふさわしいかもしれないこころの枠組みに戻っています。ですが,子どもでいるのに適したこころの状態は,大人にはそれ程よくありません。ですから,女性——もともとはおそらく母親ですが——に依存的なこころの状態に,彼が戻っているという恐怖が起こります。もちろんその最終的なヴァージョンは,女性の内部,子宮自体の中へとまさに戻ることでしょう。あなたの指摘した点——彼の精神的貧困さ——か,彼のからだのありようのためか,女性の内部にまずペニスから戻す危険性のためか,そのいずれかのために,性器による性交という性質で女性と関わることに,何か恐怖が生まれるのでしょう。

　私のこころに浮かぶのは,自分の母親を見捨てたことによって彼の困難が始まったという感覚です。ですが,次の「母親」,すなわち父親もまた不安の根源です。ですから,母親にまた戻ろうとの衝動が起こります。そのことは,彼が母親から去るときに,母親から何かを盗んだという感覚に関係しますし,母親に戻るために父親のペニスを利用するという感覚にも関係していると思います。潜在的に彼には彼に対抗する両親がいます。見捨てられた母親と奪われた父親です。

　内的対象——彼が胃の痛みと呼ぶものですが——は,実際には脅かす良心です。全くのところ,彼はアナリストを母親の「幽霊」の輪廻転生として恐れます。次のようにも言えましょう,「あなたが銀行に行くことを話す際,あなたが本当に言いたいのは,母親の内部に戻ることです。でも母親の内部で,あなたはさらにもうひとりの母親を見つけます。そして,これらの母親の内部には,ますます多くの母親がいるのではないかと,あなたは恐がっています」。これは,患者がそれを理解できるかどうかにかかっています。ともあれ,この場で私たちはどんな解釈も論議できます。ですが,面接室のなかではできません。それを論議できる相手はたったひとりです。そうです,アナライザンドです。そして,それはスーパービジョンではありません。正しい解釈をすることへのプレッシャーが常にあります。それが何かわからないときにもです。けれども正しい解釈は患者の理解できる範囲内であらねばなりません。

参加者:「妻には罪がないとわかっています」と彼が言ったときに,彼はいくらか前進したように私には思われます。

ビオン:私にはよくわかりません。何が前進を引き起こしているのかは言いがたい

のです。このことは，彼が妄想性不安を認める寸前まで至ったということだと思います。私たちの観点では，患者が何かをとても明確に語れるので，私たちが解釈を試せるのなら，たしかに前進の印です。これが分析的前進の印なのだと，私たちはいつでも論議できます。「分析的前進」は，「前進」と同じことであればと願いますが，私たちにはわかりません。東西南北に似ていますが，「前進」や「退行」などと印されたさまざまな方向を指し示す，人間のこころの地図を作成する人が誰かいてくれるといいのですが。オーケストラのスコア上のさまざまな楽器のように，幼児，大人，青年とさまざまな種類を印せるでしょう。ですから，それに従えば，あなたの語っているスコアのそういった局面のひとつが，前進かそうでないのか印せます。全体像はひとつになり，その中でひとつの方向には前進を示す矢印があり，他のところには反対方向の前進，負の前進もあるでしょう。

プレゼンター：「あなたの困っているのが，眠る場所や洗濯婦やコックなら，みんなお金で得られます」と私が言った時，彼は，「でも淋しい気がします」と答えました。私は，「それもまたお金でなんとかできると思います」と言いました。

ビオン：どうしてそう言ったのですか。

プレゼンター：彼に尽くす対象を，彼が求めていると感じたからです。

ビオン：それが単に仲間を作ることの**ような**問題なら，お金でかなうと思います。ですが，彼が告白した，いわばひとりぼっちの問題は，金では解決しません。常に胃が痛むので，まったくひとりというわけではないとの事実に，彼の注意を向けられるでしょうか。ある意味で淋しさは，自分の貪欲さで作り上げたと彼が感じている砂漠です。食べ尽くされ，何も残らず破壊されたものがなんであれ，ひどい胃の痛みに変わりました。それが本当なら，彼の胃の痛みは並はずれて原初的で，おそらくは最早期の食事への回帰であると思われます。彼があまりに貪欲なために，胃の痛みを持つことで終わってしまったという一種の思い出さえあるのかもしれません。彼の食べたものは，胃の痛みがどこにあろうとも，正確にそこに動きます。そして，それは一種の良心として作動していると感じられます。きっとこの淋しさは，一度ならず生じていましょう。それは前進であるように私には思われます――愛や愛着以外のものは何でも手に入れることができたという彼の告白です。すなわち群衆の中でさえ彼は孤独です。

　オナシスに言及した銀行の若い女性について，彼は話しました。オナシスが彼にはどういう意味を持つのか，何か彼は言いましたか。

プレゼンター：オナシスが死んだ翌日，彼は私にこう言いました，「新聞でオナシスの財産について読みました。彼の財産は私の300倍だと計算しました」。この2週間，彼は齢を取ることにとてもとらわれていました。齢を取り，死ぬ金持ちの男。これが新たなことです。

ビオン：オナシスの富とは何ですか。その患者の銀行預金高の300倍ですか。あるいは，オナシスが死んでいるという事実ですか。患者が死を求めるほどの絶望感を表現しているなら，そのことは重要な問題です。あちらこちらへのあれこれの展開があるにもかかわらず，あらゆるものの最高の財産は，死んでいることではないかと，彼が恐れている可能性があると思います。

プレゼンター：仲間を得るためには彼のお金を使えますと私が言った時に，彼は言いました，「ああ，そうですね。女性の友達ですね。私は，車からスーツケースを一度も取り出していないので，たぶん家には戻りたくないんだと思います」。この発言は，妻のもとに戻るために3回アパートに行ったのだけれども，いずれの場合も車に自分のスーツケースを置いておいた事実に触れていました。彼は言いました，「街を走っていたちょうどその時に，カップルを見ました。男は45歳ぐらいに見え，女は23歳ぐらいのとても可愛いスリムな女性でした。ぱっと見て，羨ましさを感じました。その男の立場になりたかったのでしょう。でもその後で，死や老いることについて考えはじめました。女性の尻を追い掛けるのを辞めねばなりません──実におろかなことです──そんなことは私を満足させないばかげたことです」。私は言いました，「あなたがとても脅えるのは，信頼の置ける女性と誠実に付き合うのを考えることだという印象を受けます」。彼は言いました，「女性に私のビジネスを話そうとは思いません。意味がないですし，ことをややこしくするでしょう」。私は言いました，「どんなにかお金で息詰まる思いをしているのか，あなたは気づいていないと思います。硬貨で一杯になった部屋のなかに，あなたはいるかのようです」。彼は言いました，「昔1年で儲けていた以上に，今は1日で儲けられるので，私の幸運を利用しなければと感じます。年末には多額の利益を得るでしょうし，そうすればもっと平穏に感じるでしょう」。私は言いました，「際限なく金儲けをしなければ，とあなたは感じているように思われます。その結果何になるのでしょう」。「そうなればもっと安全でしょう」と彼は言いました。「どんな点で」と私は尋ねました。「何も私を陥れないでしょう。戦争もない，危機もない，何もありません」と彼は言いました。

ビオン：それが本当なら，彼の問題はなんですか。魅力的な若い女性への恐れを彼はすでに語っています。自分が金持ちなのをただの女に言うほど愚かになる危

険性は，全くないと彼は感じているようです。真に危険なのは，彼がお金を持っていたり，お金を稼げるというういずれかの理由で，自分が誰かにとっての魅力的な賞品にたやすく見えるかもしれないことだと，彼にはわかっています。彼との結婚を望む人々に不足はしないと，彼は感じています。彼に難しいのは，この状況と，仲間が必要だという感覚とをどう結びつけるかです。

　子宮からの小旅行は，彼によれば，とても不満足な仲間である妻のもとに戻ることのようです。分析において，あなたに何をさらす覚悟が彼にありましょうか。あなたは彼の情緒の貧困さに言及しました。ですが，彼は情緒的に豊かになるのも恐れているかもしれません。彼が貧困であろうが豊かであろうが，どの問題も解決していません。彼が秘めている情緒や情緒の豊かさや才能を見せれば，誰もが彼を求めるだろうと彼は感じています。ですから彼は，適当にみすぼらしい服や適当に卑しいこころの状態を身につけて，その結果，彼を手に入れたいと人が望みたくなる価値ある動機をなくすことができるのです。人があらゆる点で十分貧しければ，誰も彼を愛さないだろうから，その人は困ることになるのは理解できることだと言えます。ですが，ここではかなり違った問題があるように思われます。貧困に苦しんでいない人の問題です。そして，実際に彼を愛する仲間をどうやって見つけるかという問題です。ここでの基本的問題は，砂漠の中でひとりで生きる人は，きっと満足することに貪欲に駆り立てられ，愛情や愛着の代わりを何か得ようと貪欲に駆り立てられるということです。このことは，次のようなペアになりそうな人たちのどちらにも当てはまるでしょう。すなわち，金持ちになりそうな男がどのように相応の妻を見つけるかということと，あるいはそれ相応の女性になりそうな人が，どのように相応の夫を見つけるかということです。

参加者：患者は，自分たちが金持ちだったりよいためではなくて，欠陥があったり悪いがために愛されたいと，私たちに語ることがしばしばあります。自分たちのよい特徴のために愛されても，何の利点もないと彼らは感じます。

ビオン：悪い人たちと恋に落ちたいと思う人が誰かいそうですか。もう一方では，当のその人がすべてを手に入れているなら，一体全体彼はなぜ結婚したがるのでしょうか。人間の構成単位がなぜカップルかという深遠なるこの問題に，精神分析はなんらかの解決を見つけられるでしょうか。この難問は哲学史全体を貫通しています。分析はその難問に比較的最近取りかかっているにすぎません。

　これが，患者があなたに提示している問題です。お互いの富やお互いの貧困の両方とも解決するにふさわしいやり方で，2人の人はどのように一緒になれ

るのでしょうか。それらすべてを単純で原始的に表現してみましょう。ペニスと女性性器はいったいどのように結合すべきですか。そんなことは，地球上のもっとも簡単なことのように人々がふるまうのはしょっちゅうです。人々はそんなことはすべて知っているか，少なくとも知っているふりをするのはよいことだと思っていると，ほとんどの少年少女は確信しています。それは「性的」問題ですと言うのは，ことを単純化しすぎます。それほど単純ではない何かがある可能性を考慮する必要があります。それを「情熱的な愛」と名づけるのが役に立つかもしれません。青年期以後長らく広がり続ける何かを記述するために，自分たち自身の方法を見つけねばなりません。あるケースの中には，金儲けや性交渉に満足しない人がまれにおり，彼の願いは，その答えがわかるだろう人——おそらくはサイコアナリストです——が誰かいれば，です。きっとまだ誰も見つけていない答えがありますし，ですから私たちが関わっているのは全くの冒険なのです。

18

プレゼンター：50歳のこの男性患者は入室する時に，儀式的にふるまいます。彼はコートを脱ぎ，それを椅子に掛けます。

ビオン：どのくらいの間，彼はあなたに会ってきましたか。

プレゼンター：1カ月足らずです。

ビオン：あなたのもとに来る前に，何か彼について知っていましたか。

プレゼンター：いいえ。

ビオン：そうすると彼は新規の人ですね。

プレゼンター：そうです。分析を受ける理由を彼が説明する際に，彼は次のように言いました，「あなたに言わなくてはならない私の性格部分があります。家から離れていると，私は幸せで人との冗談が好きです。ですが，帰宅すると私は一変します。私は威厳を失い，妻をあらゆることで責め立てます。私が置いた場所から移動したものがあれば，私は腹を立てます。妻はいい人ですので私は自分を責めます」

ビオン：彼はアナリストに，そういったさまざまの好ましくない性質を表現できると感じているようですね。ですから家や面接室では，通りや人前での彼らしいふるまいではないやり方で，彼はふるまう傾向があります。「さて，それがどうかしましたか。よくある話です」——とても重要なひとつのポイントを除いては——と，言えましょう。なぜ彼はそのことを話しているのですか。50歳の男がなぜそれに悩まされるのですか。そして，彼はなぜあなたに会いに来ているのですか。それがよくあることではありません。

　彼のこの話が本当なら，彼がアナリストと一緒にいる面接室においてと，他の誰かといるときとでは，どこか違ったふるまい方を彼がするのだろうと想定する根拠はありません。もちろん自分のふるまいについての彼の描写は，正確ではないかもしれません。ですが，私は彼に尋ねようとは思いません。面接室において私が自分で見聞きできたことから，彼の表わしてきたその様子がほぼ確かに実証されるか，あるいは彼がその様子に関する自分の見解を変えねばならないのか，そのどちらかであると，私は一応考えます。あなたと一緒のときには自分のふるまいは違っていると彼が言うなら，「私のためにその特別なふ

るまいをどうして取っておくのですか」と言えましょう。ですが，その問題には触れずにおきましょう。むしろ私自身の感覚の証拠をつかみたいものです。

プレゼンター：家においてさえも，自分自身をコントロールし始めている気がすると彼は言いました。妻にも怒ることが少なくなっていました。まるで私がそう期待しているはずのように，分析開始以来の自分自身の変化について彼が話していると，私は言いました。「そうですね。この前のセッションはとても役に立ちました。私が気づいていない私の利己的な側面を示してくれたからです。分析開始以前は，いつも急いでいました。オフィスで終業時間になったとき，急いで退社しました。仕事に行く時間の時は，急いで家を出ました。今はそんなに急いでいません。そして，薬をベッドの脇のテーブルに置かなくてはいけませんが，飲まずに眠れます」と彼は言いました。「たぶんあなたは以前には利用できなかった能力——薬なしで眠ることや，薬について一考できること——について話しているんですね」と私は言いました。

ビオン：私が強い印象を抱くのは，彼の話は皆かなり罪のない行動に関するもののようなのに，彼はそれらの話を敵意やある程度の危機感を持って話していることです。彼は何を訴えているのですか。それは，彼の述べたいずれのことでもほぼなさそうです。ですが，面接室の中で吟味できる何かについて，おそらくいまだに彼は訴えています。

参加者：彼は経験していないことについて話している気がします。彼はまるで事実について書くけれども，現実のなかでそれらを実践していないジャーナリストのようです。ですから，彼はまるで自分が劇場にいて，何かを見てはいるけれども，それを実践はしていないかのように，自分自身について語っています。

ビオン：そうですね。そのショーは何ですか。私が思うには，それは正確な解釈が，状況に触れ合わないときのひとつです。おそらくは，彼の話よりもさらにあいまいな解釈を示す必要があるのでしょう。

プレゼンター：ことを行なう正しい方法があるのを彼がわかっているかのように，ものごとについて彼は訴えている感じがします。ですから，そういったことをどう行なうべきと思っているのか，彼に尋ねるのが役に立つのでしょう。

ビオン：顕著な行動は一種の儀式として要約できます。アナリストに会いにきて，きちんとした場所にコートを脱ぐことです。そういう行動は，通常は内的な出来事をコントロールするのに向けられます。私はこの点が精神分析学説の要点であるとは思いませんが，その種の区分——とりわけ私的な場合に——は啓発的だと，あなた方は感じられるでしょう。それと対照的に，外的な出来事を何かコントロールしようと何度も目論まれるのが，式典でしょう。それに関して

はがんじがらめのところはありませんが，軍隊の式典はある外的な出所をコントロールするのに専念していると言えましょう。私的な儀式は内的な状態に向けられているのがほとんど常です。この例の場合，患者は変化を嫌っていると言えましょう。さらに進んで指摘すれば，この患者は環境の変化を嫌うよりも，彼自身の中で生じていると感じる変化や，ある種の儀式を用いなければコントロールしきれない変化を嫌っています。彼は自分自身の中の**いかなる**変化も嫌います。それゆえに現状を維持し，彼の経験のなかでは明らかにいつもそうしてきたように，家庭をやり繰りするのが大切だと感じています。

プレゼンター：彼の訴えることのひとつに，水の中に石を投げたときに見られる輪の広がりのように，自分がふるまっていると感じるというのがありました。でも，逆の方向に，外から内に彼は進んでいるかのようでした。

ビオン：彼の中の変化は，こころの中では悪化に関係し，拡大する世界ではなくて収縮する世界が存在するという状態に関係していると思います。次のように言えましょう，「あらゆるものにひとつの特徴があるという，たくさんの例をあなたは示しました。あなたの中には変化の証拠があるという事実を嫌がっているようですね」。彼がそれを理解できると思うなら，その時点であなたはそうゆだねて，彼の反応を見ることができます。

　重要なもうひとつの解釈があります。彼が協力的なとき，彼は自分のこころの状態を小さな少年に近づいていると感じています。そして同時に，彼は失われた若さを嘆き悲しんでいるとも感じえます。次に彼に指摘したいのは，たとえ彼が0歳か5歳であっても，自分の失われた若さを嘆き悲しむことができるし，他の人――おそらく両親です――ができることをできない無能さや，これまでできたことへの不満足さをも恐れることができるということです。不満な感覚は人生の最初からずっと長らくそこにありましたし，今もなおそこにあります。今が彼の人生後半であろうと，人生の始まりであろうと，変化への拒否は存在するのです。

　もっとたくさん表現する機会を彼が得るまで，私はそう言いたくはありません。というのは，その発言はとても簡単に安心づけになるからです。それは彼が自分の不安を表現できないうちに，治癒に導こうとするがごとくです。私がとても疑っているのは，彼は自分の絶望感や抑うつ感や不適応感や不満足感を表現できてこなかったのではないかということです。小さい子の抑うつは，大したことがないかのように片付けられます。そうすることで，とりわけ適切な時期に害のない本物のよい抑うつを子どもに体験させる機会がなくなります。でも，50歳の人々は，不満や抑うつや怨みを表現する強烈な方法に頼りがち

です。この患者はとても不満足で不適切なやり方で状況を扱おうと，自分勝手に進んでいく危険性があります。結局のところ，自分が「パーティの花形」のようにふるまおうと精を出す，50歳の男のとても不満な何かがあるのです。彼がすっかりうんざりするなら，さらにいっそう不満になり自殺します。ベッドの脇においてあるそれらの錠剤は役に立ちますが，誰が何のために使うか次第です。分析やアナリストへの希望のなさももちろん含めて，彼が自分の不適応感や怨みについて徹底して不平を言う時間が，たくさん与えられるべきだと思います。そうしたことをすべて彼にさせましょう。けれどもそうしたことは，何も目新しいことではないという事実を曖昧にさせないようにしましょう。言ってみれば，5歳かもっと若い時に自分の若さの喪失を彼は嘆いていたかもしれません。当時の薬が何かはわかりません。子どもたちが抑うつ感や絶望感に打ち克つための方法として使えることは，マスターベーションのように，たくさんのことがあります。やっかいなのは，当面はそれらのことは作用しますが，その後さらに抑うつ的になり，治ることに絶望します。ですから，患者が古ぼけた安心づけとまさに同じとみなして使用するだろう解釈を，私たちはあまりに早く時期尚早に与えるべきではありません。

　患者が私たちに語っている状況を，彼にどのように伝えるべきか，私たちは常に深く考えねばなりません。たとえば，彼の妻がひどく扱われるのをなぜ苦にするのですか。アナリストにとって大事な点は，患者が苦に**している**ということです。自分自身の家庭や家族を持ち，かつ愛さねばというプレッシャーに彼が気づいているときに，威厳のあるこころの状態ではまったくなくて，そのすべてが劣っていると感じられる，愛や情愛や同情を彼が抱いているかもしれないとの恐怖を，以前にはそれほど明白に表現してこなかったという事実に，彼の注意を向けるのが大切です。

19

プレゼンター：患者は27歳の既婚女性です。6カ月間彼女に会ってきました。彼女はセッションの間，なかなか話せません。彼女は長い間黙っています。カウチに横になる時にとても不安げになります。

ビオン：カウチに横にならなくてはというのは誰の考えですか。

プレゼンター：彼女がそう選択しました。彼女はやってくるときには，晴れやかな表情をして，きらきらした目で突き刺すように私を見ます。それから横になります。分析開始以来どのセッションも，長い沈黙があり，恐怖と不安の兆候が見られます。彼女はその恐怖を「はっきりしないもの」と述べ説明できません。彼女が比較的伝えてきた感のある，ごく最近のセッションのひとつを詳しく述べたいと思います。セッションの最初に，いつものように長い沈黙がありました。それから彼女が頭を静かにくねらせ，もみ手をし，ブラウスの袖を押しつけている際に，彼女のこころの中で何が起きているのか，私は彼女に尋ねました。

ビオン：部屋の中には2人の人がいます。ですが患者は私たちにはわかるはずのないことを何か知っています。そしてまた部屋には沈黙があります。その沈黙は単なる何もなしではないのです。それゆえに彼女が沈黙を恐れているのなら，彼女は「何もなし」を恐れているのではありません。いわば沈黙は，人やものの存する場所に存在しているに違いありません。そのことをこう言えそうです。3人の人々がいます。3つのものが存在します。アナリスト，患者，沈黙です。そして，今のところ沈黙は，ぞっとするもののように思われます。

プレゼンター：私が自問したのは，彼女はどうしてそんなに話せないのかです。こころの中で起きていることについて，私に語るよりも黙っているほうが安全だと，彼女はなぜ考えるのでしょうか。

ビオン：その目的が沈黙なら，彼女はそれと違ったことをするのが恐いのでしょう。

プレゼンター：この長い沈黙のあと，とても奇妙なことが起きました。そこにエジプトのミイラが横たわっており，私たちの関係に抵抗が起きたという印象を受けました。患者が語りだし，次のように言った時に，私は驚きました，「私が

表現できないことについてあなたは語ります。ともかくも話すのは私にはとても難しいのですが，考えるのはさらに酷なのです。考えようとしてできないと，私はとても怯えてしまい，死んだ物体のように麻痺した感覚になります」

ビオン：死んだミイラがとても危険なことが，さらに明らかになっています。すなわち，死んだミイラが話さないなら，生きていることや話すことは危険に感じられます。語られることと同様に沈黙に耳を傾けるなら，その沈黙が語っていることを理解するのはもっと簡単になります。あなたが話すか彼女が話すなら，沈黙に耳を傾けることはできません。絵画的に表現するなら，それはとても生き生きとした幽霊です。

プレゼンター：彼女がなんとか考えようとし，その適切な表現を見つけた時に，彼女は緊張が消え去るのを感じ，もっとリラックスしました。

ビオン：リラクゼーションはすばらしい経験かもしれません。しかし，そうではないかもしれません。彼女がカウチにどのように横たわっているのかをよく考えねばなりません。カウチの上なので，彼女はリラックスするのですか。カウチの上にいないアナリストよりもリラックスするのでしょうか。

プレゼンター：私は最初沈黙と関わるのがとても困難でした。そして，沈黙に気楽に耳を傾けられませんでした。ですが，少したって沈黙の間に何が起きているのか考えた時に，もっと心地よく感じはじめました。セッション外で起きていることについても考えに浸りました。彼女は分析の終わりまでもちこたえられないのではないかと，とても心配だと言いました。

ビオン：それは，まるで彼女は自分が死んでしまうまでと言いたいかのようですし，彼女は自分には生きる権利がないと感じているかのように聞こえます。

プレゼンター：彼女が話すことができないと言ったときに，実際には話していますよと私は指摘しました。

ビオン：もしあなたが何も知らなくて，何も知らされずにおかれたのなら，あなたが話せないのを彼女はおわかりになりますと指摘するのも必要だと思います。ですから，彼女の沈黙はあなたをも黙らせるのです。すなわち，部屋にいる二人のうちのひとりは，アナリストになれませんし，もうひとりはアナライザンドになれません。彼らのどちらも満足できません。この対象はとても敵対的なものなのです。すなわち，彼女が話すのを許されないなら，分析はできません。彼女が話すなら，何かが始まるのを彼女が恐がっている事実に，彼女の注意を向けられましょう。彼女は沈黙の逆を恐れており，あなたが自分自身の思いに耳を傾けられないほど，たくさん話してしまうのを恐れているのです。

プレゼンター：彼女のこころの中で何が起きているのかを彼女に尋ね，素材がなく

てはやっていけないので，そう尋ねたのですと説明したときに，思い出せるのは過去からのことだけですと彼女は答えました。

ビオン：しかし，彼女はそれを言いませんでしたね。

プレゼンター：とても厳格で，いつも彼女の批判をしていた父親のことを思い出しますと，彼女は述べました。「私があなたを批判していると感じますか」と私は彼女に尋ねました。彼女は答えませんでした。

ビオン：生存し続ける人に対して，死んだ父親や死んだ母親が反感や敵意を抱いているのではないかという恐怖が大きいのだと思います。ですから，「私はまだ生きているかもしれません。でも生きる価値のある人生ではないんです」と言うのは，その恐怖に対する一種の防衛になります。彼女が見失っているようなことは，分析が前進しないままなら分析はなくなるということです。この悲惨な状況から彼女を救ってくれる人やものが何か存在するだろうと，彼女はどのように信じられたのでしょうか。

プレゼンター：彼女が何も話さないので，私が彼女を追い払うのではないかと心配していると彼女は言いました。私たちは二人とも，当面そのことは忘れた方がいいですねと私は言いました。

ビオン：でも彼女はそれを忘れるべきでしょうか。アナリストが何かを期待しているかもしれないとのことを，彼女は忘れるべきですか。

プレゼンター：私は共同作業が必要だと彼女に示そうとしました。

ビオン：そのことを彼女にどう述べたらよいのかが難しいところです。分析を辞め，立ち去るのはあなたではありません。分析が存在しないなら，分析は存在しません。実のところは，「いえいえ。あなたを見捨てませんよ」と彼女はあなたに言わせようとしています。その後で，いわば分析を受けなくてもよろしいと，あなたが彼女に許可していることを彼女は示せましょう。ですが，もしあなたが分析をしたいのなら，あなたが分析をさせてもらえないままに続行しても無駄ですよという点が，その発言には除外されています。

プレゼンター：赤ちゃんを望んだにも関わらず，たびたび流産したために，彼女は産婦人科医から私のもとに差し向けられました。ですから，分析がその問題を克服する手助けになるという期待を抱いて，彼女は分析治療にやってきました。

ビオン：わかりました。ですが，彼女は妊娠すれば，よい赤ちゃんを生めるだろうし，あるいはよい治療が受けられるだろうと，請け負ってもらいたがってもいます。けれども，あなたは彼女によい分析的赤ちゃんが生まれるだろうとは言っていません。首尾よい妊娠のように，首尾よい分析のようなものがあるとい

う感覚がありそうです。けれども，生まれてくるものは別物です。赤ちゃんがどんなであれ，彼女は赤ちゃんに耐え忍ばねばなりません。その点を彼女がうまくやったことがあるようには思われません。きっと分析が何の効果もないと彼女が思っているなら，彼女が分析に来ることができると感じている事実に彼女の注意を向けたいものです。身体的観点では，妊娠しないのが確かなら，彼女は性的に好きなことをできます。一方では，彼女はあなたと性的会話の危険を冒す覚悟がありません。ですが，性的問題を決して扱わないなら，それは一種の奇妙な分析です。もう一方では，性的な事柄について話す種類の分析なら，ある種の妊娠がもたらされるだろう恐怖も生じます。合理的に言っても，その点で彼女が変化すれば，彼女の夫は彼女ともっと能動的に関わりを持つ心づもりになるだろうと彼女は感じるでしょう。

　この患者にあなたがどんなことを言っても，ほとんど間違っています。あなたが何を言うにしろ伝えることになる考えとは，彼女はそんなふうにふるまい続けていいのですよとか，それでもあなたは分析を続けれますよ，です。たとえ何の成果がまったくなくても，彼女は残りの人生の間来ますよと，あなたは同意する罠にはまります。分析は実際上は2人の人の単なる契約上の取り決めであり，そこにおいては何も起こらなくても——ともかく好きなだけ——永久に続けてもよいと感じられるものです。いわば非難ではない解釈を与える必要があなたにはあるので，どうしたらよいのかがわかりかねるのです。

プレゼンター：何が起きそうかを知ることができるように，沈黙を続けさせたい気がするときがあります。

ビオン：やってみる価値はあります。ですが，そこでまた気をつけねばなりません。アナリストは黙っておられますし，患者にたくさんの時間を与えられますが，けれどもその沈黙は敵意の表現になりえます。これほどたくさんの時間やお金を費やすのには，何か理由があると患者は考えるに違いありません。そして，私たちは無益な分析をすることに利点がないのがわかっています。

参加者：マゾヒスティックな衝動が存在しているようです。罰や罪という形で。

ビオン：なるほど，そこから得られる快感や満足が何かあるに違いないとの思いですね。たとえば，子どもの頃彼女が排便を拒めば，それは，母親を慌てさせるとても効果的な方法だったでしょう。彼女に何が起こるのかあなたが気にしていると考えることによって，彼女は快感を得られます。それとも，あなたは気にかけてなんかいないと感じても，彼女は満足が得られます。それは一種の精神的マスターベーションにもなりえます。分析から何も得られないという感覚からは，彼女は性的満足が得られるのです。

20

プレゼンター：患者は 18 歳で，2 年間私との分析を続けてきました。私に空きができる前に初回インタヴューをして，その後彼は 2 カ月待たねばなりませんでした。別のアナリストのところに行こうとは，彼は思いませんでした。彼の父親は医者で 1 年前に死にました。

　彼はとても慌ててやってきて，怯えた様子で不安げで，髪はくしゃくしゃで，身形もだらしないのが常です。彼は痛みを訴え，セッションに来るのに自分自身と闘わねばならないと言います。

　報告しますセッションに彼は遅刻して到着し，車がガス欠になったと言いました。彼はいつもよりさらにいっそう不安げでした。カウチに横になりましたが，話せませんでした。しばらくして彼は言いました，「私はとても怯えています。どう言ったらいいのかわかりませんけど，あるものが見えるんです。そのことばが見つかりませんが。映画のような光景なんです。カウチの端の壁をとても早く通過するので，ことばに繋ぐのが間に合いません」

ビオン：カウチに横になると，壁に何が見えるのでしょうか。

プレゼンター：単にむき出しの白い壁です。

ビオン：彼は何かを見ることが**できます**。彼はあなたのことばがまさに自分の頭上を通過し，壁にあたるのを見ることができるのだと思います。

プレゼンター：自分の考えを寄せ集める特殊な機械がほしいと，彼は言いました。そうすれば，私がその考えを解読でき，彼が何を見ているのか理解できるでしょう。

ビオン：彼がきっともっともだと思っているのは，たいていの他の人と同じように，あなたが壁上に何も見れないということです。

プレゼンター：彼は痛みをコントロールできると言いました。どんな種類の痛みですかと，私は彼に尋ねました。彼は言いました，「あまりにも複雑なプロセスなので説明できません。私の父親が生きていたら，父はとてもすぐれた男でしたので，理解し説明したことでしょう」

ビオン：彼の父親がすぐれた男であるというこの話は，父親が聞くことを意図されています。ですが，この父親は死んだ父親です。事情が違っています。死んだ

父は，生き続ける息子にきっととても腹を立てており，とても敵意を持っています。そして，息子が自分自身の人生を生きる価値あるものにするなら，状況はさらに悪化するでしょう。死んだ父親はとても悪くて，羨ましげで，敵意を持ち，生きた幽霊になります。

　これが当面のとても重要な問題だとは思いません。そういった感覚は思春期前のずっと昔に遡ります。きっとあらゆるものの中でもっとも早期の感覚でしょう。いくらか専門的な用語で言えば，赤ん坊が生まれると，赤ん坊は父親を殺し，父の所有物である母の乳房を所有する，です。父と母が幸せな結婚をし，家族の雰囲気がこのぞっとする話とまったく正反対なら，そういった感覚はもっと耐えやすくなるのが普通です。ですが，安心させてくれる父や母が目に見えなくて，単なる空白や白い壁だとしましょう。どんなに恐ろしくて，どんなに耐えがたくても，その壁上に**何か**が見える可能性があります。母親と真によい愛情関係を持てる真によい父親が存在するなら，その壁はそれほど空白にはならないでしょう。

　この空白はミルトンの『失楽園』で見事に記述されています。その中でミルトンは目の見えないことについて語ります。彼は「全体をおおう闇」に取り囲まれています。「そして自然市の書のために」「普遍的な空白を」与えられます。この「普遍的な空白」は「何もなし」という意味ですが，「白」という意味でもあります。

　私たちは通常患者に安心づけをしません。私たちの私生活やその種のことを患者に言いません。ですから私たちは患者に普遍的な空白を与えるのです。「そして，叡知はひとつの入り口でまったくさえぎって見えなくしている」とミルトンは言います。精神分析の通常の古典的ルールに従うなら，患者が恐がることをまさに私たちはしているように思われます。つまり，患者によい「視覚」をまったく与えていません。

プレゼンター：私や私の人生に関して何かわかればずっと穏やかに感じるでしょうと，彼はよくこぼします。

ビオン：**これまでのところ**あなたが友好的な人間であり，ぞっとする危険な幽霊ではないように彼が感じていると，一応仮定できたとしましょう。ですが，やっかいなことが見受けられます。そういった恐ろしい考えに彼の注意を向けようとすれば，あなたは彼に恐ろしくてぞっとすることを語る敵意を持った人になりそうです。あなたがとても大切な人であると感じる程の現実感覚を，彼は持っていると思います。彼がアナリストに向かって「突き進む」ことができる限り，彼は違った「こと」，つまり「彼ではない」何かに出会います。そしてこ

れまでのところ，あなたは悪いよりも多少はましで，何か手助けになると彼は感じています。どの程度ましなのかはわかりません。おそらくはごくごくわずかです。こう言ってみましょう，「私がよい父親だとあなたに言えば，ここにもっと来やすく感じられるでしょうね。実際のところ，今日またあなたがここにどのようにしてやってきたのか，私たちにはわかっていません」

プレゼンター：孤独で恐いものを見る夜に眠れないから，セッションに来ているだけですと彼は言います。彼は分析を受けなければならないことに，とても腹を立てています。彼はやってくる時には，自分が何を感じるのか私に言えません。私が彼に話すことを彼が理解すると，彼はいっそう腹を立てます。

ビオン：寝ついたら，もう二度と目覚めないのではないかと彼は恐れています。そのことをシェイクスピアは『ハムレット』の中ですでに書いています，「けれども，その死の眠りの中で，どんな夢がやってこようか」。睡眠中にやってくる，そういった幽霊や恐ろしいものすべてに囲まれて彼が死んでいるなら，ことはもっとひどくなるという心配のために，彼はおそらくこれまで自殺を免れてきました。ひとりのいい人がいるかもしれないと信じる機会を，あなたは彼に提供します。彼はそれを信じたいのですが，しかしあなたが他の誰よりもいい人だと信じる理由はありませんし，あなたがよい父親やよい母親だと信じる理由もないことが彼にはわかっています。

プレゼンター：彼は家で母親と口喧嘩します。母親は孤独に耐えられないから自殺したいと，涙を流して時々言います。彼は母親に「僕のアナリストは泣き叫ばない」と言います。

ビオン：ごく早期の段階から赤ちゃんは，——願わくば——よい乳房やよい母親をつかんだり，触れたりできます。ですが，父親は赤ちゃんに自分の乳房を差し出せない「母親」です。ですから，これが父と母との違いを言う最初の方法のひとつです。ある意味で父親は悪い「母親」ですし，母親は自分の目からはよいミルクを生み出せないのでよい母親ではないと言えましょう。赤ちゃんは乳房に触れないかもしれません。でもすぐに，赤ちゃんは自分の目で母親を追うことができます。この方法で，赤ちゃんに触れもしない母親といい関係を持てます。ですが，この患者が目で見て，目で自分自身の中に取り入れられる母親は，ミルクではなくて涙を生み出します。

　この種のことを何か言ってみましょう，「あなたは私からよい健康を得ようとすると，私がよいミルクではなくて，悪い涙を生み出すのではないかと心配していますね」。赤ちゃんはよいミルクを欲しかったり，もらおうとしていると感じえます。あるいは，この患者の場合なら，よい分析です。ですが，彼

が生み出すものはよいミルクではありません。それは尿です。

　この患者は，あなたがあたかもよいアナリストであるかのように，2年間ふるまおうとし続けてきました。彼はまだ生きています。ですから，彼が正しいのかもしれません。こう言えましょう，「証拠はありませんが，きっとあなたは私が助けになるかもしれないと感じているのだと思います。たとえ私がとんでもなく敵対的になるのを，あなたがとても脅えているとしてもです」

21

プレゼンター：患者は4年前に分析を始めた39歳の女性です。彼女はとても奇妙な感覚を訴えました。彼女には，自分がもはや誰なのかわからないし，ただわかるのは，自分が自分ではないことだけで，二度ともとに戻らないのではないかと彼女は心配していました。「頭医者」なら彼女を戻せるだろうと，彼女は考えたのでした。

4カ月前のセッションを報告します。前日に起きたことを私に伝えたいと，彼女は言いました。「私たちはパーティへの途上でした。でもそのパーティが開かれるはずの家の番地が見つかりませんでした。まるで自分が消え入りそうな気分の悪さを感じ始めました。私は素早く車に乗り込み，いくらか安心した気になりました。夫が車をバックさせ，私たちは当のその家を見つけました。屋根の下に入ると，私は安心しました。屋根や壁はとても大きな安心感を私に与えてくれるようです。リビングルームで私はとてもいい気分でした。ですが，私の気分がいいかどうか夫が私に尋ね，知らない場所ではたいてい気分が良くないねと夫が言うや否や，私は震えだし気分悪く感じ始めました。私は友人達に話し掛けており，食物を見つめていました。私は待てずに，食物をつかみ始めました」

ビオン：彼女はふたつの別々の話をしているように思われます。ひとつは安全感についてです。もうひとつは，彼女の夫への返答です。最初の話が誰に対する返答なのかはわかりませんが，それはおそらくは，アナリストや，ある程度は自分自身に対しても彼女が話してもよいと感じることです。ですが，アナリストが——夫のように——「気分はいいですか」と知りたがる人になるや否や，彼女の語ることばはまったく突然に様変わりします。こういったふたつの違う話がなぜあるのでしょうか。夫に理解されやすくするために，あるいは理解されにくくするために，彼女が夫に語る話は特殊なことばで語られるのでしょうか。私の見解では，彼女が夫や他の誰かに語ったことは，ほとんど重要ではありません。重要なのは，この患者はアナリストにどんな種類のことばを話しそうかということです。こういったふたつの異なったことばで患者が私に話し掛けるなら，分析可能だろうかと私は自問するでしょう。

まったくありそうなこととして，彼女がこの人なら話しても安全だと思えば，そういった特殊な感覚を述べるでしょう。けれども，アナリストがある種の夫になったり，夫と同じくらい頻繁に彼女に会える種類の人になるなら，何が起こるだろうかと彼女は恐ろしくなってしまいそうです。普通の話し言葉に思われるものを彼女は話すかもしれません——彼女がアナリストに会い続けるつもりがないならですが。でも会い続けるつもりなら，彼女はこの別のことばを話すに違いありません。

プレゼンター：私には，彼女が誰と話しているのかとても理解しがたいのです。彼女はまるで自分自身と話している気がします。

ビオン：それは重要なポイントです。人々は自分自身に話し掛けます。ですからアナリストがそこにいるとしても，患者は彼女自身に話し掛けているかもしれません。そしてアナリストはその会話を聞くことができます。彼女があなたと部屋にいる間に何が起こっているように思われるのか，私なら彼女に示したいと思います。たとえば，「あなたが私に話しかけているとは思いません。私がここにいないかのようにあなたはふるまっていると思います」と私は言うかもしれません。部屋のなかに彼女と一緒に誰かいると感じたいがために，彼女が忙しなく騒音を立てているように思われる事実に，彼女の注意を引き付けたいものです。母親が赤ちゃんをひとりぼっちにするなら，赤ちゃんは部屋のなかに他に誰かいると信じられるように「おしゃべり」という騒音をたて始めるかもしれません。家の中で誰かが怒っているなら，少なくともそのことが自分が独りぼっちではない証と感じたいがために，赤ちゃんは怒って騒ぎ立てる場合があります。

　これまで聞いたことから明らかに思われるのは，この患者がアナリストのもとに頻繁に来るなら——さらにはきっと彼女が結婚し，自分ではない人ととても親密に暮らすなら——，アナリストや夫は，彼女に関するありとあらゆることを必ず見つけだすだろうと，彼女が心配しているということです。その中には彼女が気にしないこともありましょう。病気であることや，夫が彼女に質問する時に彼女がああいった感情を抱くことは，世間の慣習にかなっていると通常感じられることでしょう。ですが，たくさんのすばらしい食物があるパーティに彼女が出席し，できるだけたくさんのものを彼女が食べ続けようとするなら，それは下品なことでしょう。同様に彼女が感じうることとして，彼女は育ちが良くて，家や収入や夫もあり，今や分析も欲しているということです。それもまた，それほど卑しからぬことではないように思われるかもしれません。それはとても貪欲であることのようです。その考えはあまり心地よいものでは

ありません。彼女自身にとってもですし，同様にとても裕福なのに，そのうえまた特別な患者を喜んでみようとするアナリストにとってもです。

　分析状況はダイナミックなものですし，アナリストは**常に変化している**ダイナミックな状況を見れねばなりません。ここまでのところで，この患者についてうかがってきたわずかばかりのことを考えてみましょう。短時間の間に，なんと恐ろしくたくさんの話がもたらされうるのかがわかります。アナリストが知らねばならないことは，どんな時にどんな話がなされ，できるならばそれがなぜかということです。もし真実がわかれば，とても貪欲だと責められそうだと，どうしてこの患者は恐れるのでしょうか。もうひとつの場合には，彼女はアナリストから「あなたはとても病んでいます。あなたはあまりにびくびくして震えているので入院する必要があります」と言われるのではないかと，とても心配しているかもしれません。実際のところこの観点からすると，どんなことばを話すべきか，自分が話していることを明確にすべきかどうか，彼女はわかりがたいと思っているでしょう。というのは，アナリストや彼女の夫でさえ，真実を知ったら何をするかわからないからです。

　そこに精神分析的ドグマや理論の硬直したシステムを押しつけようとすることで，とてもひどい扱いになってしまうのが，このダイナミックな状況です。患者やアナリストが自分で見聞きできることの代用物はありません。患者がどういった特別のアナリストに関しても，うわさで判断するのは危険ですし，それは**本物の**分析理論や哲学とも相いれません。同様に，アナリストが患者の治療の仕方を語る教条主義の大家や人物の代わりをするのも危険です。きっと道理なのは，そういうふうに患者を治療し**ない**ことなのです。

22

プレゼンター：4年半前にこの患者と始めた時には，私にとって最初の分析ケースでした。4年間週5回彼に会いました。私がこの地に住むようになってからは，週2日で日に2回彼に会ってきました。私が彼を治療してきた間ずっと，私は自分がいつかアナリストになれるのだろうかと疑問に思ってきました。彼はいつも私のことをとてもつまらないと感じさせましたし，私自身の問題に加えて，彼のふるまいは私の恐怖をつのらせました。私はこの問題提起をしたいのです。この患者はどうして私にそのように感じさせるのですか。

彼が分析にやってきた動機には二つの要素がありました。彼は広告代理業者として働くつもりでした——彼はいつももっとも愛するものすべてを破壊してしまうと言いました。そして，この代理業は彼が終生働くのをずっと夢見てきたものでした。そして彼は，女性とひどい関係を持ちました。

ビオン：この患者はどうやってあなたのところに来ましたか。

プレゼンター：精神分析協会を通してです。

ビオン：前もって分析に関して彼が何を聞いたのか，私たちにはわかりません。ですが，アナリストが分析のことをほとんどわかっていないと，患者はしばしば感じるものです。あなた自身が，分析のことをあまりわかっていないと，わかっているのかもしれません——わかっているとあなたが考えるとしたら，とんでもないことでしょう。分析を随分とわかっているつもりなら，きっと理にかなうのは，あなたが堕落しているということです。

プレゼンター：それでしたらうれしいですね。

ビオン：飛び出してきているまさにそのことがらに向かうのが，しばしば役に立ちます。患者があなたに罪悪感や怯えや心配を感じさせられると思うのなら，そのことをあなたは調べる必要があります。

プレゼンター：私個人の分析の中で，あるいは私の患者との間で，そのことを扱うべきですか。

ビオン：あなた自身のアナリストと，その点を取り上げるべきでない理由は何もありません。ですが，患者とは別問題だと思います。分析されたいのと，他の誰かを分析するのとでは，こころの状態が違います。そのふたつの状態は同じに

見えるかもしれません。そして，それを録音できる人がいたとすれば，同じに聞こえるでしょう。ですが，違うのです。

　医者や外科医を劣った人間だとみなす人たちはたくさんいます。結局のところ，ひとつの事態は長い歴史を持つのです。イングランドにおいては，床屋は外科医の最も早期の姿でした。あなたがいつもこころの準備をしておかねばならないのは，患者があなたよりも社会的に勝っているとひそかに考えるのを見いだすことについてです。これには多種多様なバリエーションがあります。つまり，患者が**どうやって**あなたに劣等感を感じさせようとしているのかと興味を抱く機会が得られるのは，分析においてだけです。外科医や医者は，比較的尊敬されると言えましょう。ですが，サイコアナリストとは何者ですか。まったく取るに足らないものです。彼らはあらゆるものの中でもっとも劣っています。

プレゼンター：患者は精神分析を高く評価しているように見えます。彼の妻はサイコロジストで，サイコアナリストになるトレーニングを受けています。広告代理業において彼は，心理学をバックグラウンドにして広告を扱います。そして，彼はそれがとても上手です。それにも関わらず，そのことは何も分析の中で現われません。

ビオン：分析において彼は，誰の広告代理業者になっているのですか。

プレゼンター：私は彼のために，何か役に立つ機能を果たしているようには思えません。彼は私と，本当には触れ合うようになっていません。彼は広告代理業についてや，それがどんなにすばらしいかや，その仕事がどんなにうまくいっているかについて話すだけです。彼には精神病の妹がいて，定期的に精神病院に入院しています。最近また彼女は入院しています。そういう時には，私が役に立ちうるのに彼は気づきます。私はなんらかの機能を獲得します。

ビオン：もし彼が重症ケースでないなら，もしあなたが精神病患者を治したことがあると言えないのなら，あなたが彼に興味を持たなくなるのではないかと，彼は心配になりましょう。あなたがどんなによいアナリストかを示すために，あなたが彼を利用したいのではないかと彼は不安になるのです。私が思うに，それはしょっちゅう変化します。宣伝されたがっているのが，あなたの場合もあるでしょうし，彼の妻の場合もあるでしょうし，彼自身の場合もありましょう。

プレゼンター：私が当地に引っ越す以前には，彼はセッションを休んだことは一度もありませんでしたが，彼はまったく決まったように時間を守らないのに私は気づきました。彼は常に20分遅れました。私はそのことを分析しようとあら

ゆる手を尽くしましたが，彼は 20 分遅刻し続けました。ですが，私が当地において違ったスケジュールで始めてからは，彼は 1 度も遅刻しません。それと同時に彼は抑うつになりました。初めてです。

ビオン：彼は支払いを誰にしますか。

プレゼンター：私に直接払います。

ビオン：彼の料金は割引値段ですか。

プレゼンター：最初はそうでした。そして私はインフレの比率に添って調整してきました。それでもまだ彼は，私の他の患者の誰よりも少ない支払いです。私は彼のことをとても気に入っています。そのことが関係を混乱させるのかどうか，私にはわかりません。

参加者：低料金の支払いのため，おそらく彼はセッションを丸ごと利用する資格がないと感じています。

ビオン：その通りだと思います。それがセッションの支払い方のひとつです。「私は充分料金を支払っていないようです。でも，私はセッションをまるごとは受けていません。ですから，それでいいのです」。彼はそのことについて罪悪感を感じていると思います。

プレゼンター：彼は 5 歳まで母乳で育てられました。というのは母親が彼ひとりに充分なミルクを与えたためではなくて，彼の後に生まれた 2 人の妹が，母乳で育てられなかったためでした——最初の子は死に，次の子は先述しましたように精神病です。母乳で育てられた 3 番目の妹である末っ子はいますが。

ビオン：家族の他のメンバーはどんな分析も受けていません。ですから彼は，恵まれたただひとりです。この恵まれた待遇に何を支払わなければならないだろうかと，彼は不安になりうると思います。ふたつの可能性があります。ひとつは，あなたのよい広告代理業者になることです。もうひとつは，セッションを 20 分差し引いたり，抑うつ的になることです。ですが，もうひとつの可能性もあります。彼の妹のように，彼は精神病院に入院しなければならないかもしれません。

プレゼンター：彼は家族の中でただひとり成功したメンバーです。彼はその状況を楽しんでいますが，居心地がよくないと感じています。ですから彼は，家族のメンバーとは個人的に親しい関係に入っていきません。彼にはすごくたくさんの友達がいて，いつでもそのグループと一緒です。

ビオン：好かれる患者になることや，皆の料金や分析を全部受け取るもっとも貪欲な患者になることへの不安が，ここにあるように思われます。ですから彼は，他の同胞には得られない分析——よい母乳による養育——を得ているのです。

プレゼンター：彼は朝一番の患者です。最初に授乳されるのです。
参加者：表面的には，彼は広告代理業を通して他人にものを提供します。ですが，彼は実際には家族に何も与えていません。
ビオン：そうですね。そこには貪欲さや卑しさがとてもたくさんあります。
参加者：彼が分析を受けにくる理由のひとつに，女性との関係が難しいという事実がありました。私が見るには，それとアナリストとの関係はパラレルです。
ビオン：彼は女性との関係が持てないと言いますが，それは違っていると思います。本当の真実は，彼が**誰とも**関係を持てないということです。彼の問題は女性との関係だと言えば，もっともっともらしく聞こえます。自分がホモセクシャルだという患者は，男を好きなわけではありません。彼は男を憎んでいます。その種の患者の本当の困難は，彼が人々を憎んでいるということです。

　誰もが結婚できます。そこに何も難しいことはありません。それから広告代理業者のように世界中に向けて言うことができます，「ごらんください。私は結婚しています。まさに普通の男のようにです。妻や子どもを愛するまさに父親みたいにです。私の家族をごらんください」。彼がきっと思っているのは，アナリストがそれに賛成してくれて，彼がなんとよい男であり，よい夫であり，よい父親であるかを示す手助けをしてほしいということです。
プレゼンター：彼の自分自身との関係は広告的なもので，内在化されていない気がします。ですから彼は，他人との関係を持てません。
ビオン：そうですね。彼は，妻や子どもたちや精神病の妹について気に留めていません。彼が気に留めているのは，自分がどんなに善良な男であるかを示す目的のために，彼らを利用できることです。言い換えれば，妻や子どもたちは愛されていません。彼らは，彼自身を愛する目的のためだけに利用されています。
プレゼンター：分析当初に，彼は高血圧という深刻な問題を抱えていました。それは内科的治療に反応しませんでしたが，後に改善しました。私は後になって，彼が食欲抑制剤を興奮剤として服用しているのを発見しました。
ビオン：彼は自分の内部にとても敵対的な対象がいる気がしているのだと思います。その対象をあらゆる広告や家族のことで覆い隠し，そうすることで彼は自分自身の内部を見れなくし，「高血圧」と彼が名づける，まさにその悪いものが何かをわからなくしているのです。
参加者：脂肪組織は，悪い対象をしっかりとつかまえておくひとつの手段になるのでしょうか。
ビオン：ありえますね。一方では彼は内部のこの悪いものを攻撃します。彼はそれにアンフェタミンを投与し，それを打ち殺すために食道へ食物を投げ込みます。

彼はその悪いものを飢えさせ，死滅させようとします。彼がどうしようとも，彼自身の悪い部分だと感じられるその悪いものは，彼にはコントロールできないので，誰か他人のようなものです。彼はある種の広告代理業者にすぎません。よく見せたり，偽装行為をしたり，貪欲で暴力的で敵対的な彼の内部の悪いものをおおい隠したりするのが，彼の仕事です。

プレゼンター：良くなったと彼は言います。私が気づくには，彼はさらに痩せました。

ビオン：彼の**身体の外観**が，あなたに物語るのはそういうことですね。ですが，それは脂肪と同じように外部に関してです。彼が恐れているのは，あなたが彼に何を言うかです。実際のところ，直観力のある妻や息子や娘が，彼に何を言うのかという危険が常にあります。分析にくることや家族を持つことでさえ，大変な危険を冒しています。発見されるという危険です。私がおおいに疑うだろうことは，改善の性質や，その改善が常に広告の一部になりはしないかということや，その改善にあなたが同意してくれるのが彼の願いなのではないかということです。

23

プレゼンター：患者は30歳の男性で，児童サイコセラピストです。彼が私のところに来た時には，以前に4年分析を受けていました。15歳の時に，彼は宗教的危機を経験しました。その時彼はユンギアンの牧師に8カ月間サイコセラピーを受けました。彼は6人の子ども――4人の男の子と2人の女の子――の長子です。彼は11歳の時に6歳の妹を誘惑しました。彼はその経験を，14歳の時に経験した17歳の従兄とのホモセクシャルな性質の経験や，父親の20歳の使用人との2番目の経験と関連させているようです。彼は医学研修の間に，3年間のホモセクシャルな関係を持ち，それは暴力的な結末を迎えました。彼はホモセクシャルな関係を持つために，高い教育を受けたハンサムな男性や，彼自身のような精神科医を選びます。明らかにこれらの関係は，オーラルで肉体的な接触から成っていますが，オルガズムはありません。彼がフェラチオしたかどうかは明らかではありません。パートナーは，若くて既婚者でなくてはいけません。彼は知的なやり方でふるまって，若い夫を誘惑しようとします。

あらゆるセッションで彼は「夢を見た」と言います。

ビオン：そういう夢をあなたに語るのがよいというのは，誰の考えでしたか。

プレゼンター：彼は精神分析志向です。彼は解釈をして，私をコントロールしたがります。

ビオン：アナリストが何を望んでいるのか自分にはわかっていると，このような患者は思います。それで，アナリストが夢を好きだから，アナリストに夢を提供しようとします。夢を語ってもらうのが，患者がアナリストに話せるための，もっともてっとり早く簡単な方法なら，それはひとつのやり方です――もっとよいものがないなら，夢はとても役に立ちます。ですが，夢があなたにはわからないことを，あなたに知らせてくれるとても役に立つ方法だから，彼はそういった夢をあなたに話すのでしょうか。それとも，彼が思うにはあなたが夢を話してもらいたがっているから，彼は夢を語るのでしょうか。彼の動機は何ですか。あなたを誘惑するために彼は夢を述べているのですか。それとも話の最善の方法だからですか。

プレゼンター：彼はホモセクシャル的である以外には，私と関係するのが難儀です。

夢は，彼が抱えられないものをコミュニケートするために使われているようです。というのは，抱えられない素材がセッションに現われると，彼は泣くからです。

ビオン：それに関する注目すべきことのひとつに，彼は実のところセックスにとても怯えていることがあります。あなたが彼と何らかの性的関係を持つかもしれないと彼は怯えていますし，それゆえにあなたが男であろうが女であろうが，彼はあなたと何らかの関係を持つのに怯えています。

プレゼンター：彼が私に語った夢のひとつがこれです，「私はサッカー選手の一団と一緒にいました。私は新聞記者で，ペレと一緒なのに気づきました。彼は私の前にいて，私は彼に身を寄せてかがみ，彼とオーラルセックスをしました。私はその関係にあらがいました。私は夢の中で射精しました。目覚めたとき，私の弟がペレを賞賛の的にしているのを思い出しました」。彼がとても賞賛していた彼の弟はすぐれたサッカー選手でしたが，患者は弟に一度も肩を並べられませんでした。もう一方で，移民でケーキ職人として働き，アルコール依存症だった父親について，彼はあまり言及しませんでした。患者は少年時代に深く傷つきました。というのは，誰が彼の面倒をみてくれるのか，彼にはまったくわからなかったからでした。彼らには家賃を払い，食物を買うお金がありませんでした。彼らは母親の身内からの援助を求めねばなりませんでした。ペレと同じ関係を彼が私と作ろうとし，私から何か価値あるものを吸収しようとしていると，私は夢の解釈をしました。彼の愛人の妻の役割を彼はとっています。

ビオン：彼が女性役割を求めた途端に彼はその役割が恐くなり，男性役割を求めるのが問題なのだと思います。彼が男性役割を取る場合には，その役割が恐くて女性役割を求めます。ですからそういうことが続きます。手短に言えば，彼はあなたに何か援助を求めているのですが，それがどうやって得られるのか彼にはわかりません。あなたがどうであれ，彼はあなたを恐がります。あなたが母親であるかぎり，あなたや母親の乳房としてのあなたと関係したいニーズが恐くなります。その際には，乳房が彼の口を貫くであろう交わりが心配になります。赤ん坊の時，彼は歩けるのを切望します。彼は自分で歩き回りたいと思います。彼はすばらしいアスリートになりうるので，ペレのような足を持ちたいと思います。ですがうまくいきません。彼はペレというアスリートにはなれません。

しかも，もうひとつの困難があります。彼の母親が期待することを彼が**したいと思うかぎり**，彼はまた何か**しなければなりません**。彼がしなければならな

い最も早期のことがらのひとつに，排便があります。肛門を便が通過することから性的快感が得られるのが彼にわかり，それによって彼の内部のこの黒い対象との性的感覚を彼が得るなら，排便はもっと簡単になります。当面は，それによって性的関係の問題は解決します。そして，その問題とは，幾分かは彼に排便をさせたがる母親との性的関係ですが，幾分かは彼が怯える彼の内部のその悪いものとの性的関係です。ですからそれは，もうひとつの失敗になります。

　次の時期に，彼は妹と性的関係を持とうとします。彼はまさに父や母のようになろうとします。妹との性関係には，特別危険なことはありません。それがなぜ落胆させられるもので，なぜ「正常」と考えられないかの理由は，そうしようとする子どもたちはきっと失敗しますし，それにその失敗は，性的関係に快楽がないのを子どもたちが気づくという形で起こるからです。子どもたちがせいぜい学ぶのは，彼らにセックスはできないし，セックスに快感はないから楽しみなことは何もないということです。少年はおそらくまた，恐ろしいことが少女のペニスにも起こったのを学びます。ですから，この早すぎた性的結婚から学ばれる教訓は，感受性の強い年齢で学びますし，とても忘れがたいものです。結果的に少年は，避けられるものなら少女の性器を見たくはありません。少女の性器はあまりに恐ろしいものですし，まるで気持ち良くないですし，性的に興奮しませんし，そんな関係になってもなんの利点もありません。ですから少年は，幸福な性生活からかつてと同様に遠ざかります。

プレゼンター：女性にはペニスがないために，彼が女性を軽蔑しているのを，前もって言うのを忘れていました。

ビオン：自分に乳房がないために，彼が自分自身を軽蔑することもありえます。次に彼は弟に試します。（私はともかくも，それがたて続けなのだとは思いません。そういったことはすべて，おそらくどんな順番でも起こります。）

プレゼンター：彼は弟と寝る習慣でした。彼は夜尿症だったので，弟を濡らさないためにおむつをしなければなりませんでした。彼は弟より年上でしたが，服を着替えるのに弟に手伝ってもらわなければなりませんでした。

ビオン：弟との関係もまたぶざまですね。彼がペニスを弟の口につっこむことで弟から授乳してもらおうとしても，よいミルクは得られません。彼が弟に授乳しようとしても，弟をよいミルクで養えません。小便にすぎません。

　ですから，母親はよくありません。腸を空っぽにするのはよくありません。歩こうとするのはよくありません。妹と性的関係を持とうとするのはよくありません。弟と性的関係を持とうとするのはよくありません。弟に授乳しようと

するのはよくありません。ペニスで授乳されようとするのはよくありません。それらは**みな**次々と失敗します。この少年が潜伏期に入るまでは，すべて失敗します。例外なくすべてです。彼は何の感情もまったく抱きません。あるいは何か感じたら，それらの感情は抑えこまれます。

　それから彼は，サイコアナリストに会いに行きます。その何がよいのでしょうか。あらゆることはいつでも失敗に終わり，アナリストはただ話すだけです。ですから彼は別のサイコアナリストを試します。それで何が起こるでしょうか。またも失敗します。彼にはその失敗がきっと良くないことになるとわかります。ですから彼は3番目のアナリストに頼ります。ですが，アナリストはだんだん良くなりそうもありません。彼らは皆似たり寄ったりのひどさです。彼らはしゃべるだけです。ことばの性交がわずかなりとも役に立ちうるとは，このような患者はどうやって信じられるでしょうか。彼は愚かでなければならないか，もしくはその性交にはともかくも何かよいところがあると，とてもひどいふうに信じ込まねばならないと言えましょう。言い換えれば，**どんな関係も良くない**と，とても感受性の強い年齢で彼は学んで，徹底的に学んでいます。乳房はよくありません――どこか失敗しています。消化管のもう一方の端はよくありません――肛門もまたよくありません。妹に関してよくありません。弟に関してよくありません。ペニスに関してよくありません。ヴァギナに関してよくありません。口に関してよくありません。彼と死の間にあるのはたったひとつのことです。それは分析です。夢に関する考えに何か真実があるとしましょう。それによってわずかに希望が持てるでしょう。彼が夢について語るなら，おそらくあなたは彼を救おうとして，言うか何かするでしょう。そのことはとてもかすかな希望なので，ほとんど彼自身をだますがごとくです。あなたがせいぜい続けねばならないのは，そういった夢です。そして**彼が**せいぜい信じられることは，それにまったく意味がないわけではないという希望です。

　あなたはとても危険な状況に対処しています。この患者はいつ何時，絶望や恨みや憎しみにすっかり圧倒され，自殺するかもしれません。状況がどんなに危険か彼にはわからないかもしれませんが，あなたにはわかります。とてもわかるので，解釈するのをほとんど恐れるほどです。

プレゼンター：彼に解釈するのはずいぶんと難しいのです。

ビオン：そうですね。扱うべきことがあまりにたくさんあるので，どれを選んだらよいのかわかりかねますね。私がそうしたいと思うのは，彼が精神分析やあなたを信じていないとの事実を明るみに出すことです。と言いますのは，彼がとてもありえないと考えているのは，ともかくも自分が治るとか助けられるだろ

うということだからです。実際のところ，いったい彼はどうやって来る手筈を整えたのですか。私が明らかにしたいのは，ひとつには，この根本的な希望のなさや絶望ですが，その下にはこの希望のない状況に対する彼の憎しみや恨みがあることです。まったく何もしなくなるか，破綻するか，誰かを殺すか——そこで，いつでも利用できる1人の人は，彼自身です——という恐怖が彼には常にあります。

　中核の問題は次のことです。彼があなたのところにくるためには，自分自身やあなたを欺いていると思うほかないほどそれが難しいことだとの事実に，どうやって彼の注意を引きつける機会を見つけられるかです。言い方をかえれば，彼は嘘に頼らなくてはいけないと感じています。

プレゼンター：彼は悲しみの深さを否認するために，「私はあなたに嘘を言っています」と言いました。彼は泣いて，それから自分のホモセクシャルについて語りました。「それは説明できないんです。衝動なんです。自分の内部に留められないんです」。彼は面接を終えると，パートナーを求めて出掛けます。

ビオン：私は彼に言うだろうと思います，「あなたのおっしゃることは，本当ですね。ですが私が思うには，『ホモセクシャル』とあなたは言いますが，実は悪いセックスという意味のこの悪いセクシャルパートナーは，あなたの内部の何かですね。それはあなたなのだけれども，他の誰かだったら良かったのにと，あなたは感じていますね」。内部のこの悪いものが性生活を決定するように感じられ，それで性生活のためにその悪いものが，彼や彼の口やペニスや肛門を使います。彼の内部のその悪いものが，何を要求しようとも——あらゆるものですが——彼は交わらねばなりません。その悪いものは何も気にしません。ですが，彼が望むか望まないかにかかわらず，この同じ対象が彼を分析に来させていると彼は感じています。ですから彼は，自分のすべてが偽りである事態に怯えています。彼は分析を求めていません。彼はセックスを求めていません。彼は**どんな**交わりも求めていません。ことばの交わりさえもです。ですが，彼の内部のこの悪いものが急に現れ，交わりを持つのを決め，そうするために彼を利用するのです。

24

プレゼンター：私との間で1年間治療中の患者について，あるポイントを取り上げたいと思います。彼女はいくらか前進すると，いつでも喧嘩腰になります。このセッションはさる月曜日のことでした。彼女はとても幸せそうにやってきて，入室したときに言いました，「さあ，金曜日のセッションの後，どうして私がそんなに幸せだったのか，今どうして私が幸せなのか，あなたは私に説明しなくちゃなりません」。実際には金曜日のセッションは，幸せなものではありませんでした。彼女は自殺についてや，心臓発作で死にそうな恐怖について話しました。彼女は言いました，「あなたが私に何を言っているのか私には理解できません。あなたは私に話してもくれません。けれども私はいったいどのようにしてよくなったのですか」。彼女はカウチに横になって言いました，「あなたはそんなに神経質になって，それほど緊張する必要はありませんよ。あなたは指でどうして音を立てているのですか」。話すだけで良くなりうるとの考えをあなたは受け入れられないのです，と私は指摘しました。

ビオン：あなたが何を考えているのかを発見するために，彼女が一種の罠を仕掛けているのではないかと疑います。こんなことを言ってみたい気になります，「あなたが私に話してこなかったなら，あなたがたった今話したことを私は理解できなかったでしょう。あなたは本当のことを当然話していると私は思っています。さもなければ，あなたがなぜ私に嘘を言うのか，私たちは考えねばなりません。実を申しますと，あなたはある謎に私の注意を引き付けました。つまり，あなたは原因もわからずに気分が良くなっていると感じています。さあ，この途方もない問題の議論を続けましょう」。こう言ったからといって，あなたや分析が人を治すのです——それはナンセンスだと思います——と引き受けるわけではありません。もっと仕事ができるようになり，もっと社会的に受け入れられるようになるやり方で，分析セッションを利用できるように確かに思える人たちがいます。ですが，なぜそれがそうなのか私にはわかりません。私にわかる**事実**は，私が解釈をしたときに，私が間違ったか——大した問題ではありません——それとも，私の考えではすでにそこに存在しているものに，私が注意を向けたかのどちらかということだけです。患者にはそうは言わない

でしょう。ですが，彼女に操られて，彼女を治したり，彼女の気分を良くしますと私が同意する状況にもはまり込まないでしょう。「これに関してあなたが正しいとすると，あなたはどんな気分かわかるはずですよね。それゆえ，私たちはあなたがずっと気分が良くなったと決めてかかっています。ですが，なぜかについてはこれまで何も耳にしてきませんでしたね」と言えましょう。

プレゼンター：彼女が説明ばかり求めることや，金曜日と月曜日の間に彼女に何が起きたのか，彼女自身がわかっていないという事実に，私は彼女の注意を向けようとしました。彼女は言いました，「私が説明すべきなのでしたら，私は俄然気分が悪くなりそうですわ。夫は言いました，『君はひどく具合が悪かったね。でも今はとても良さそうだ。そうしてくれたX先生はとてもすぐれたアナリストに違いないね』。それで私は言いました，『そんなこと見当もつかないわ。だって，彼は私に話してくれないんですもの』」

ビオン：ですから彼女が良くなるなら，それは話さないことに関係があるに違いありません。

プレゼンター：私がひどく緊張していると，彼女はまた言いました。それから私が彼女にとても手を焼いていると，彼女はこぼしました。「何も説明してくれないのなら，きっと私はもっと悪化します」。私が思うには，彼女はとても気分よく感じているので，私から何かよいものを奪ったのではないかと心配しているのだと，私は言いました。

ビオン：あなたがそれほど「緊張」したのは，どういうわけですか。やはり同じ答えかもしれませんね。つまり，彼女があなたから治癒を奪い去っているのなら，あなたには何の治癒も残されていない理由の説明がつきます。2人の人が一緒になれば，両方ともが利益を得るのはありえないという疑念が浮かぶと思います。と言いますのは，それは「話すだけ」の分析に「すぎない」ためか，あるいは彼女があなたから何かを奪わねばならないか，あなたが彼女から何かを奪わねばならないか，そのいずれかのためだからです。

パネルディスカッションへの寄稿
ブラジリア，新たな経験

　ある意味で私は，聴衆のどなたよりもこの問題について不案内に違いありませんので，特殊な立場にいると思います。ですが，人間の性格の発達方法を理解する試みに私が携わってきた限りにおいて，それによって，物事を見つめる他ならぬその方法にもっと貢献する機会を私は与えられたのだと思います。私が思い出しますのは，少なくとも1820年という昔にブラジリア[訳注1]という着想が明白に成文化されたという事実です。興味深いのは，当時，その着想は消滅するように思われましたが，150年たってそれが実現化できた私たちは皆まわりを見回して，一つの着想から発展したこの途方もない建造物を見ることができます。他ならぬこの時代に，その着想がなぜ，さらにはどのように発展したのかを知るのはとても難問です。おそらくその着想の機が熟したと言えましょう。すなわち建築学や，どんな特殊建造物にも不可欠な基礎工事や，実際にはこの街の建築学を研究した人々がいました。この点はわかりきったことのように思われるかもしれません。ですが，一つの着想が実行に移される場合，その行動は，そう考える人々を後戻りできない道へと委ねるがごとくです。この街を見て，オリジナルな着想の一種の復元を推測できるとしたら，一人の英国詩人のことば使いほどそのことを明瞭には表現できそうにありません。引用するのは，「アレオパジテ

訳注1）Brasilia：1960年4月21日にブラジルの首都はリオ・デ・ジャネイロからブラジリアに遷都されました。時の大統領ジュセリーノ・クビチェックが，海岸に集中しがちなブラジルの経済を内陸に持ってくるということと，海からの侵略に備えるという意図でそれを行ったのです。標高1,170メートルの内陸サバンナ高原に出現したこの巨大都市ブラジリアは，上空から見ると翼を広げたジェット機の形をしており，世界中の人々を驚かせました。その奇抜な都市デザインと超近代建築から，ブラジリアは「21世紀の都市」と呼ばれました。建築設計を受け持ったのは，ニューヨークの国連本部の設計者，オスカー・ニーマイヤー，そして都市設計に当たったのがルシア・コスタでした。ビオンはこの近代都市を目の当たりにして，人間の着想や思考や行動についての思索をめぐらせていきます。

ィカ」^{訳注2)}，特にその中でミルトン^{訳注3)}の語る一節，「私のこころの中に，私は高貴で血気盛んな民族を見る」です。注目すべきことは，この観念はその観念自体を行動に変えられるように見えることです。もう一人の詩人シェイクスピアは，いわく，民の行く末に関する考えを民に示す責任のある人だと言われてきました。こういった詩人たちは，着想を豊かにするやり方で着想の定式化をどう行なうのでしょうか。歴史上の時代に私たちが戻れるなら，現世においては解決済みの方法を見つけたがっている原始人に出会えるかもしれません。しかし，そういった人たちの願望と，そのような着想を行動に移せる人たちの到来との間には，とても長い年月の経過が必要なようですので，出会ったとしても目立った影響はありません。発芽できるこころの種子を撒ける人がいるに違いありません。そういうわけだからこそ，詩人や哲学者や数学者たちはとても大切なのです。彼らは，ある考えが行動になるのを可能にします。カント^{訳注4)}はかつてこう言いました。概念のない直観は盲目だ。そして直観のない概念は空虚である。この言い回しは特別広範囲に及びます。それは種子のように発芽し，ある種の木や森になるような発言の一つです。

　さて，もっと直接的で実践的なことにいきましょう。パネルの参加者が何を考えるかは大して重要ではありません。けれども，その考えが至る所に思考を芽生えさせ始めるなら重要**です**。このことは単純に聞こえます。ですが，私の経験上はそうではありません。私の経験では，そのような考えは発達するチャンスがないうちに踏み消されうるのです。人々の集団が形成され，こういったミーティングのひとつで表現されたのを耳にしたなんらかの考えの発展に，彼らが専心するのを思ってみるのは，なんとすばらしいことでしょう。

　ミルトンは私が引用した一節の中で，「真っ昼間の光線に目を眩ませることなく輝かす」鷲について語ります。この街に住み，おそらくはまさにこのミーティングにいる人で，真っ昼間の光線に目を眩ませることなく輝かす覚悟のある人はいましょうか。この考えはとても古いのです。『マハーバーラタ』^{訳注5)}（その中のこの部分

訳注2）"Areopagitica"：ミルトンの1644年の論文。イギリス議会によって出版物検閲法が制定されたことにミルトンは反対し，言論と出版の自由がいかに人格形成に不可欠であるかを説き，その法律の撤廃を求めました。

訳注3）John Milton（1608-1674）：イギリスの詩人。ルネッサンス期の最後を飾る清教徒詩人です。代表作に『失楽園』があります。

訳注4）Immanuel Kant（1724-1804）：ドイツの哲学者であり，ケーニッヒ大学教授として生涯を送りました。カントは，ドイツ観念論の道を拓き，自我を認識の主体とすると同時に実践の主体として，意志的，人格的理性を人間行為の最高法則とみなしました。ビオンにも大きな影響を与え，ビオンが究極の現実という意味でよく使用する「もの自体（thing in itself）」もカントの用語です。

訳注5）"Mahabarata"：古代インドのサンスクリット大叙事詩。紀元前5世紀頃のインド北部におけるクル族とパンチャーラ族の不和による18日間の戦争を主題として描かれました。

は，『バガヴァッド・ギーター』[訳注6]ですが）において，アルジュノ[訳注7]は，クリシュナ[訳注8]に姿を見せるように迫ります。クリシュナはそれに同意し，その結果アルジュノは，その光景によって盲目になります。ですが，彼は生き残ります。それは何百年も前に書かれたものなので，意味がありましょうか。おそらくは，それ自体としてはありませんが，そこにはあらゆる時代の人々が経験した何かがあるように思われます。マイスター・エックハルト[訳注9]のような宗教神秘論者や，ダンテのような詩人やその他多くの人たちは，何百年も時代が違い，国籍や人種や言語が違っても，同様の経験をしました。ですから，このことはキャンドルに灯をともし，世界に広がる暗やみを突き抜けて輝きを放つかもしれないと，あなた方ブラジリアの住民は気づく必要があると思います。それをできるのは，サイコアナリストや詩人や哲学者たちだけと私は指摘しているのではありませんが，彼らのなかには人のこころの暗闇を照らしだす炎に，火をともせる人たちがいるのかもしれません。今日私たちは，その暗闇をさらに自覚していると思います。楽観主義のばら色の光のなかで，物事すべてをそれほど安易に見るわけにはいきません。私たちは，影や暗がりを充満させてはなりませんし，銀河系宇宙の暗闇を照らし出す超新星へとあちこちで育つ，小さくてかすかな文明の光を破壊してはなりません。状況は明らかに深刻で急を要します。実際のところ，科学の進歩は，人間性の発達と不釣り合いなほどずいぶんと発達してしまったのかもしれません。こう言ったからといって，科学を終焉させれば，それに対処できると言っているわけではありません。もちろん，人のこころのどんな他の活動を終焉させても，それに対処できるわけでもありません。そういうわけで，国家や共同体の長はとても重要な人々なのです。なぜなら彼らは芸術や科学や，時にはかなり曖昧に「宗教」と言われるものに発達の機会を与えます。発達の機会とは，単にこころが死んで発達が止まり，その後廃れる局面になることではなくて，人のこころのいくつかの大切な局面に然るべき空白を残すことです。

訳注6）Bhagavad Gita：『マハーバーラタ』のなかのクリシュナとアルジュノとの哲学的会話からなる歌です。義務の遂行と神の恩寵を描いたものでヒンズー経の聖典とされています。

訳注7）Arjuna：アルジュノは『マハーバーラタ』に登場するパンダワ五王子の三男。苦行好き，女好き，武芸の達人とされる比類なき王です。

訳注8）Krishna：インド神話の英雄神。『マハーバーラタ』においては歴史的人物としてその英雄的行為が描かれています。

訳注9）Meister Eckhart（1260?-1328?）：中世ドイツの神秘思想家です。神秘主義といっても心霊術的なものではなく，哲学的，思弁的な教義を唱えました。すなわち，教会の外面的な行事や儀礼よりも，「魂の中での神の誕生」を強調し，後のルネッサンス的な個人の自由や自覚に通じる道を切り開いたと言われます。

＊＊＊

　ブラジリアという着想は首尾よく大理石や石に変わりました。その結果，街の人々にとっての居住地になります。それほど明確でないのは，現在や過去においてばかりではなくて未来においても，この街がどのくらい適切でふさわしい居住地になりうるかということです。ブラジリアの運命，さらにはおそらくはブラジルの運命も，人口への住宅供給によってではなくて──建築家にできるのは，その住宅供給を可能にすることだけです──，住民ひとりひとりによって，**今や**決められつつあります。個々人が家庭を持つのに難しいところは何らありません。ですが，それらの個々人はそれ以前に長い間，そして誕生前に長い間，そして誕生後に長い間準備期間が必要です。**この世代の人々が今ブラジリアに居住していることは，それで事足りるわけではありません。**すなわち，未来の世代が住むために，ブラジリアをさらによりよい場所にするものを何か残すやり方で，この世代はまたブラジリアに居住せねばなりません。民族魂を理解するのはとても難しいことです。すなわち，私たちはそれらのことについて語り，その後それらに名前を付けたのでそれらは存在するようになり，他には何もする必要がないと，私たちは考えがちです。ですが，現在のブラジリアや未来のブラジリアに「名前を付けること」から手を引ける人は誰もいません。誰もが，名付けに引き込まれ，それゆえに連鎖反応し始めています。

　こころの成長を増進させたり可能にするこころの食物が，何からできているかの見解を表明できるように，サイコアナリストにはたくさんのなすべき仕事があります。そういう種類のことを，世の始めから図書が行ってきました。ですが，世の始めから図書はとても恐ろしい刺激物であるがゆえに，焼き払われもしてきました。人々は，自分たちの思考がかき乱されるのを嫌います。ですから，あえて考えを抱こうとし，あえて考えを広めようとする個人に民族は頼らねばなりません。そして政府は大学や図書館や芸術が，あえて繁栄できるようにせねばなりません。科学的であれ芸術的であれ，伝統にとらわれない独自の思考の発達が，強力で破壊的な力を引き起こした状況を，この地の誰しもがそれほど苦もなく思い出せることでしょう。それがここで起きるかどうかが，今や決まりつつあります。すなわち，政府が全住民の中の思想家たちに助力する心づもりがありそうな事実から，その思考の発達が決まりつつあるのです。希望のよりどころがあまりない世の中で，このことはもっとも希望あふれる印です。

***

　精神分析的な間柄には——私には根拠があるのですが——あらゆることが求められます。私の同僚たちや私自身の中に，偏屈さや不寛容さや無知が何も特別欠けているわけではないことに私は気づいています。自分に課した特性が，真実とはあまり関係がないかもしれないと決めてかかる危険性に，せいぜい用心深く気づいているべきです。自分自身を知識人だとみなしたり，人間の行動領域に試みに手出しはすれども，そういった発見自体にはまったくこころを動かされないありとあらゆる人々がいます。マックス・プランク^{訳注10)}の伝記のなかに悲しい一節があります。量子力学を練りあげようとしていた時の困難について，彼は言いました，「この経験は，私に事実を学ぶ機会を与えてくれました——私の意見では，目を見張る事実ですが。それというのは，科学の新しい真実は，反対者を納得させたり，彼らの見る目を啓発することで勝利を得るのではなくて，むしろ反対者がいずれ死んだり，真実に馴染む新しい世代が育つために勝利を得るということです」。ですから，サイコアナリストは人類の他の人たちの特性からとりわけ免れていると，私はここで到底指摘したいとは思いません。私たちは自分自身について知るべきですし，実際のところそう試みています。研修生各自に分析を義務付けている私たちの訓練規則は，そのひとつなのです。私が遺憾に思うのは，そうではあっても，アナリストが狭量で不寛容でありうる可能性を断じて防げるものではないとのことです。ですから精神分析理論が拡大しても，この問題は解決しないだろうと私は思います。ある人には仲間に対する寛容さや同情や関心や尊重の能力があり，別の人にはない，それはなぜでしょうか。私にはわかりません。人がたくさんレッテルを集めて身に付けても，何らこの点に影響を及ぼしません。それはとても悲しいことです。

　数学者は沢山のことを証明できます。たとえばニュートンは，惑星の動きがどのように決定されるかは明白だとハレー^{訳注11)}に言いました。「証明できますか」とハレーが尋ねたとき，「2，3日ください。きっとできます」とニュートンは答えました。「詩人」ニュートンは発見しました。「数学者」ニュートンは証明しました。

訳注10) Max Plank（1858-1947）：ドイツの物理学者。アインシュタインとならび称される20世紀の革新的な物理学者です。プランクが量子と名づけた基本的単位から，エネルギーは成り立っていることを示唆する理論を提出し，物理学に革命を引き起こしました。量子論への道を切り拓いたその業績に対して，1918年にノーベル物理学賞を授与されています。

訳注11) Edmond Halley（1656-1742）：イギリスの数学者，物理学者，天文学者。ハレー彗星の発見ばかりでなく，星の目録の編集や星の運動の発見など一連の有名な研究があります。ニュートンの良き友人だったと言われます。

私たちに秩序を育てたり，発達させたりはできないようですが，私たちの行なうことが正しいと証明する方法は，たくさん見つけられます。それが創造的な人間の奇妙な面です。そんな方法でだまされないのを可能にしてくれる思考の種類に到達したいものです。ですから，精神分析の可能性を開拓する気になっている数少ない人たちですら，なすべきことがたくさんあります。精神分析は解決された主題であるとしたり，海の波がクヌート[訳注12)]の足取りにためらったように，精神分析がフロイトで止まったと決めてかかることはできません。現実の世界は人間の能力に従いません。それゆえに現実はとても重要なのですから，科学者や他の人たち——私たちみな——は，現実を尊重すべきですし，現実についての私たちの見方を歪めさせてはなりません。

＊＊＊

　ブラジリアを映し出す街を建設する方法において，できることには限界があります。それは住民たちを混乱させる歪んだ鏡でしょうか。あるいは，住民たちを取り巻く欠陥や危険を，彼らに示す鏡でしょうか。街を建設するつもりなら，建築の確かな原理原則を守り通さねばならないのを私は承知しています。ですが，人々のパーソナリティや精神を映し出す街を創造するつもりなら，建築のどんな原則を守り通したらよいのか私にはわかりません。聖アウグスティヌス[訳注13)]は甚大な影響を及ぼした『神の国』[訳注14)]で，そのことを扱おうとしました。ある意味でその著作は，プラトン派哲学ほど堅苦しくもクリアーカットでもない哲学，つまりダイナミックな哲学やダイナミックな心理学の先触れとなりました。

＊＊＊

　"si monumentum requiris, circumspice"（記念碑を求めるなら，自分自身を眺め

訳注12) Canute（994-1035）：デンマークのクヌート王。1013年イギリスに侵入し，1016年にイギリス王になります。クヌート王がエリ沖で歌ったとされる歌が修道士により言い伝えられ，後にイギリスの古いバラードとなります。このバラードからビオンは引用しているのだと思われます。

訳注13) Saint Augustine（354-430）：初期キリスト教会最大の指導者，神学者，哲学者。異教との論争を通してキリスト教の教義を完成させていき，カトリック教会に対する信仰の基礎を確立したと言われます。著作は教義学，神学，説教など幅広く，代表作に『懺悔録』『三位一体論』『神の国』などがあります。

訳注14) "The City of God"：アウグスティヌスの晩年の大著。罪から生まれ利己的な目的を追求する「悪魔の国」と「神の国」とを対立させて，キリスト教最初の歴史哲学を展開したと言われます。

なさい）［原注：ロンドン，セント・ポール大聖堂の北出入口内部の碑。レンの息子[訳注15]によるものとされる］という引用句を私はよく思い出します。この地で記念碑を求めている人は誰かいますか。まわりを見回せば，きっと記念碑は見つけられます。ですが，そういうものがブラジリアなのではありません。ブラジリアは偉大な街です。誰かがやってきて，そこに住むのを待っています。ブラジリアは空虚だとこぼす人々は，ナンセンスなことを言っています。そのような大建造物に住むほど偉大な人々にとっては，ブラジリアは利用できるはずです。ブラジリアは過去への記念碑ではありません。それは未来への熱望です——あるいは私にはそう思われるのです。

　私たちはこの街の**建築**に関わっているわけではありません。そこに**住むこと**に関わっているのです。住民たちはどのように成長し，避けられそうもない試練をやり通すのでしょうか。『失楽園』の中でミルトンは，地獄の淵での長逗留や，その恐ろしい下り道や，「苛酷で稀だが再上昇まで」を叙述しています。それから免れられる人がいるとは思えません。この街の壮大さで唯一間違っていることは，この街に単に住む以外にはなすべきことは何もないとの考えに，人々を誤って陥らせるかもしれないということです。ですが，その行く末についての孤独や不安や恐怖という，あれこれ苦痛を伴う精神的で心的な経験を人々はやり通さねばなりません。私にわからないのは，未来が人類のためにとっておく問題にふさわしいこの首都の人口とは，どれくらいなのかです。それらの問題は，私には暗くて恐ろしいもののように思われます。そして，過去をふりかえっても，どんな間違いが避けられるべきかという警鐘以外には，役に立ちそうもありません。

　この問題をどうすべきかは私には言えません。誰にも言えないと思います。この問題を解決しそうなのは，一生懸命取り組むことと，考えることに他なりません。大学にいる人々は，とても一生懸命取り組まねばならないでしょう。試験に合格し，資格を得ること——それはつまらないことですが——よりずっと一生懸命にです。彼らが資格を得て，成長した後に真の困苦が始まるのです。

＊＊＊

　患者が分析に耐えられなくて去ってしまうからといって，サイコアナリストはとりたてて動揺すべきではありません。後になってから分析をよりよいものと考え，分析についてもう少し知って，利用してみようと戻ってくる人もいるでしょう。分

訳注15) Christopher Wren (1632-1723)：イギリスの建築家。ロンドン最大の教会セント・ポール寺院の設計で有名です。レンはゴシック様式を野蛮だとし，ローマ風の古典的な高貴さと均衡美を尊重しました。

析に耐えられない人のために，アナリストは簡易分析といった形式を作り出すべきではないと思いますし，ブラジリア当局は，ブラジリアの形状を現状のそれに我慢できない人々のお気に入りに合わせようとすべきではないと思います。もちろん批判には開かれておくべきですが，評論家に状況を支配させ，ブラジリアの基準を落とすとしたら，それはおおいに間違っていましょう。と言いますのは，ブラジリアはあまりに荘厳で評論家の手に余りますし，おわかりのように民族の能力を超えているからです。このことは分析も同様で，それが不快で厳しい規律だと気がつく人々の能力を超えているのでしょう。ですが，それは規律を減らすことでは改善されそうもありません。

＊＊＊

　エンジニアリングの厳しい訓練や，建築学や数学の厳しいトレーニングを受けた人たちがいます。彼らがその規律厳しい訓練をなぜ受けていたのか——言ってみれば20年前に——尋ねられたなら，とりわけ説得力のある答えを言えただろうとは，私はあまり思いません。彼らは彼らの専門領域用語で答えたはずです——建築家やエンジニアや数学者になるつもりでした——が，**今や強く疑いうる**のは，彼らが十分に「責任を果たした」ことが，街の建築だったのかということです。私が受けたトレーニングの種類のおかげで，私はいついかなる時に直面するかもしれない事実の，ある特定の側面をじっくり考えるようになっています。ですが，私が表現し，定式化したい気になることは，その刺激の表面的な理由とはほとんど関係がないようです。ですから，私がこの途方もない表象を見る際に，それが私に生み出す影響から感じるのは，その表象の背後にはある魅力があり，その魅力をもたらす何か——「ブラジル人の魂」と呼びたい現実——があることです。それは適切な言い回しではありませんが，それが「魅力」であるとの考えに，私がすっかり不満を感じているわけではないのは，たとえばそれが「挑戦」だといったような，考えられる他の公式を私が必要とするのと同じなのです。

　つかの間でしかないいかなる魅力も怪しいものです。それを見聞きし，解釈するのは難しいでしょうし，人が皆耳にするのは，違った解釈や違った魅力でしょう。私にとってまったく驚くほどでもないのは，その魅力が受け入れられれば，自分たちが皆約束を果たすべき関係者になるのではないかと疑って，とてもたくさんの人々がその魅力をとても嫌うということです。そういう運命にたいていの人は怯えます。創造行為に参加したり，協力するのは，その魅力に「イエス」か「ノー」かと言って署名することです。創造行為とは何でしょうか。誰も私たちに言ってくれ

ません。その魅力に対してどんな反応が起こるのか，誰にもわかりません。それは偉大なほどの魅力みたいだと言えましょう。それはなんと胸の悪くなる予見でしょうか。「なに，私ですか。なに，私たちですか。**私たちは偉大でなければならないのですか**」と言いたい気がします。私たちには先約があるので，その魅力を受け入れないのを選びますと言えば，ことはずっと簡単です。ですが，私をとても魅了するこの奇妙なこころの世界においては，何もしないというようなことはありません──何もしないのはひとつの反応なのです。それは，その魅力を一種受け入れたことになります。このこころの世界ににどんな否定もありません。好むと好まざるとに関わらず，実のところあらゆる公式化は肯定的受容なのです。

＊＊＊

　ブラジリアで起きていることを，評価しようとするのがとても困難であることのひとつに，**それがまだ進行中なのに**，そのことを考えねばならないということがあります。私が疑うのは，街の誕生の仕方において，街自体がこころの撹乱という激変や突出の視覚的部分ではないかということです。むしろそれは，レオナルド・ダ・ヴィンチが『草稿』のなかで髪の毛や水を描き，しばしば明確に表現した種類のことと同じです。断じてまれならず，何度も繰り返されるこころの状態に，彼は気づいていました。「そのこころの状態に輪郭を描こう」と彼は試みることができました。人の大きな集団──家族や職業集団や民族──の連帯が起こってきます。そして，それがまとまった結果，情緒の爆発が起こります。ある点でその騒動への参与責任がある人々は，同時にその同じ騒動の犠牲者でもあります。それは，あなたが殴られているその時に，あなたを殴ったものが何なのか決めようとするがごときことです。あなたが殴られていないのに決めようとするほうがさらに難しいものです。といいますのは，その時あなたが調べるはずのことや，調べさせられていると感じることについて，あなたはあまりわからないからです。しかしながら，その騒動が進行中の間には，裏を取るのが難しい証拠であふれています。私が思い出しますのは，**成功をおさめる**将軍になるのは難しくはないが，**優れた**将軍になるためには発砲され，爆撃され，砲撃されている間に考えることができなければならないという意見です。知能がとても高い必要はありませんが，忍耐力がなければなりません。民の集合体がひとつの街を作り出したのに突如気づく民族にも，同じことが当てはまります。ミルトンいわく「睡眠後の剛健な男のように奮い立って無敵の頭髪を振り乱す，強大で血気盛んな民族を私のこころの中に見るように思う」です。私たちの誰しもが，この種の激変が起こっているのを見ているこころの一部にはあ

まりなりたがらないと思います。眠りから醒めた剛健な男が，暴れ回ってひどい夢を**私たちに**与えることで，私たちをわずらわせるのではなくて，また眠りについてくれるほど善良であればと願います。

　私が「ひどい夢」と言いますのは，ひどい夢を見ずしてこの種の激変に加わることはできないからです。こころやパーソナリティや性格が発達するその道筋や方法を私はごくわずかしか知りませんが，私にはブラジリアに心動かされる人々が，心地よい時を迎えるだろうとは到底思えません。うわべは快適ですが，情緒的にはまったく快適ではない環境のなかで，彼らは思索せねばならないでしょう。表面上は魅力的なほどシンプルですが，情緒の経験を繊細に感じる人にとっては，とても居心地悪く不快な時をまさに迎えようとしています——けれども，いくばくかの悪夢や夢のように，それらは明らかにうまく活用できるものなのです。

サンパウロ
1978

1

プレゼンター：患者は38歳のエコノミストですが，私とはほぼ1年分析を続けています。子どものとき，彼と妹は祖父母のもとにやられました。その理由は，精神発達遅滞のある彼の弟に両親は全力を尽くすことにしたからです。彼は「生きた両親を持つ孤児」とみずからを語ります。彼は見栄えのする男性ですし，礼儀正しく時間の約束も正確です。私とのふれあいには，どこか儀式張った印象があります。

ビオン：ふるまいのどんなところが，儀式の感じなのですか。

プレゼンター：歩き方が，どことなく，機械的なのです。カウチに向かって歩き横たわるふるまいは，何かがうまくやり遂げられたあとの産物みたいなのです。同じことを，セッションの始まりに最初の発言がなされるそのやり方にも感じます。たとえば，彼は深呼吸をして，それからおもむろに「とってもいいですね，先生」といつも言います。また，「今日は夢を持って来てあげましたよ」とか「今日は私たちがしっかり成果をあげると思いたいですね」といった言い回しを使います。

ビオン：なぜそれが夢だと彼は言うのですか。

プレゼンター：そう私に言ったのです。

ビオン：日ごろ普通に使われることばのひとつなので，夢とは何なのかを自分たちは知っていると思い，私たちは何の疑問も抱かずに夢について語ります。何を根拠に私たちは患者が夢を見たと言うのでしょうか。患者の夢を見たという発言で，何をあなたは感じますか。

参加者：私なら初めに思うのは，夢を見たことから始めたのはなぜなのだろうということです。

ビオン：うん，それは大切な疑問ですね。私たちは見も知らぬ人に「私は夢を見ましたよ」とは，普段は言いません。では，なぜその患者はサイコアナリストに

会いに来て，夢を見たと言うのでしょうか。私なら患者に，「あなたは昨晩どこにいたんですか。何を見たのですか」と言うでしょう。何も見なかった——ただ，床に就いていただけです，と患者が答えるなら，私は「ええ，でも私はあなたがどこに行っていたのか，何を見たのかを知りたいのです」と言うことでしょう。もし患者が「そうですねえ。夢を見ましたよ」と言うのなら，そこで私は何ゆえに彼はそれが夢だと言うのかを知りたくなるでしょう。

プレゼンター：患者が夢を見たと言うとき，彼が私に知らせたいのは，言うべき大事なことが彼にはあって，私がそれに興味を抱くであろうとのことだという気がします。

ビオン：そのようですね。でも，そう言ったとき，患者は目が覚めていて，いわゆる「意識がある」のです。ですから，患者もあなたも同じこころの状態にありますし，それはどちらかが眠っているときと同じこころの状態ではありません。患者は，私たちが目覚めているときのこころの状態の方の肩を持つよう，あなたを，そして彼自身も誘っています。

プレゼンター：患者はこれまで私の休暇の前か後に休みを取っていました。最近の休暇明けの最初のセッションで，分析料金の小切手を私に送り忘れていたことを彼は詫びました。それから，休みの間があまりに忙しかったので詫びるのを忘れてしまっていたと言いました。

ビオン：私のこころにこのことからの問題点が湧き上がってきます。すでにひとつの質問を私はしています。夢を見たとなぜ彼が言うのかです。そこでもうひとつ尋ねたいものです。自分はエコノミストであるとなぜ彼は言うのでしょうか。エコノミストなら，自分の支払いを忘れていたとどうして言うのでしょうか。エコノミストは取引支払いにくわしいとされていないでしょうか。これは奇妙なストーリーですね。うまくフィットしません。個々の情報が，かみ合いません。おそらく彼は，精神分析をある種の宗教と考えているのでしょう。アナリストはこれこれの時間帯に週に3回，4回，5回と儀式を営んでいると考えているのでしょう。だから精神分析的な宗教の儀式が適切にやり終えられたら，そのあかつきには患者は治っていると考えているのでしょう。この奇妙な事態についてもっと聞きたいですね。

プレゼンター：私は，支払いを覚えておくことに彼がこだわりすぎていると伝えました。そこで彼が言ったのは，自分自身については心配していない，自分にとってもっとも大事なのは妻と子どもたちであるということでした。

ビオン：これまた，とても奇妙なことです。自分自身のことは心配していないと彼は言っています。彼が心配しているのは唯一つ，「事実」と私が呼んでいるも

のです。私の理解では，「事実」とは手をつけられないものです。その患者に何かまずいところがあるのなら，彼がそこを検討しようとするのは私にも理解できます。しかし，彼には何も困ることはなくて——彼がそのように言うので，何もないのだと私たちはわかるわけなのですが——そうすると，これらの「事実」は私たちとは何のかかわりもありません。私たちは彼の妻や子どもたちについては何もできませんし，何も問題がないと言う彼についても何もできません。しかるに，彼はなぜあなたのところに来ているのでしょうか。

　これらの「事実」にできることは何もないとの私の考えにあなたが同意されるとして，私たちのやっていることをどう考えたらよいのでしょうか。私たちは彼を分析しようとしていると言えそうです。しかし彼が自分自身についてはまったく困っていないのなら，私たちは何をしていることになるのでしょうか。彼はアナリストをいったい何だと考えているのでしょう。あなたを外科医だと彼は考えているのでしょうか。それとも内科医，あるいは神父でしょうか。エコノミスト，実業家でしょうか。あなたの仕事は彼からお金を取ることと彼は考えていましょうか。そうだとしたなら，なぜ彼はお金を持ってくるのを忘れたのでしょうか。私なら次のように言うでしょう，「あなたが言っている通りなら，あなたはどうして私のところに来ているのでしょうね。あなたが私に会いに来るのに時間とお金をかけているのには理由があるに違いありません。あなたが私を何と思っているのか，何をしていると思っているのか教えてくれませんか」

プレゼンター：彼は自分自身をアナリストだと思っていると，私には思い浮かびました。実りあるときで私たち両者が作業できるときとは，ひどく狼狽しながら彼を混乱させているのは私だと言って，私の伝えることを彼が整理できないときなのです。

ビオン：そのような扱いをする人のところにどうして通うのでしょうか。「混乱させる」人にどうしてお金や時間を使うのでしょうか。

プレゼンター：たびたび彼が言うには，私が彼に与えるよいものを持っていると思うのでそれで私のところに来るのだそうです。けれども彼は，私の人生の構成要素を手に入れねばならないと感じています。つまり，私の考えの筋道を知りたがっています。

ビオン：私なら，「あなたは，自分はエコノミストですと言ったかと思います。あなたは，まるで精神科医かサイコアナリストのようにふるまっているようです」と言うかと思います。あなたが手放したがっていたり，彼が手に入れたがっている価値あるものをあなたが持っていると，何から彼は思うのでしょうか。

プレゼンター：ある「精神分析」のあとに彼は私のところにやって来ました。その

精神分析治療と言われているものでは，あらゆるセッションを彼が主導していて，「アナリスト」は彼の語ることに賛成したり反対したりすると考えられていました。ですから，そんなふうに私が分析を進めないことに，彼はひどいショックを受けていました。前のアナリストとの間では，自分自身についてあらゆることを知りえたのだが，それにもかかわらずひどい苦しみが続いていたと語りました。私との間では，彼は自分自身についても私についても何も知りませんが，それなのに気分がよくなってきました。私は魔女に違いないと彼は思っていました。私のところに初めて来たとき，彼は自分の「エディプス状況」と「防衛メカニズム」についての「心理診断」を持参しました。それを私と話しあいたかったのでした。

ビオン：これはまた，何という話でしょう。「エディプス状況」がどんなものか彼は言えるんですか。また「エディプス状況」は，精神分析とどんな関係にあるのでしょうか。これは重要な疑問です。なぜなら，これは私たちが自分たちでよく言ってしまいがちなたぐいのことだからです。ほどほどの賢さがある人なら，書物から「エディプス状況」や「夢」や「解釈」などさまざまを学びます。こうして彼らはサイコアナリストか精神科医**そっくり**に語ります。しかし，とても知識豊かに聞こえ，あらゆる「正確な」用語――「父親像」「母親像」「エディプス状況」，あらゆる精神分析のゴミ箱――を使うこの人たちが実際に精神分析体験に向かい合うとき，彼らは大変な恐怖を見せるのです。とても知識豊かでそのことについては何でも知っている人物が，「混乱」してしまうのです。とても素晴らしくて完治しているこころが，まったく解体します。

この患者に次のように言うこともできるでしょう，「なぜ，私たちは――私の知るかぎりでは――普通の表現のきちんとした話し方をしているのに，あなたは混乱してしまうのでしょうか。私が患者だとするなら，あなたの精神分析知識すべてでもって，あなたは治そうとするでしょう。なのに，なぜあなたは混乱しているのでしょうか。あなたがそれについてすべてを知っているとの考えが間違ったものであるのか，あるいはあなたはサイコアナリストではないかなのでしょう。あなたは経済学のようなことをまた続けるべきです。そう，私を分析しようと来るべきではありません」

分析の実践場面では，このような患者，見たところ目先がきいていて分別があり，理性的で充分資格を備えている人物は，アナリストであることの重圧に耐えられません。今日，私たち誰もがこんな患者に出会う機会が増えてきているのでしょう。精神分析については**何**でも知っていて，私たちのような安物のアナリストよりもずっと勝っている患者です。

2

プレゼンター：これから話すのは，私がとても苦労している患者です。彼はセッションの間ひどく苦しみます。苦しみをからだで表します。くしゃみをしつつ，うめき声をあげ，ため息をつきます。彼はまったく絶望的にあがきます。ですから，起こっていることを私は理解できていないと私はいつも感じるのです。

ビオン：そのようにふるまいながら彼はどんなことを話すのですか。

プレゼンター：たいてい，何も言いません。両手で頭をおおって，「あーあっ！」と言うのです。昨日のセッションでは彼は私の方を見ながら部屋に入り，幸せそうに微笑みました——よく見られることです。それから横になりました。10分ほどの長い沈黙が続きましたので，その間私は彼を見ておこうとしました。

ビオン：そのセッションがいつ始まったとあなたは思いますか。あなたは面接室で彼を待つのですか。

プレゼンター：いいえ。私は待合室に迎えに行きます。

ビオン：セッションはどのようにして終わりますか。

プレゼンター：時間が来たと私が伝えます。私は立ち上がり，彼は出て行きます。しばしばですが，とてもひどいセッションの後，彼は私を見つめ，微笑み，幸せそうに出て行きます。

ビオン：そしてあなたも彼とともに出るのですか。

プレゼンター：違います。3日前停電になり，私がろうそくを持って彼と出なければならなかったときの1回を除けばですが。

ビオン：患者によってはセッションを延長したがるものです。立ち上がってからも話し続けるのです。このときには私は解釈はしません。それをするとセッションがますます延びて，まるで別れが持ち越されてしまうからです。ですから，セッションは終わりましたと言ったなら，私はそこでやめます。

プレゼンター：セッションでは自分の方が話し始めねばならないことへの不満を彼は1度口にしました。

ビオン：それは彼には運の悪いことです。もっとたくさん言いたいことがあるのに，それらを言う機会もまるでないうちにセッションが終わるとこぼしそうですね。あなたが何をしようと不利益が生じるのです。

プレゼンター：10分間の沈黙のあと，彼は話し始めました。面接室への階段を上りながら，さらにはその前に自宅においても，私とけんかするに違いないと感じたと言いました。でも，実際に来たときには穏やかな気持ちでした。「でも，今は」と彼は言い，「おまえをぶちのめしたい。どうしてかはわからないけど」と続けました。

ビオン：このことについて，あなたにはどんな感じがありますか。あなたがその患者に初めて会っていると想像してもらいたいのですが。あなたは彼を引き受けたいですか，それとも，断りますか。

プレゼンター：私は続けようとしないでしょうね。ほかのアナリストを勧めるでしょう。

ビオン：ある意味で，あらゆるセッションは初回セッションなのです。なぜなら，人は変わりますから。200回目のセッションと言えども，初回なのです。ただ，それまでの199回までに見てきたもののためにあなたが偏見を抱いているのです。そこで，**あなたは**ため息をつくかもしれませんが，彼はつかないかもしれません。この「あーあっ」は，ひとつのこころの状態です。誰のこころの状態なのでしょうか。誰がそう感じているのでしょうか。その患者でしょうか。その患者にまたもや会っているアナリストでしょうか。患者の母親，それとも父親でしょうか。それともそれがあなたがこれからなるであろう気持ちなのでしょうか。言い換えましょう。何をあなたは見て**いる**のでしょう——歴史学者，それとも予言者でしょうか。自分のからだに過去の出来事を書いている人物なのでしょうか。あるいは，来るべきときが来たのでしょうか。

プレゼンター：「あなたは私にがまんできないと思いますよ」と彼が言ったことがあります。

ビオン：「私がていねいに礼儀正しくふるまうものですから，受け入れられていないとあなたは感じているようですね。私が誠実で正直なら，あなたが言うように私は感じふるまうと思っているのでしょうね」とあなたは言えそうですね。

プレゼンター：彼は続けて，「『無駄ですよ。ほかの治療法を捜しなさい。分析はあなたにあわない』とあなたは言いたいんじゃないかな」と言いました。彼をよそにやってしまうようにさせたがっていると私は感じました。

ビオン：これは，彼の母親が感じたことのひとつの回想でしょう。絶えず注目を求め，絶えず愛されたがり必要とされたがっている，手のかかる男の子の相手にあまりにくたびれてしまった母親の。彼には兄か姉がいるんじゃないでしょうか，彼と遊ぶのにすっかり疲れてしまった。あるいは彼とは結婚したくないと思っているガールフレンドがいるのかもしれません。同じように，彼がもっと

もっととせがむので，彼のアナリストは分析を続けたくないのかもしれません。あるいは，彼はこのアナリストとの分析よりも「もっとましな」分析を求めているのかもしれません。それとも，「だめだ，これは何にもならない。なぜなら，私はこのアナリストとは結婚したくないんだから——ほかのアナリストを考えておこう」と彼は感じているのかもしれません。いずれにしても，分析はめでたく終わることはできません。そうです。患者たちは彼らのアナリストたちと「末長く幸せに過ご」しはしません。

　ほかにも考えられそうなストーリーがありそうですね。私たちはどれを彼に伝えましょうか。部屋にふたりがいます——どちらが先に，もう一方にうんざりしてしまうでしょうか。どんなゲームがなされるのでしょうか。選択肢がたくさんあって，それらから正しい選択をする機会があなたに押し付けられていることがわかります。でも，未来あるいは現在，それとも過去の生活史のどの点から選ぶべきかが，あなたにはわかりません。

プレゼンター：数年前，彼は婚約を破棄しました。仕事でも同じことをしています。しょっちゅう職を変えていますし，専門もいつも変えています。外科医でしたが，外科をやめ，ヨーロッパでのスカラシップを取るため3年間をそこで過ごしました。そこから帰ってから彼は科学研究所で働きました。分析を始める前の半年の間に3度仕事を変えています。少なくともそのうちひとつは，能力がないとの理由で解雇されています。彼がいま何をやっているか，私にはわかりません。私の得ている情報は，彼が哲学の講義を取っているほかは，とてもあやふやでごちゃごちゃしているのです。

ビオン：少しだけ状況がはっきりしてきましたね。どうやら，医師やアナリスト，妻，父親あるいは母親を選ぶという問題だけではないようです。専門職を選ぶという問題もあります。けれども，ことはまったく同じです。選んだ専門職にいつもいいかげんで，別のものをやろうとします。でも，新しいものも前のものと変わりません。いずれ彼が口にすることは，「あーあっ，この研究所ってところは！」「あーあっ，この医学ってものは！」「あーあっ，この哲学ってものは！」「あーあっ，この分析ってものは！」なのです。現在彼がやっているのはこんなことです——彼はわからなくなって言うでしょう，「こんながらくたはすべて取っ払ってくれ。そこから一番いいのだけを残してくれ」。ため息をつくとき，彼はおならを排出していますし，話すとき，彼は考えを排出しています。

プレゼンター：昨日，私は彼に尋ねたんです。糞で一杯の腸ではなく，考えるための頭を持っていると思ったことがあるか，と。彼の答えは「私は糞で一杯です」

というものでした。

ビオン：彼は責められたくないのです。そこであなたはどちらかの人を選ぶことになります。用心とめんどうと心配の種（これらはあなたの責任であり，父親，母親，兄，姉，妻や子どもたちの責任なのです。なぜならその人たちが彼を選んだからです）で一杯の人か，微笑みと愉快さと聡明さとていねいさ（これらもあなたの責任です。というのは，彼がどんな気持ちになったとしても，あいそうがよく素敵であれとの重荷を彼に背負わせているからです）で一杯の人かをです。頭痛があろうと病気であろうとうんざりしていようと，彼は働いたり，親しくかつ協力的にあろうとはしたくないのです。もしあなたが彼を分析しようとしたり，彼と結婚しようとするなら，彼は自分はこうなんだとあなたに警告しているのですから，気むずかしくて骨の折れる人といるとしても，不平をこぼしてはならないと彼は言うでしょう。彼の悩みは，自分のふるまいについての責任をいかに回避するかであり，その責任を抱える人物をいかに見つけるかなのです。

　その支流をたどってみましょう。さて，仕事の中身自体でさえも興味をかきたてるものであるべきなのです。これは不合理なことではありません。人は興味をかきたてる仕事を選ぶものです。さてそこで，彼は患者であろうとしています。また彼は，赤ん坊であろうとしています。また子どもであろうとしています。また大人であろうとしています。また医者であろうとしています。もっとたくさんありますね。けれども，彼が捜しているものは，「興味をかきたてる」仕事なのです。この点での違いを浮かび上がらせてみましょうか。**仕事は**興味をかきたてるものでなければならないのでしょうか。あるいは**彼が**仕事に興味を抱かなければならないのでしょうか。大変な違いがありますね。

プレゼンター：分析の始まりのころ，私が彼に恋をしている，彼と一緒にいたいから私は面接室に来ていると彼は思い込んでいました。

ビオン：それは，ある特別な性質の愛情であるべきなのです。確かにあなたは，**彼に興味を抱き，彼を愛するであろう人物**です。しかし，彼が愛したい人物ではありません。めんどうを見る必要のある妻や子どもたちを彼は求めていません。彼のめんどうをみてくれそうな妻や子どもたちを選び出したいのです。**彼の**めんどうをみてくれて，生活費をくれる仕事を選び出そうと思っています。

　誰かを愛していると彼が言うとき，彼は**何を**言っているのでしょうか。どちらに向けて彼は話をしているのでしょうか。彼が食べ物を愛しているのなら，食べ物は彼の消化器官を愛していなければならないのでしょうか，彼によいことをしなければならないのでしょうか。それとも，食べ物が彼のおなかを愛す

るようにして，食べ物がおなかから彼を食べ返すように，彼は食べ物を愛したがっているのでしょうか。言い換えますと，彼は食事にはこだわらないのでしょう。しかし，食事は消化不良や潰瘍をもたらしたり，**彼を食べ尽くしてしまってはなりません**。

プレゼンター：彼はよく胸焼けを訴えます。

ビオン：ポルトガル語にも英語とよく似た表現があるんじゃないかと思うのですが——ある人への愛に燃え上がる，という。相手へのこの愛は，永遠の忠誠の炎のようです。この患者を燃やすのはこの種の炎ではありません。彼のそれは彼に「消化不良」をもたらしますし，癌になってしまい，彼をおなかの中から食べ尽くしていきます。

3

プレゼンター：患者は私との分析を8年間続けている38歳の男性です。これから述べますセッションの始まりに、彼は勝った者が見下しているような微笑みを浮かべて入って来ました。彼は微笑み続けながら、「電話帳にあなたの名前を見ましたよ。あなたは一般開業医の見出しにあります」と言いました。このことが私が劣ったものとさせたようでした。私にはどうしてこのことがそうなるのか、わからないのですが。

ビオン：あなたにわからないとしても、それは問題ではありません。というのは、患者はほんの語り始めたばかりですから。また、これまでの8年間についても気に留める必要はありません。これは新しいセッションであり、新しい患者があなたに話しているのですから。運の悪いことに、彼が古い患者であることも本当です。彼は生まれたときから――おそらくその前から――同じ古い患者なのです。

その患者を観察しているとのことは、まさにあなたが生きた考古学標本を観察しているということです。昔の文明がその患者の中に埋もれているのです。患者はまったく当世風であると述べます――電話帳にあるのです。しかし、電話帳にあるだけではありません。それは、さらにずっと昔へさかのぼる「電話（テレフォン）」の中にあります。電話は彼の神経システム――**この電話システムは小脳からつま先まで伝わります**――よりもっとさかのぼります。

鋤を使う考古学者のように、あるポイントでは鋤はわきに置かれて、ハケが泥を除くのに使われる必要があります。この患者もあなたについての考古学的探索を成し遂げています。ただ、彼は鋤を使っていません。彼は自分のこころを使っていますし、社会的な優越感という切れ味のとても悪い道具を使っているのです。こうして、あなたが一般開業医――ひどく貧しい階級――のように劣った人たちのひとりであるのを見つけ出します。彼はこれで上に立ちます――けっこうなことです。それにしても、何を**あなたは**暴露してきたのでしょうか。彼は切れ味の悪い道具を使ってあなたが考えられないようにしました。しかしそうではあるのですが、彼に勝る必要はあなたにはありません。彼を見続け、耳を傾け続け、どんな種類のパーソナリティなのか彼のこころを発掘し続

けることがあなたにはできるのです。あなたが明るみに出してはっきりさせてしまうために，彼もまた見ることになってしまうものを彼は恐れているのです。そうであるから，この優越を乱されたくないのです。あなたに理解してもらいたくないのですが，いずれあなたが理解するのではないかと恐れているのです。

　患者は私たちを怖がっているとのことを，私たちははっきり気づいている必要があります。彼らは私たちが無知なのではないかと恐れていますし，それ以上に，私たちが無知ではなさそうだと恐れているようです。この患者は両方の理由ゆえにあなたを恐れています。彼を助けるほどには彼を知らない一方で，彼を助けたいと思うには知り過ぎているのです。これまでの8年が事態を悪くしているのです。いまやあなたは彼をよく知っているゆえに，彼に会い続けたいとは思わないのかもしれませんし，彼のような人物を助けたいとは思わないかもしれないのです。分析体験はアナリストにとってもアナライザンドにとっても潜在的に胸くそ悪いものです。アナリストの方はそのことにまだしも慣れていますが。それは航海をしているようです。両者が嵐に見舞われているのですが，そのうちひとりは嵐に耐えられません。これは，見えない嵐なのです。つまり情緒の嵐なのです。患者の精神分析は情緒の障害を引き起こします。ときに相当な情緒の障害を引き起こすので，面接室にも収められなくなります——波は患者の夫や妻，子どもたちやほかの身内にも波及します。ですから，波がアナリストに及んでもそれは当然なのです。この大荒れ，荒れ狂っているこの嵐を知らずして船乗りや兵隊ではいられないように，アナリストでいることはできません。アナリストを見下している優秀な人物の一見した穏やかさにもかかわらず，彼が怯えていることを私たちは知っています。

　患者の精神病的なところをあらわにしてしまうほどにあなたが到達するのなら，彼は身内を動かしてあなたに会いに来ようとさせるかもしれません。「狂気」と呼ぶであろうものをあなたが暴露していくことを恐れて，あなたが彼の分析をやめようと決心するように，彼はあなたの気を動転させたがるかもしれません。

　あなたにも誰にも知られたくないものにあなたが近づくにつれて，彼は必ず動転しますし，必ず穏やかに見られたがります。外科手術では患者に麻酔がかけられるのですが，分析手術ではできません。それどころか，自分の痛みに気づかせて，それがどこから来ているのかを教えようと私たちはします。彼は「私には痛みはありません。あなたが痛いんです」と言って，それに対処しようとします。別の言い方をすることもあるでしょう。社会が求める医者とはな

んて最悪なんだとか，社会人として医者よりも優れていることはとても素晴らしいことだ，などです。

プレゼンター：私が彼に伝えたのは，私に優っていると感じたり，さらに私が彼の意のままである——じっとまちわびている——と考えたりすることで，彼がとても幸せそうなのに私が気づいていることでした。たいてい彼は早く来て私を待っていますが，今回は私が彼を待ちました。

ビオン：きっと彼がわかってほしいのは，こんなに感じがよくて協力的な患者にあたっているとはあなたはなんて運がよいのかをわからせたいとのことです。難しいのは，あてこすりにならないようにどんなふうにこのことを彼にわからせるかでしょうね。この情緒の嵐のただなかで，それでもあなたは傷つけないような話し方で伝えなければなりません。あなたには傷つける種類の言うべきことがあるのですが，傷つけたくはないのです。外科から借りてきた視覚イメージを使うとするなら，肉に切り入るためにメスを使う必要があります。でも，切り込むのに先立って，あなたのメスを毒に浸しておく必要はないのです。ですから，あなたの発言から——できれば——敵意や皮肉を取り払っておかねばなりません。なぜなら，わからせ方でもっと悪くなってしまわなくても，自分自身についての真実を知ることはそれだけで充分に悪いことだからです。難しいんです。どうしてかと言えば，本人が気づいていなくても，あなたをめんくらわせ，皮肉屋にしようとする最大の努力を患者はしているのですから。

プレゼンター：私が皮肉っぽく話したという印象を受けましたか。

ビオン：いや，私は受けていません。あなたがそうしていたなら，彼は違った反応をしたと思います。その種の過ちがあなたの解釈にあったなら，それは患者の反応から必ずわかります。患者はあなたが正しい道筋をたどっているかどうかについての手がかりを，無意識に授けてくれるのです。

プレゼンター：私の言ったことに彼は同意したと思います。ちょっとだけ微笑みました。しかしそのすぐ後，私は彼が当惑しているとの印象を抱きました。

ビオン：あなたが指摘しているものを観察するチャンスですね。ことばだけでなく音楽にも耳を傾けられるようなことです。ことばが伝えることだけではなくて，微妙な顔面筋の動き——ほかの人に説明しがたいもの——も伝えます。彼の居心地の悪くなるところまで確かにあなたは届いているようです。もちろん，患者にはよい気分になってもらいたいものです。外科手術のあとに患者に気分よくなってもらいたいと私たちが願うことと同じようにですが。

プレゼンター：それから彼は主題を変えたようで，「あなたの時計では何時になっていますか」と尋ねてきました。彼の時計が遅れているのは私は知っていまし

たが，そのときには私は考慮しませんでした。いまは思い出していますけれども。

ビオン：私が尋ねましょう。何時になっていますか。それで，あなたは誰の時計を使いますか。私のを見ましょうか。それとも，カレンダーでしょうか。4月5日ですか。1978年？ 1948年？ 紀元前300年？ いつのとき**なのですか**。あなたはこの患者とどこに着いたのですか。彼は何歳ですか。38歳と彼が答えるだろうと私たちにはわかるのですが，あなたが検討しているこの素材はいつのものですか。明らかに**現在**ですよね。でも，人によっては，ほんとうはどうなんだろうかと思います。その時間は地質学上の時間ですか。それとも，宇宙時間ですか。歴史上の時間なのですか。分析的な時間とはどんなものなのかを，私たちはまだ見出していません。おそらくいつか精神分析カレンダーが現れ，それによって私たちは素材に日付を書き込むのでしょう。この患者は遅れて生まれましたか。彼は未熟児でしたか。成熟して生まれましたか。これはつかみ難いことです。たとえば赤ん坊が大きかったので大変なお産だったとのことを母親でも忘れやすいのです。もし未熟児であったなら，生まれ出るのはたやすかったでしょうが，生きていくことがとてもむずかしいでしょう。

　どんなカレンダーや時計を精神分析のために私たちが使うのかが，私にはわかりません。歴史上の時間なら，紀元前や紀元後で話しますね。「フロイト前」と「フロイト後」で話すようにしましょうか。まったく人工的なのですが，使えるようですね。

4

プレゼンター：患者は30歳で，ある大学の部門長です。分析には早漏が問題で来ました。いずれブラジルの大統領になるという空想を抱いています。

　私はこれから週なかばのセッションを報告します。彼はいつも通りに時間に正確に来ました。いかめしい顔付きをして——これもいつも通りですが——それから，少しの間黙ったままでした。やがて彼は話し出しましたが，彼にとってひどく不安なことをどんなふうに言おうかと選択しているとのことでした。それは，彼の前のガールフレンドが外国から帰ってきているとある友人が告げたのです。

ビオン：あなたが神ならば，患者に「よろしい，『ブラジルの大統領』を続けなさい」と言うところですね。彼には，それが早漏なのでしょうか。

プレゼンター：おそらく，そうですね。彼はいつも自分自身よりも先を行っています。いつも前後を逆転していますから。

参加者：患者の沈黙は早漏恐怖につながりがあると思われますか。

ビオン：ええ。そうした種類の恐ろしいことが彼にはあるので，その対極を目指さねばならないとの事実に彼が目を向けているのだろうと私は思います。

プレゼンター：その夜，彼が帰宅したところ，妻はベッドで彼を待っていました。しかし，ガールフレンドが着いたとのニュースにあまりに動揺していたため，彼はベッドに向かうことができず，妻が待っていることは知っていたのですが，朝の3時までテレビ（テレヴィジョン）を見ることにしました。彼がとても楽しんだ番組はオスカー賞の授賞式であり，大好きなスター全員を見ることができたと語りました。

ビオン：「テレヴィジョン」とはどんな意味かはわかっていると，私たちは当然思っています。しかし，それが「離れてのヴィジョン（像）」を実際は意味していることを忘れています。大統領になりたいとのことがまったくかけ離れたことならけっこうなのですが，「よし，今からあなたが大統領になりなさい」と誰かが言うのはいけません。誰かが性交をしているのを**見る**のはけっこうなのですが，ぴったり近くはいけません。彼に妻がいるのなら，彼はカップルが性交しているのを見ることはできますが，彼がそのひとりなのです。彼がブラジ

ル国と恋仲になってもたいしてつまらないのと同じように，妻と恋仲になってもつまらないことでしょう。あなたが述べたように，彼はいつも自分自身より先を行っています。彼はアナリストと会話をしているだけではありません。彼はその会話を見ても聞いてもいるのです。

プレゼンター：あなたが何を私に話すか，そして私が何と答えるかを知りたくて，とても注意深くあなたは私に話しかけていると思う，と私は彼に伝えました。あなたがテレビを見て考えを検討するのを楽しんでいるように，あなた自身と私を見るのを楽しんでいる。おそらくそれはマスターベーション的，もしくはのぞき見症的な態度なのでしょう，と伝えました。

ビオン：そうですね。ただ，それはもし**彼自身**がアナリストなら，自分に向かって言うであろうことを彼が恐れていることを意味しています。そういうわけで，あなたが言うだろうことを彼は恐れているのです。ブラジルの大統領であるか，彼の妻の夫であるかという問題ではありません。それは，彼はアナリストのアナリストになるという問題です。彼がよくわかっているのなら，「そうですね。あなたが私のアナリストで，私はあなたの患者でしょう」とあなたは言えそうです。このことから，慎重に考えないときに自分が言ってしまいそうなことを彼が恐れることにもなりましょう。時間的にも空間的にも——距離を置いたアナリストでいるのはずっとたやすいのですが，同じ時間の同じ部屋に二人の人物がいるのはそうではありません。同じことが，ガールフレンドと同じ時間に同じ部屋にいることにもあてはまります。ガールフレンドが妻になり，彼が夫にならねばならないのはもっとまずいのです。

プレゼンター：マスターベーション的，あるいはのぞき見症的な態度でありうることへの私の解釈のあと，彼はむせて咳き込みました。そして，「ン……ン……」と片言をもらし，それから「なんでそんなことを私に言ったんですか」と言いました。

ビオン：さて，あなたはどの性交を見ているのでしょうか。「片言もらし」は早すぎたことばの性交なのでしょう。それは，まるで話しているかのように聞こえます。よい役者は，**まるで**王や女王，あるいは大統領やどんな人物も演じられます。けれども，ブラジルの**大統領**ではありません。「ええ。あなたはまるで**アナリスト**のようです。でも，アナリストではありません」と言ってやってもよいでしょう。この患者はアナリストのように話していると私は思います。でもそれは，解釈を与えることと同じではないのです。あなたにとって難しいのは，彼が馬鹿にされたと感じないようにしながら，このことをいかに彼にわからせるかです。あなたが彼を間抜けに見えてしまうようにするのではないかと

彼は恐れていましょう。妻が彼をインポテンツにするのではないかと彼は恐れていましょう——彼が父親になるよりは彼女の方がましな母親になりましょう。けれどもこれは，関係を愛情のものと感じるよりむしろ，誰が上か，誰が一番か，誰が勝つかを示す意図のものだと感じるかどうか次第です。熱情あふれる愛を学ぶには時間が必要ですし，ふたりの一方がもうひとりより早くそこに到達するでしょう。

　この患者は妻とベッドに入るよりも，テレビを見る方を取っています。結婚のベッドから守ってくれるものとして，そらす方法として分析を持っておこうとするでしょう。イェーツが「ソロモンと魔女」という詩に書きました，「……おそらく，花嫁のベッドは絶望をもたらす，それぞれに思い浮かべられたイメージをもたらす，それから，真のイメージをそこに見出す」。私たちは，真のもの，もの自体へのことばを持っていません。真のアナリストらしく聞こえるように，「こころの片言もらし（psycho-babble）」に頼ってしまう危険が絶えずあります。

5

プレゼンター：ここで提示するケースを私は準備していません。

ビオン：あなたが準備できていないという事実に慣れる方がよいようですね。あなたの心準備ができていることについては言うこともないようです。そうですね，あなたの知っていること，それに私たちが気をもむ必要もないでしょう。あらゆる私たちの知らないことを，私たちは取り扱わねばなりません。

プレゼンター：ある患者について話してみたいと思います。25歳の若い女性で私との分析を2，3カ月続けています。私に見てもらいたいと彼女が言い張ったので，私は予約を入れました。彼女が来たとき，その外見が印象的でした。彼女のあらゆるところが春のようでしたが，私に語った彼女自身についての話は，その魅力と愛らしさにあまりにそぐわないものでした。私は彼女を分析に受け入れたいと思いましたが，彼女は私の標準的な料金を払えませんし，父親にお金をせがみたくもなかったのでした。私が料金を安くしたので彼女は週5セッションを手に入れました。

ビオン：これはとても大切なポイントです。患者の経済力について私たちは何も知りません。ゼロです。私たちが間違いなく知るのは，明日スーパーマーケットで私たちが手にする請求書です。さて，そこで「ああ，この食料費は私には払えません。でも，私にはものすごく素敵な女性患者がいるんですよ。だから，ただにしてくれませんか」と。これは言ってもしかたありません。料金を安くしますとはなかなか言えますまい——ともかく，あなたは言うことはできます。しかし，あなたにそうする余裕があるのかはさらに深刻なことです。私たちにどれほどのお金が必要なのかはよくわかりませんが，私たちが生存し続けるのにどのくらいかかるかについては考えられるでしょう。患者によっては次のようにも言うでしょう，「私には払えそうもありません。でも，私はまったく最高の医師，まったく最高のサイコアナリストを望んでいます。私は汚染されている食べ物はいやです。私は最良が欲しいのです」。でも，誰が払うんでしょうか。このとても魅力ある女性からの一見単純な要求は，彼女が支払いに値する，言い換えるなら，安く彼女を診ることでもって彼女の払えない料金を支払うように誘われていることなのです。あなた方がたいへんな金持ちであるか，

楽に暮らせるだけの資産があるのなら，あなたには料金が払えそうなのかもしれません。でも，息子や娘に「私は大変な金持ちだ。おまえは何でも欲しいものを手に入れていいよ。好きなことをやんなさい」という父親や母親は，子どもに愛情や慈しみを抱いていないでしょう。私たちがそうしたいか，したくないかは別にして，私たちはときに「だめだ」と言う必要があるのです。

プレゼンター：この患者との間での体験は，私の最初の印象と正反対のものでした。

ビオン：そうでしょう。(『マクベス』で) シェイクスピアが言っています，「さくら草の路^{訳注1)}から永遠の火の海へ」。道はさくら草に彩られています。アナリストへの道は美しい女性や青年に彩られていますが，それは詰まるところは地獄へと導くのです。

プレゼンター：彼女は，無意識的にではなく故意に，私が機能できないようにしていると思えます。彼女は自分自身に関しての自分の意見を語る以外何も述べません。

ビオン：精神分析理論のおかげで，誰もが精神分析についてあらゆることを知っています。私自身がいまそうした困難を作り出しています。私の講義はすべて，精神分析についての理論を増やします。それがアナリストにいくらかでも役立つよう期待されるのですが，実際のところは，そのたびにことをますます難しくしているのです。人というものは，それらの理論を投げ散らかすことができるのです。つまり，彼らは怒りは感じませんが，「パラノイド」的に感じます。すなわち，抑うつは感じませんが，「抑うつ的状況」に置かれるのです。こんな馬鹿げた話を聞いたことがありますか。みずから墓穴を掘るというある種の地獄です。精神分析的地獄です。

　こうしたがらくたの中のどこかに埋まっている患者を，あなたはそれでも見つけられますか。この患者は，春のような衣装をよく似合ってまとうことができます。この衣装での治癒ですが，さらには彼女はこの精神的治癒もまとうことができるのです。彼女は精神分析用語でみずからを包むこともできます。ですから，私たちは「治癒」のこれらの層をくぐり抜けて苦悩している患者を露出させねばなりません。「こんな衣装は全部放棄しなさい。私はあなたの傷ついているところを知りたいのです」と言ったところで無駄です。けれども，私たちがずっと耳を傾けているなら，傷ついているところを「見る」ことができるでしょう。

プレゼンター：分析の始めのころ，彼女はひどく不安で苦しんでおり，大変な苦痛

訳注1) The primrose way：快楽の道の意味です。

を訴えました。その苦しみを鎮めるように私に薬を求めましたが，セッションでは彼女がからだの痛みに苦しんでいるのではないことはいつも明瞭でした。私には分析の外で起こっていることに彼女が私を巻き込みたがっていると思えました。

ビオン：私の印象では，この若い女性は治癒というまったくひどい病に苦しんでいるのです。彼女は治癒していますから，決して適切には対応されません。みんなに愛される魅力あるかわいい女の子であるための芸をすっかり身につけています。しかしながら彼女は自分が実際はどんなかを知っていますし，アナリストも彼女のことを美しくみずみずしい女の子と思うようになるだろうとの苦痛な恐怖に苦しんでいます。葛藤が生じないわけにはいきません。なぜなら，みんなが「いい子ですね」というようにあるべきなのか，それとも「いやよ。ぞっとするわ。ぞっとしそう。私にはいやな子であるチャンスがなかった」と言えるのかどうかがわからないからです。これまで聞いたところからは私には，彼女がいやな子になれるなら，アナリストをひどい目にあわせられるなら，彼女はみずからのこころを安らがせられるように思います。でもこれまでのところ，あなたは体調を崩していないようですし，消耗しきってもいなければ，もう治療は終わりとも，それと同じくらいに悲惨な「あなたは治っています」とも言っていないようです。ですから，安らぎを感じるという事実とひどく具合いが悪くなるということとが識別できていないのです。

　私の言いたいことのドラマチックな例を挙げてみましょう。難破船の生存者が船の破片にすがって漂っています。彼らは恐怖に襲われてはいません。ただ絶望していて飢えているのです。でも，船が視野に入ってくるなら，不安，恐怖，ひどい怯えがどっと湧き上がってきます。ひどい絶望という穏やかさは消えてなくなります。理論的には状況はよくなっています。彼らは救助され安全を得る範囲にいるのです。でも彼らは気分がよくなるのではなく，具合いが悪くなるのです。

　同じことがこの女性にも言えます。ぞっとするようなひどい気分になれることは，それまたひどい種類の安らぎをもたらしえます。それはひどい絶望にいるより悪いものなのです。絶望している人はめだった感情を表しませんから，ときにその状態に置かれたがります。なぜならそれは，助けられる可能性のあるときに較べると気持ちを揺さぶられないからです。

　この患者は「ええ，私が望んでいるのはこのことです。私があたかも美しくて愛らしい女の子であるかのように接してもらいたくないのです。私がなんておぞましくて嫌な人間かを知ってもらいたいのです」と思うでしょう。しかし

同時に，彼女がそう思っても，あなたはそう思わないとのことに突然気がついてしまうのを恐れています。「さて，あなたがそんなひどい女の子なら，私はもう二度と会いません」とあなたが言うかもしれないのです。

プレゼンター：ああ，あのとき自分が驚いたことがよくわかってきました。「ひどく嫌な」ことについて私が解釈をするたびに，彼女は笑うんです。ひどいことをしたのを見つけられた子どもが，笑っているところを見られたくないような，そんな秘密の笑いです。それが彼女に快感を与えていたようですね。

ビオン：彼女が自分には価値があると思っているのなら，治りたいと望みながらも「自己」を保持していたいとも思っていましょう。私は「自己」という用語を使います。なぜなら，それはまだ意味や連想で「汚染」されていないからです。彼女の「からだ」や「こころ」と言うなら，それがどんな意味なのかは誰にでもわかるのですが，この患者が大切にしているものが何なのかについての考えはもたらしてくれません。基本的に，彼女がどこかにしまいこんでしまっていることは，干渉されたくない，つまり，改善や治癒などしてもらいたくない自己を彼女が持っているとの感覚なのです。彼女の自己を見つける道程において，満たされた自己を見つけることが役に立つようです。男にしろ女にしろ，かたわれを見つけないことには，満たされません。ふたりのからだがつながる過程において，ふたつのパーソナリティがこころでもつながるとしたら，ようやく潜在的に満たされてくるでしょう。その道程で分析が手助けできることもあるでしょう。とは言っても，分析のあいだがらは異なったものです。満たされた関係ではありません。それは，「移し変えられた」とか「つかのま」と呼べそうなもので，不変のものではありません。言わば，どこかに行く道程で見つける仮の宿のようなものです。それは，ふたりの人の間での本当のコミュニケーションに向かう長い旅でのひとつの段階と言えるでしょう。「転移」には「つかのま」という意味もあることを覚えておくのは役に立ちます。それは「それ（IT）」ではありません。真の物，つまりもの自体について語るための最善のやり方としてどう言ったらよいのかわからないので，「それ」ということばを私は使わざるをえません。この作業では，こうした「つかのま」表現に頼らざるをえないのです。

さまざまなつかのまの状況があります。少年が少年に恋することがありますし，少女が少女を恋することもあります。しかしながら，時が過ぎると，充たされなくなってくるでしょう。ふたりは結婚できません。それにもかかわらず，それは途中の段階としてありましょう。法律や規則やしきたりのかなりは真のものを見つけ出すのを助けてくれますが，おおかたそれらは不快なものなので

す。こうした理由から，女性の患者がおんな友達に激しく恋していることを自由に語らせることは有益なのです。それが同性愛行為であると示唆することは，育っている芽を摘みます。というのは，自分自身によく似た誰かを好きになれることは，ほかのものへ向かう道程でのひとつのステップになりうるからです。「パーフェクトなカップル」に出会ったとは言えるものではありませんが，しかしときに，私たちがある結婚しているカップルに対して，その段階がどんなものかを思わせるほどに親密であると感じることがあります。

プレゼンター：彼女には同性愛関係があると私が感じたときがありました。私はそれを伝えたのですが，彼女はそれにふれませんでした。

ビオン：それは，あなたがそれをはっきり明らかにしたからなのでしょう。ひとたび明らかになってしまったら，もはやそれ以上話される必要はありません。それが可能性のひとつです。もうひとつの可能性は，彼女があえてそれに触れようとしなかったことでしょう。それにしても患者の話を患者に説明していくのに，私たちが肯定あるいは否定しているとの印象を与えないですむどんなことばが話せましょうか。あるものがよいとか悪いとか——それは患者のものであり——それらについて私たちは意見を述べようとはしません。

　患者によってはある解釈にまったく返事をしないでしょう。そうなるとあなたはそれがよい効果をあげたかどうかがつかめません。でもあなたがさらに耳を傾け続けるなら，患者の会話の全体のあり様が変わっていることに気が付くことでしょう。声の調子が変わり，声帯の緊張がとれています。こうなると，解釈が正しいかどうかを伝えてもらう必要はあなたにはありません——正しいとあなたにわかります。なぜなら，あなたと患者のあいだがらはすっかり変わってしまっているのですから。

　しかしながら，ほかにありそうなたくさんの解釈をしないで辛抱することはとても難しいことです。いつも私たちはよくわからない状況を取り扱っているのであって，患者や私たちにすでにわかっている状況を取り扱っているのではありません。その患者に10年会っているとしても，今日のセッションは，新しいセッションなのです。

参加者：分析の訓練生とかサイコロジストとかセラピストであるアナライザンドは，自分たちは何でもわかっていると思っていることが多いものです。解釈をしても，彼らはすでにそれをわかっています。

ビオン：耳にするもっとも悲しいことばのひとつに，「ええ，私は知っています。ええ，わかっています。ええ，わかっています」というものがあります。いつもそういう患者といるのは，なんとたまらないことでしょう。

6

プレゼンター：患者は50歳の男性ですが，私との分析は1年ほどです。彼のキャリアは地味なものですが，彼自身はとても興味深く知的な人物です。私が選んできたセッションは，この患者とのふれあいで私が気づいた主な面を描き出しています。

　彼はやってきて，私と握手し，「おはようございます。お元気ですか」と言いました。それからぐちっぽい口調で「4時から目を覚ましていました。あまりに考え過ぎてしまいました。私のこれまでの生活はずっとこんなふうでした。いつも考えているんです。もうしんぼうできません。私にはインポテンツという問題もあるのです。とても困っています」と言いました。続けて，「バスセンターに着いてから（彼はよその町から分析に通っています）私は，ミートロールとナシとミカン二つを食べました。ただミカンの袋は食べませんでした。消化できないと思ったからです。それなのに，私はいま消化不良なのです。胃がもたれています」

ビオン：彼はいつも考えているのですね。どこでなのでしょう。頭の中？　それとも，胃の中ですか。消化管の中ですか。あるいは随意筋ですか。

プレゼンター：それで思い出しました。その次のセッションで彼は「昼食にキャッサバの揚げ物とステーキを食べました。まだそれらが頭の内側にあります」と言いました。

ビオン：こころの消化不良ですね。

プレゼンター：彼は思考を消化管で消化し，食物を頭で消化しているみたいですね。

ビオン：同じような別のことに注意を向けてみましょう。頭のある部位に，「嗅脳」——鼻－脳があります。どうしてなのでしょう。私たちの鼻は考えるのでしょうか。私たちの鼻は脳を持っているのでしょうか。なにゆえ昔の解剖学者は「嗅脳」と呼んだのでしょう。どこからその考えを得たのでしょう。

　魚は長距離の感受器官として嗅覚を使います。たとえば，サメやサバはずっと遠くの腐敗物を嗅ぎ付けます。私たちは生まれる前に胎児として，魚のように液体の中に住む状態を通り過ぎます。生後私たちはこの液体環境を鼻孔に持

ち込みます。こうして私たちは気体環境——空気——の中でも臭うことができるわけです。このことが，私たちが胎児から新生児へと変化していくときに起こっているのなら，何か同じようなことが考えない動物から考える動物へと変化するときに起こっているのでしょうか。反対に，この患者でのように，私たちが随意筋を使おうとすることをやめて，代わりに考えようとし始めるときがあるのでしょうか。度を越えて考えることができるのでしょうか。手足の使用を放棄できるのでしょうか。たとえば，胃潰瘍や十二指腸潰瘍を患うのではないかと怯えているある患者のように，消化器官を使う能力を失うことは可能なのでしょうか。分析的な探究を通してこの種の問いには答えられるかもしれません。

プレゼンター：彼は続けました，「人生は習慣なんです。私はそのことに気が付いてきました。ほんとうに，私は分析を習慣にはしたくないんです。私は勧められたたくさんの本を読みましたし，それらのことをすべて頭に保っておこうと私のパーソナリティを力でねじ伏せてきました」

ビオン：誰かがいつか自分たちを——身体的に，もしくは精神的に——「治して」くれるとの考えに慣れてしまっている人たちは多いものです。それに，「いずれ，よくなるときが来るでしょう」とあまりに聞かされてきたので，人はそれはもう聞きたくありません。ところが，そうであるにもかかわらず，解決できなくて自分の内に保っておかねばならなかった問題を，精神分析は解決してくれそうだとこの患者に思わせるものが，何かあるのです。でも彼は結婚したがっていませんし，精神分析やサイコアナリストに専心する気もありません。そして同時に，幻滅させられたくもありません。彼は幻滅させられることに慣れ過ぎていますし，精神分析が助けてくれるかもしれないと信じたくもありません。

参加者：彼は宗教的な姿勢をとっていると思いますか。

ビオン：宗教的な姿勢はいつでも見られると思いますし，その宗教は絶えず変わります。あるときには神は，ペレのようなサッカー選手のこともありましょう。いまのはやりは精神分析的宗教です——フロイトが大神で，小粒な聖徒がそろっています。私にはこの患者が精神分析的宗教や神や聖徒の精神分析聖堂を受け入れたがっているとは思えません。私は「聖堂（pantheon）」という用語を使いました。しかし，それが「伏魔殿」も同時に意味していることを忘れないでいたいものです。あらゆる悪魔には聖徒が付いていますし，あらゆる聖徒にも悪魔が付いています。同様に，どんな治癒にも必ず病気が付いています。

参加者：この患者の胃についての不安は，発達させきれなかった象徴システムに言

及しているものと考えますか。それとも，彼は消化器系を神と考えているのでしょうか。

ビオン：「おなかを神としている」者がいると言えると思います。同じように，知的生活を自分の神としている人たちがいるとも言えます。この患者の知る限りでは，サイコアナリストはちょうどそんなものでしょう。すなわち，サイコアナリストは自分たちの神を信じ込ませ，人生のあとのすべてを無視します。確かに私たちは，不安を扱うときに何も心配することはありませんと言っているように見えることもありましょう。しかし，患者が強奪されそうなことや殺されそうなことに怯えているとしたら，その事実を認識している方がよいと私たちは思いますし，その事実が存在しないふりをするために考えなくしたり，その事実がいずれ膿んで広がっていくことになる無意識へと押し込むことでその事実を取り除こうとするよりも，怯えるものがそこにあると認識している方がよいと思います。

　ここに思いがけなく浮かび上がっているのは，患者とアナリストの間の真の不一致ではありません（それはほんの一部に過ぎません）。そうではなく，患者の消化管と食物の間の不一致であり，かつまた患者の精神的消化管と精神的栄養食物との間の不一致なのです――そのどちらも，精神内の葛藤ではありません。同様に，患者の消化系と精神系の間の不一致があります。彼のこころは，あまりに考え過ぎることでもたらされる栄養食物によってあがなわれているのですが，消化管は潰瘍を患います。言い換えれば，食物を適切に消化できないほどに彼は不安なのです。

　分析では――故意であろうとなかろうと――患者の考える能力と筋肉を使う能力との間の不一致に私たちは近づきます。この葛藤――いまや精神内のものですが――こそが，私たちが働きかけられるものなのです。あとのすべての葛藤は，私たちに影響されるものではありません。私たちは何もできません。たとえば，ある患者が神経系を毒するほど酒を飲み過ぎても，私たちでは止められません。

　この患者が考えることを恐れているのが，まったくの間違いというわけではないでしょう。過剰な大脳思考というものもあります。大脳半球が交感神経系や自律神経系の損傷に向けて使われます。それで，この患者と彼自身の結婚は成し遂げられませんでした。分析に希望が抱けることに彼はとても喜んでいます。けれども，彼がこころの安らぎに飢えてきていたのなら，希望として始まったものは，すばやく貪欲さになってしまいましょう。

7

プレゼンター：患者は 40 歳の女性ですが，ずっと若い身なりをしています。彼女はフランス人で，くせの強いポルトガル語を話します。私との週 4 日の分析は 2 カ月にしかなりませんが，その約 1 年ほど前から，ときどき私のコンサルテーションを受けていました。彼女が初めてインタヴューに来たとき，ひどく興奮してうれしそうでした。と言うのは，私が 1 時間をさいたからです。分析を始めるちょうどその前にヨーロッパに遊びに出かけました。そしてロンドンで，たくさんの人の中で突然気分が悪くなり，ひとりでいるのに恐怖を覚えました。頼る人もいないときに自分に何かが降りかかることに怯えたのです。

ビオン：基本的なポイントがここにあります。あなたはあなた自身とともにいて「まったくひとりぼっち」でありえますし，あなたのアナリストといて「まったくひとりぼっち」でありえます。ロンドンのたくさんの人の中で「まったくひとりぼっち」でありえます。奇妙な結び合わせです。まったくひとりぼっちであって，それでいてあなたではない人々やものに頼っているのです。私たちは社会を持たないでおれない種類の動物のようです。私たちは社会に頼っていて，同時にまったくひとりぼっちです。これは 40 歳においても，4 歳においても，0 歳においても真実です。

プレゼンター：そのニードは私たちにあり続けるのですね。

ビオン：そう，思います。それがアナリストが，忘れてしまっているか意識したことがなかった患者にふれさせようとするものです。それは，体験はしていてもまったく意識しなかったようなことです。

プレゼンター：患者の父親は 4 年前に，母親は 1 年前に亡くなっています。彼女は一人っ子で，両親の死に先立つ数年を一緒に過ごしていました。母親が亡くなってからも両親の寝室をまったくそのままにしていると私に言っています。服，家具，調度品，装飾品，写真と何もまったく動かしていません。

ビオン：彼女のこころや性格の調度品についてよりも，部屋の調度品についてを語りやすくすることが，「その事実」の強みです。けれども，これはその方向へのひとつのステップなのです。彼女がどんな人なのかを「知っていく」ひとつの方法なのです。それは，ある種の「つかのまの」関係であり，ある種の「転

移」なのです。自分を知らないでいるより，自分を知ることがもっと耐えられることのようです。でも，自分を知る過程においては，この患者には家の調度品を知る方がたやすいことのようです。やがて彼女はこころの調度品を知っていきましょう。

プレゼンター：17歳のときに1年間彼女は結婚していました。ひとり，子どもがいます。その生活に耐えられなかった，子どもと家庭に縛られるのに耐えられなかったと語っていました。旅行をしたり，もっと人生を楽しみたかったのです。彼女が夫のもとを去り，その子は夫の家庭に留められました。彼女は外国に行き，そこでひとりで数年暮らしました。子どもにはまったく会っていませんし，会いたい気持ちもありません。

ビオン：あなたとこうした会話を重ねていくと，自分が子どもであると知ってしまうことが彼女には恐ろしいのではないでしょうか。そうしたら彼女は，今の自分には着ている服がふさわしくないと思うでしょう。このことは彼女よりもあなたの方がよくわかるでしょう。

　息子や娘に向ける母親の感情は巨大なものです。そこで何が起こったのでしょうか。彼女は地球の表面を動き回ることで，その感情から逃れたいと願っていますが，実際に逃れられるかどうかは別問題です。彼女がアナリストに会いにきているのには何か理由があるに違いありません。ですが，それが何なのかを彼女は知らないのでしょう。

プレゼンター：彼女が人生を逃避に費やしていると私は感じるのです。

ビオン：おそらく彼女はほかの何よりもそのことが得意なのでしょう。

プレゼンター：この月曜日，セッションにやってきた彼女はひどくみじめそうでした。「とてもさびしいんです。週末は何の変化もありません。私は将来が不安です。いつでもますますひとりぼっちだと感じます。昨日，友達数人が私を連れ出してくれましたが，何にも楽しくありませんでした。みんな，とても親切でした。でも，何にもなりません」と語り，それから泣き出しました。

ビオン：これは再び基本的なストーリーの一部のように私は思います。誰かほかの人たちといるときでさえも，彼女の自己といて「まったく，ひとりぼっち」であることに彼女が耐えられないというストーリーです。この「自己」は彼女から決して離れません。彼女と一緒です。しかし，私たちはこの「自己」が何なのかを知りません。ただ彼女がひとりを共にしたい自己では決してないようです。だから彼女はいつも誰かにつかまろうとしているのです。あなたのところに行けないとしたなら，彼女は誰か別の人のところへきっと行くでしょう。その誰かを見つけられないのなら，ロンドンの人の群れを見つけるでしょう。彼

女が好もうと好まざると，彼女が彼女の自己とともにいることに気が付くことから逃れるために，たくさんの人がいるどんなところにでも。

彼女の話すことは，説明しにくいのですが，ある種の「存在への衝迫（urge to exsist）」[訳注2)]ではないでしょうか。この衝迫は，人類にはまったく関心を抱いていません。つまり，それは，出産もしくは別の何かで私たちが死んでしまおうとまるで頓着しません。彼女の両親の存在への衝迫は，彼らの望む子であろうとなかろうと子どもを作るよう追い立てました。そんなわけで彼女自らがそうした衝迫の産物ですし，衝迫のなすがままなのです。彼女に何が起ころうと頓着しない――まったく情け容赦のない――この存在への衝迫といてまったく二人きりになってしまうのに怯えています。それで彼女の両親がそうであったように，彼女も衝迫の奴隷となることを恐れているのです。似たようなあり方として，細菌やヴィールスは人類にはまったく関心はありません。もし私たちが消滅してしまうとしても，別の「もの」が変わりに存在するでしょう。

プレゼンター：「化身（身に宿る）」論のようなことですか。
ビオン：そうですね。あるいは，**インプランテーション**ですね。植物もまったく同じことをします。細菌だけでなく，球菌もそうです。動物だけでなく，植物の生活もそうなのです。最近になって，動物でもなければ植物でもない生命形態が示唆されています。
参加者：フロイトの言う「自己保存本能」はどこに位置づけるのですか。
ビオン：人間にその本能を置けるのかもしれません。というのは，**人間こそ**がずっと存在し続けたいと望んでいますから。けれども，私が注意を喚起しているこの衝動，私にはこの患者が怯えていると思えるものなのですが，人生が続いて彼女に何が起ころうともまるで頓着しないのです。

訳注2) 存在への衝迫：ビオンは，著書『未来の回顧録』(1991) において，次のように述べています。「存在への衝動は，個人が『どれい』となってしまう衝迫であるときに自明のこととして仮定される。その支配への反逆が引き起こされる。そうした反逆の極端な表現が自己－殺害である」。言い換えるなら，地上に存在しておこうとする種（最近のことばでは，遺伝子DNA）の生存本能とでも言えそうです。

8

プレゼンター：この患者は私と 13 年続いています。分析の始まりのころ，彼がなぜやってくるのか私にはわかりませんでした。どうしてかというと，訴えるものがないようでしたし，おおよそ何でもわかっているようでした。彼は私に何冊かの本を読むよう求めました。私は興味を覚えたので，読んでみました。

　この分析は 3 期に分かれるように思います。第 1 期では，症状や訴えが現れ始め，彼は私の言うことをその通りに理解したがりました。彼はセッションに辞書を持ち込み，私が使うさまざまなことばを調べたものでした。それに，語源辞典も持ち込みました。私は，彼のあらゆる努力は実際のところ，私の言っていることを理解しないようにする試みであると伝えようと努めました。

ビオン：どんな言語がアナリストと患者に使われていたのですか。患者が「症状」を得たところでその関係が変わったように思えます。それらが症状であるとは，誰が考えたのですか。患者ですか，それともアナリストですか。誰がそれらを症状と**呼んだ**のですか。

プレゼンター：そのときは私がその患者に特有なこととして，そのことば[訳注3]を使いました。

ビオン：患者はそれらを症状と考えましたか。

プレゼンター：初めは自分が病気ということになってしまうどんなことも，彼は受け入れませんでした。

ビオン：ええ，それはわかります。でも，何があって彼は病気だと考えるようになったのですか。

プレゼンター：しばらくの間ですが，私との分析の前と最中(さなか)にグループ療法といったいくつかの治療を試みたのでした。

ビオン：私の問いはとても答えにくいものなのです。この患者に何が起こっているのか。身体疾患はありません。精神疾患もありません。でも，巨大な発生が起こりました。治療と治癒の噴出です。どこか病気に違いないとあなたは疑いたくならなかったのですか。一カ所で治癒と治療法をやっていこうという専心が

訳注3）症状のこと。

どうして生じたのでしょう。何かがおかしいと私たちは考えるべきだと私には思えます。ここであなたが述べてきたのは，患者の発生ではなく，**あなたを治したいアナリストたちの発生**です。**自分自身**にはどこも悪いところはないが，あなたを治療できるたくさんの本を持っている人物にあなたは思い苦しんでいるのです。

　この奇妙な「治療」，治癒の発生についてもっと聞かせてください。

プレゼンター：第2期になって，私は彼が時間と空間に困惑しているのに気が付きました。たとえば，ものすごく運動したがりました。毎セッションの30分間以上，面接室を走り回るのに費やしました。このおそらく決められた一定の時間が終わるまで，彼は話しませんでした。

　第3期には，ことばの意味に悩み続けましたが，私の使うことばの完璧に正確な意味を求めました。このことを彼に指摘したところ，彼は激高し，椅子を2脚壊してしまいました。分析ではどんどん悪くなっているようでしたが，社会生活や専門分野では，どんどん成功していきました。結婚し，家を2軒，車を2台買い，著書を出版しました。悪い面はすべて私のところに置いて，分析の外部で成功していったのでしょう。

ビオン：患者のほとんどは，自分にこころの痛みがあることを認めようとしません。この患者には困った問題がありません。でも，彼が自分は病気であるとわからないのなら，彼は自分が治癒していることもわからないことになります。彼はこころの痛みやこころの健康について知ることが必要です。

プレゼンター：彼は私の中に，治療の発生に似た反応を引き起こしたようにも私は思います。スーパーヴィジョンも発生していました。私はこのケースのスーパーヴィジョンを求めて国外にまで出かけましたし，3年間のスーパーヴィジョンをそこで受けました。スーパーヴァイザーのひとりは，ピアジェたちを読むよう勧めました。でも，私はますます混乱しました——病気は伝染するものでした。

ビオン：まいった状況ですね。患者は何にも問題はありません。彼はどんどんよくなって，どんどん成功しています。ところが，アナリストはますますひどくなっています。

プレゼンター：経済面でもそのパターンが繰り返されています。困窮しているとのことで患者は格安料金を払っていましたが，私ときたらスーパーヴィジョンやその旅費にたくさんのお金を使いました。

ビオン：患者はますます金持ちになり，アナリストはこれまでのように貧しいままか，ますます貧しくなっています。患者はますます賢くなり成功していますが，

アナリストはますます無知になって，ますますスーパーヴィジョンが欠かせなくなっています。私は，赤ん坊が乳房や母親におしっこやうんこを排泄するように，自分のこころのトラブルを排泄できるという理論を思い出しました。赤ん坊は元気になりますが，乳房や母親は病気を得て死んでしまいます。それはメラニー・クラインの投影同一化の理論としては，それでけっこうです。でも，この男性は赤ん坊ではありません。ですから，私はこの理論を**思い出した**のですが，それは間違っています。アナリスト以外はみんなうまくいっているというこのストーリーには当てはまりません。

　サイコアナリストが経験を重ねれば重ねるほど，ますます自分たちの無知に気づくというのは一体なぜなのでしょうか。一体どんな病気が私たちの無知さかげんに気づかせ，学会やカンファレンスやスーパーヴィジョンや分析をますます受けるようにさせているのでしょうか。その病気とはこころである，と私は考えます。四つ足の人類がひとたび後ろ足だけで立ち上がったために，曲芸師にならざるをえなかったのです。それで，私たちが文明化されればされるほどに，文明化されたふるまいをすることがますます難しくなるのです。私たちが考えることに巻き込まれ始めたときから，私たちは適切に考えることを学ぶ必要があるのです。私たちが後ろ足で立つようになった瞬間から，私たちは四本足ではなく二本足での立ち方を学ばねばなりません。それを学ぶとその次には，両足を健康で強いものに保つ必要が出てきます。私たちが考えていることに気づいた瞬間から，私たちははっきりと考えなければなりません。これには終わりがありません——私たちが学ぶほどに，私たちは自分たちの無知に気づきます。この患者のトラブルが何なのかはあなたはこれからも知らないままでしょうが，**あなたの**トラブルについてはあなたはきっと気がつくでしょう。誇張した例を挙げてみましょう。戦争では，あなたは自分が怯えていることは知りえますが，敵については何も知りません。敵はいつも豊かで勇敢で順境にあるようです。サイコアナリストは痛む箇所を知っています。豊かでトラブルも問題もない人たちを羨むのはたやすいことです。しかし，私たちは私たち自身や私たちの特性を知っているものと考えられていますし，あたかも私たちには何のトラブルもないかのようにふるまったり見せかけたりする，この安易な治癒は私たちには許されません。私たちはリーダーのようだとも考えられています。将校は戦争で逃亡することは許されていませんし，危険がわからないほど愚かであることも許されていません。こうした神経症や精神病が想像に過ぎないのではなく，真にあるものと私たちは知っています。そこで私たちは，患者を脅かすことなく患者自身についての真実をどのように伝えるかを判断する必

要があります。
　分析的な討論が彼の改善や回復に役立っている理由をこの患者が知っているとは私には思えません。しかしながら，これらのことをあなたと討論することでよりよくなっていることは，彼は確実に知っています。だから，あなたが彼に会うことをやめてもらいたくないのです。これが13年もの間通ってきている理由です。そして，もしできることなら，これからの13年も通ってくるであろう理由なのです。

9

プレゼンター：患者は私との分析を5カ月続けている18歳の女の子です。両親が語るには——両親は最初に私に会いに来たのですが——この女の子が食べようとしないことにとても困っていました。彼女はその前の1年間、男性のアナリストの治療を受けていましたが、父親に代わりの女性アナリストを見つけてほしいと頼んだのでした。

彼女の病気は15歳のときには始まっていたようです。実際太り過ぎていたわけではないのに、彼女は太りたくないと思いました。彼女自身も両親も私に言ったことですが、彼女はすでに美しいからだに恵まれていましたが、ファッショナブルになるためにもっと細くなりたがったのでした。

彼女には彼女の町からとても遠く離れたところに住むボーイフレンドがひとりいたのですが、彼女は会いにいかなくなり、手紙だけでやりとりをするようになりました。食べるとき、彼女は自分で用意します。卵ひとつか、小さな魚しか食べられませんし、胃が耐え難いほど満腹になると感じます。彼女は強い下剤を常用していて、15錠もの下剤を2、3日で飲みます。安定剤として効くこの下剤に嗜癖になっているようだと私に語りました。

最初に彼女を見たとき、私は同情心をかき立てられました。彼女は私と儀礼的に握手し、それから緊張した声で言いました、「私は治療を求めています。私は私を殺してしまいそうな何かを止められないんです。それが何なのかが、私にはわからないんです」。のちになって彼女は、自分がアグレッションに満ち満ちているとのこと、彼女がひどく傲慢であると皆は感じていること、彼女が人に与える唯一の印象は冷たさであるとのことを語りました。

ビオン：彼女はとても美しく感じています。遠い星のように、ダイアモンドのように、鋼鉄のようにきらめいています。それははるか彼方ですし、それに役に立たないものです。同じことが、誰もあえて近づこうとしない美しい女性、美しいクイーンにあてはまります。もしあなたが彼女に近づくのなら、彼女が不妊であることに気づきましょう。それに、ともかく彼女はこのことをわかっています。その一方で彼女は妊娠できるようになるのを恐れてもいます。そうなったなら美しいからだはふくれあがってしまい、もはやスポーツ選手ではなくな

ってしまい，ある種のオリンピック大会で競えなくなってしまうのですから。
　このストーリーは，自分はまったくつまらない人物であり，自分の身がどうなろうとも気にもとめてくれない力の，自分は奴隷であるとの感覚に基づいていると思います。

プレゼンター：彼女は夢を見ましたが，彼女のメス犬が妊娠し，彼女が排泄するおりに体験するのとまったく同じ感覚を，その動物も体験していたと彼女は感じました。

ビオン：まったく，そうだと思います。

プレゼンター：「私が抱えようとしたら，犬がサンドイッチに変えられてしまったのを見ました」と彼女は言いました。

ビオン：それは，存在への衝迫があるとの感覚と一致します。つまり，それは，あなたが犬であるか，メス犬[訳注4]であるか，それとも美しい女性であるかにまったく頓着しない何かだと感じられています。それは完璧に無関心なのです。母親は死に，その子らは食べられるのでしょうが，でもすべてはこの力のおかげなのです。もし人類が中性子爆弾でみずからの存在を吹き飛ばしてしまうとしても，存在の力はまったく気にとめません。それはもうひとつの捨てられた実験に過ぎないでしょう。ですから，患者は存在を永続させる手段としてだけ使われるのではないかと恐れてもいるのです。
　それらを患者に伝えることがよいとは私はまったく思いません。しかし，もし私がこの患者を分析しているなら，それは私にとって役に立つものです。なぜなら，私はあらゆることがこの基本理論に合うと思うでしょうから。いつでもそれが現れてくることを見込んでいるでしょう——患者はこの力に戦争を挑み，ひとりの人物，美しい人物であり続けたいと望み，そのパワー，そのエネルギーの奴隷になりたくないのだというように。

プレゼンター：いつも微笑んでいる美しい娘，やさしい子であらねばならないと感じると，彼女はいつもこぼします。父親が彼女のプライバシーを侵害し支配すると彼女は感じているのですが，でもそれと同時に，そうではないようだ，それは彼女の感じ方に過ぎないのであって，父親は彼女の病ゆえに苦しんでいるのだろうとも私に言います。けれども，父親が彼女に愛情を示しやさしく接すると，彼女は父親を拒絶します。

ビオン：彼女は父親も，存在を進展させる上での道具であると感じているように私は思います。私は「存在」ということばを使っていますが，人としての性質を

訳注4）bitch：売春婦の意味も持つ。

まったく持っていないものを描こうとしているのです。父親が同じ力の奴隷であるのなら，近親相姦についてのささやかな規律は役に立ちませんし，その力に父親が屈服するなら，娘が子どもをどんどん設けるようにと，ためらうことなく誘惑するに違いありません。かつて特権としてファラオが近親相姦関係を持っていたときがありました。今日ではそれははやりません。でもいまだ存在しています。その背後にある力はものすごく強力なのです。性の衝迫とか性の快感よりもずっと強力なのです——これらは，ただ私たちが人類として気がついていることに過ぎません。

　この患者はあなたも，この力の奴隷であるこうした対象のもうひとりに過ぎないと恐れているのでしょう。あるいは，このすごい力に向かって個人の存在のために望みのない戦いをあなたも続けていると思っていましょう。この種の万能的な欲動に対して抵抗を働かせるやり方を彼女は何も見出せていないようです。このことに彼女のあらゆる問題は結び付いていると思います。すなわち，個人的な問題はすべて同じもののいろいろな様相なのです。人の手を見ているようなことなのです。顕微鏡で個々の細胞を見ているにしても，詰まるところ，私たちが「手」と呼んでいるひとまとまりになってしまうのです。生命の個々の破片——それが犬，植物，人であろうと——それはこの全体存在のひとつの小さな粒子に過ぎません。その力は粒子に何が起ころうと気に留めません。それはちょうど，私たちが剥ぎ落として，そうしたことさえ知りもしない私たちの皮膚の個々の細胞に対して気に留めないのと同じことなのです。

　その患者はこのことを概念という形ではまったく知りません。彼女はおそらく，美しくあれと願っているから自分は美しいのだと思っていましょう。でも，彼女の美しさは彼女とはまるでかかわりがないのです。誰かが彼女と性交をしたくなるように，彼女を誘惑的にするひとつの方法に過ぎないのです。彼女は自分自身では気づかずに，その過程を助けています。彼女が美しくなるほどに，彼女は交尾の相手として使われることになりそうです。彼女の問題は，誰も近づけないほどに彼女がとても美しく，とても荘厳であるとの理由で，美しく，でもいかに近づきがたくなるかなのです。

プレゼンター：ときおり彼女は，あたかも自分が病気をコントロールできるかのように，「私が元気になりたくなったときに，初めて私の健康は回復するでしょう」と私に言っています。

ビオン：彼女にはそれはできないでしょうね。でも，彼女はあなたをコントロールできます。彼女にその力があるとあなたに同意させることはできます。「ええ，その通りです。あなたはあらゆる力を持っています。あなたは有能です。あな

たは万能です」とあなたが言うであろう種類の分析を彼女は手に入たいのです。

プレゼンター：内科医を受診する必要があるとき，彼女はひどく不安になります。自分に対してその医師が何もできるはずがないと彼女は言います。

ビオン：このような患者は，自分には独自の性格も考えも，さらには感情もないと感じています。だから彼女は検査に怯えるのです。それが内科医によるたまたまのものであろうと，アナリストによる長めのものであろうと，彼女が誰かと結婚するようなことにでもなったときに起こるもっと長めのものであろうともです。結婚したカップルは，お互いについて膨大な量のことを間違いなく見出します。結婚という体験ほど，パーソナリティをまったくの素裸で剥き出しにする体験はほかにないでしょう。

参加者：彼女が精神病様に崩れる可能性はどうでしょうか。

ビオン：今のところはないでしょう。でものちに彼女がもっと進展するのなら，どうでしょう。それこそが，いま彼女が怯えているものであり，そうなったなら，彼女はひどく怯えましょうし，アナリストも怯えさせたいと望むでしょう。さらには，彼女はたくさんの人たちに「あなたはこの美しくて才能あふれた女の子にどんなことをしてきたのですか。この子はあなたに会いに行くまではまったく問題がなかったのですよ」と言わせるでしょう。こうしてあなたは出会うべきものに出会うのです。

10

プレゼンター：21歳の独身女性が患者ですが，入室のあと着席し，語り出しました。「何があったか，わかりますか。私の電話が切られていたんです。何があったのか，私は聞きに行きました。すると料金が未払いだと言うんです。またつなぎますよと言うんです。ひどいですよね。それとも正しいと思いますか」。それから，彼女は「この間の試験で私がどうだったか，言い当ててみて。私は教えないから，言い当ててみて。でも，あなたは教えたくないんでしょうね。だって，あなたは私にひどい点を付けようとしているんでしょうから」と言いました。一呼吸置いて，彼女は「私は，10点満点の9点はいったわ」と言いました。

ビオン：あなたはこの患者から分析され続けたいですか。彼女は奥のものを引き出す発言をしています。「言い当ててごらんなさい——そうしたら私はあなたが誰かわかります。あなたが9点をひどい点だというなら，10点取るべきだったということで，そこであなたがとてもひどい良心のようなアナリストだとのことを私は知るのです」と。

プレゼンター：私は言いました。「私があなたに付けると思っている点数を，あなたはとても気にしておられるように私は思いますが」。彼女は同意して，ときには「はい」と言いますし，ときには目で同意を表現しますし，微笑むときもあります。何を彼女は微笑んでいるのかと尋ねたことがあります。「いいや，意味はありません」と彼女は答えています。

ビオン：あなたの彼女への見方のどこかが，その試験の結果どんな点をもらうことになるのだろうかと彼女を恐れさせているのです。「どんなことを考えていましたか」「いや，別に。どうか注意を向けないでください」。いつも同じ反応です，「何も言っていませんよ。何もしていませんよ。何も考えていませんよ。アナリストであるのはやめて。私に注目したり観察したりしないで。みんなは私に9点をくれます。あなたが少なくくれることはありませんよね」

プレゼンター：小さな子どもみたいに彼女はいつも尋ねてきます。教わっていないことを何でも知りたがっている小さな子どものように，私は彼女を感じるときがあります。また，彼女は立ち止まって考えなくてよいように，私に質問した

がるとも感じます。彼女が私に語ることにはすべて，クエスチョン・マークがついています。

ビオン：分析の**理論**では，患者に真実を伝えることになっています。**臨床現場**ではこれはとても難しいことです。なぜなら，その患者が真実を聞くのに耐えられるだけの強さを持っているかどうかがわからないからです。患者は問いへの答えを知りたいと強く感じています。彼らが知らないことは，その答えがとても不快なものであろうことです。「人生は生きるに値するか」と聞かれるかもしれません。私たちの年齢程度の人生についての知識では，私たちの知っていることを患者に伝えるのははばかられるものでしょう。一方で，私たちの知っていることを患者に——あるいは私たちの子どもたちに——伝えないことも同様に**はばかられ**ましょう。けれども，実の人生がどんなものかを知るのは，子どもたちにはとても大切なことでしょう——人生は童話のようでもなければ，ひどい小説にしばしばよく似ている精神分析的ケース・ヒストリーふうでさえもありません。

10点中9点というこの評価を疑う理由は，特にありません。このことは，この女性が自分に言われていることを十分理解できる頭を備えているとのことを意味しているようです。だから，ある意味でこのことがあなたにもっと大きな荷物を背負わせましょう。こうしたことで，彼女の能力に限界があったり愚かだったりして，心構えができていないことについて実際に告げられても彼女にはどうせ理解できないのだとは，あなたには期待できないからです。真実にもちこたえる適切な状態にある前に，彼女は時期尚早に，早熟に何かを学ぶかもしれないのです。こうしたわけなので，問いを投げかけているその人物が答えを聞いておれるほどに頑強なのかを，あなたはとても素早く判断しなければなりません。その問いに答えてくれそうな本はありません。少しでも見出そうとフロイトを読んでもしかたありません。けれども，その患者がアナリストに会いに来ているかぎりは，その患者をじっと見ておく機会をアナリストは持っていますし，私たちがあえてやり過ごしてしまうであろうものを見つけ出す可能性がそこにあるのです。

メラニー・クラインが言っていました。私は確証されていると思うのですが，出産のまっただなかの体験において，母親の性器が切り取ってしまうかのように，満期の胎児は去勢され切断されたと感じます。臍帯を切り離された？　遠距離におよぶ嗅覚を切り離された？　この患者のアナリストが推測すべきであろうことのひとつは，切断されているのはどんな遠距離伝達システムなのか，すなわち，彼女が得られないメッセージは何か，です。彼女の知性に悪いとこ

ろはありません——10点満点の9点はよい成績です。そして，アナリストは彼女より知っていると彼女は感じているのでしょう。彼女の**インテリジェンス**は10点満点の9点かもしれないが，彼女の**英知**はアナリストほどではないと言う人がいるかもしれません。英知は遠距離のものですし，発達するには時間が要ります。それには経験が必要です。別の表現をしてみましょう。彼女の遠距離－発声 tele-phone，遠距離－視界 tele-vision には欠陥があります。けれども，精神分析的な言語，彼女のアナリストには話せる言語ですが，彼女にはそれが自分はわからないと知るだけの知性はあるようです。しかし，彼女は**わかっていない**のですが，サイコアナリストが手助けになる人物であると彼女は**感じ**なければなりません。そうでなければ，どうして分析にやってきましょう。それがもうひとつの，事実の代わりになるべき想像的推測，もしくは合理的推測^{訳注5)}です。なぜなら，何が事実かを知るほどには，彼女は知識を手に入れていないからです。いまのところは，彼女はおのれの自己を知りません。けれども，彼女が自分の自己を知るのために，あなたが手助けできるでしょう。

　ふたたび思いつくのは，彼女と彼女の自己との間の距離はどのくらいあるのかとのことです。それはどれほどの「遠さ（tele）」なのでしょう——テレフォンでしょうか，テレヴィジョンなのでしょうか。分析は私たちがが過去とつながっているかのように聞こえ，解釈します。私たちはつながっているのですが，でも，私たちの過去の間違いやら，愚かさや短所や悪事やらが話の全体ということではありません。もちろん，それらがどんなものなのかを知っておくことはとても役に立つことではありますが，この女性がわかるはずなのは，自分も未来についていくらか知るほどには賢くありたいと思っていることです。ある期間を彼女のアナリストと「結婚」していることもあってもよいでしょう。でも，彼女が夫や子どもを持ちたいのなら，コミュニケーションは彼女のまだ生まれていない子どもともなされる必要があります。しかしながら，そのコミュニケーションの取り方は，臍帯が切られるのと同じふうに切られます。ゆえに，私たちは過去をまったく覚えていませんし，未来についてはまだ起こっていないので覚えていません。だから，私たちの現在の知識の多くは，過去についての推測であり，未来についての推測なのです。それでも，思慮分別や未来に対する深慮について言うべきことがたくさんあると私たちは確かに感じています。「アナリストに何を話そうか。それでアナリストは私に何を言うだろう」

訳注5）想像的推測（imaginative conjecture），合理的推測（rational conjecture）は，ビオン独自の用語です。論文「思わしくない仕事に最善を尽くすこと」（1979）（『ビオンとの対話—そして，最後の四つの論文』（金剛出版）所収）を参照して下さい。

に暗に含まれていることは，「過去の過ちからためになることを私は得られるだろうか。私がきちんと正しくしたことを私は知ることができるだろうか。もしそれができるようなら，私は未来を予知できるだろうし，前もっての深慮が入った決定を下すことができるだろう」とのことです。

参加者：私はフロイトが系統発生的継承物について述べていたことを考えていました。患者が成長したり未来をよりよく生きるために，それが手助けできるものになるとあなたは思いますか。どんなにしたらそのことがもたらされるのでしょうか。

ビオン：フロイトらによれば，精神分析によってですね。でも**臨床実践**では，ことはまったく別です。たとえば，私はある患者を見ていましたが彼は赤ん坊のころ，ある男が部屋に侵入してきたとき，母親や兄たち，姉たちと眠っていました。その男は母親と子どもたちを殺しましたが，彼だけは見逃しました。この赤ん坊が何を見たのか，私たちにはわかりません。育ての親からは，彼はその出来事については何も知らないと思われていました。しかしながら，私のところにやってきた患者は恐ろしい悪夢を見ていました。恐ろしいほどの残虐な衝動がありました。例をあげますなら，ある日，道でかわいい女の子を彼は見かけましたので，外に出て「偶然に」ドンとぶつかりました。その女の子は倒れ，ひどいケガを負いました。彼は自分のしたことに怯えましたし，こんなことをやり続けるのではないかと怯えました。これは一体何なのでしょうか。私にはわかりません。でも，もちろん，あの恐ろしい話と何か関連がありそうだと推測することは私にできます。でも，私たちには**わかりません**。

何が正しい手順なのでしょうか。それを分析して，暗黙で無意識のものを明白で意識的なものにすることでしょうか。それとも，それを忘れてしまうことでしょうか。しかし理論では，覚えられないことは忘れられませんし，覚えておかねばなりません。そうしないと，それらは膿んで，無意識の中でコントロールできないところまで発育してしまいます。でも，アナリストとして私たちは**理論**にかかわっているのではありません。そうではなく私たちは，「この男性に何を言おうか」とのことにかかわっているのです。

11

プレゼンター：患者は入室してあいさつし，カウチに横になりました。彼女はため息をついたり泣きながら話しました。夜中に何回も目をさましたと彼女はこぼしました。日中は家事ができません。ほとんどの時間をベッドにとどまっておらねばならず，母親に一緒にいてもらい，始終なぐさめてもらう必要がありました。これで彼女がおだやかになったとしても，それが心配や夫へのいらだちのもとになっています。

ビオン：あなたは彼女が不眠に苦しんでいると見ますか。

プレゼンター：ええ。通ってきている3年間のあいだ，不眠と快眠を交互に繰り返しています。

ビオン：私にはため息や涙が一体何についてなのか，わかりません。でもおそらく，この患者は人が起きているときのこころの状態にあるようです。ある人が，言ってみれば「眠っている」と言えるとの事実は，「別のこころの状態」にあると述べることもできるでしょう。患者は，夢を見た，あれやこれやをしたと言います。これらの「残りもの」訳注6) を私たちが解釈できるなら，とても役に立ちましょうが，患者が夢を見ないとしてみましょう。なぜこの患者は「眠りに入って」いきたくないのでしょう。どこに彼女は行っているのでしょう。それに一見よく眠っているのに，彼女はどこに行っているのでしょう。

プレゼンター：彼女は続けて，私にこぼしました。母親の介助がなくても彼女が家事をこなすことを夫が望んでいる，と。私は，母親がいてくれても，彼女の絶望感や見捨てられ感はそれでは解消されなかったと指摘しました。私は「あなたの絶望は，この絶望が何なのかを知りたいとのニードに基づいているように思います」と伝えました。

ビオン：このことは，しばしば思いがけず生じてきます。絶望についての絶望感を持ちうることや，絶望に激しく腹を立てうることを患者に指摘することが，多くの場合必要です。これをもっと一般的な原則にあてはめてみますと，患者は感情を抱くことを嫌います。怒りの感情であろうと，あるいは絶望やうつの感

訳注6）原文では remains とだけされていますが，「夢の残りもの」の意に解釈可能。

情であろうと，あらゆる感情が嫌われます。患者はアナリストに，それらを「治して」もらいたがりますし，そうでないなら，感情を持たないようにしてもらいたがります。

プレゼンター：彼女はカウチの上で姿勢を変え，座って私の方を向きました。朝方はまるで元気がなかったので，セッションに来たくなかったと彼女は言いました。恐ろしいニュースをラジオで聞いたのでした。車の事故で若い男性が──ある政治家の息子ですが──死んでしまったとのことでした。彼女はある友人に電話を入れましたが，この友人はすでにそのニュースを知っており，その事故について話しました。それから徐々に彼女は穏やかになり，そこでセッションに来ることにしたのです。

ビオン：分析というものは，ラジオや電話といったほかの装置と同じように，それがなければ耳にできないものを聞けるようにします。けれども，機器によって私たちの耳を引き延ばすことができた結果私たちが耳にすることは，すべてが楽しいことではないでしょう。分析においては，患者は以前は知らなかったことがらに気づき出すものです。アナリストがもっと見えるように，もっと知るようにできるからです。でもそのことは，彼らに見えるようになったものが，より素敵なものであるということではありません。おそらくより気色の悪いものでしょう。この患者はなぜ分析を求めて来ているのでしょうか。素敵なことを聞きたいのでしょうか。それとも，彼女は変わったのでしょうか。彼女は気色悪いことも聞けるようになったのでしょうか。あなたの見地からするなら，彼女がやっぱり来ようと決心したとの事実は，とても大切な徴候であるように私には思えます。患者が分析を放棄してしまい私たちは失敗したと感じることは，とてもありがちなものです。そうですね，この考えは忘れたくないものです。なぜかと言うと，たくさんの間違いをおかさないようなよいアナリストには私たちは決してなれないからです。この患者があえてやっぱりやってくるなら，おそらく分析はそれまでずっとそうであったように不快なものでしょうが，そのことは彼女が成し遂げているある性質の進展についての，ひとつの興味深いサインかもしれません。

プレゼンター：私は「私とともに，あなたが苦しんできている精神の災いの理由，それはもう消すこともできないとあなたには感じられていますが，それを見つけるためにあなたは戻って来たのだと私は思います」と伝えました。彼女は「その通りです」と答え，それから黙ってしまい，ひどく不安そうになっていきました。

ビオン：あなたが正しいときにあなたにそれを伝えることがあなたの手助けにな

る，とのことに気づいて彼女は驚いているという感じが私はします。でも，自分があなたと協力できるとのその発見は，ひどく恐ろしいものです。

プレゼンター：彼女は言いました，「ここに来る途中，私は事故について話し合った友人のことを考えていました。彼女はよい友達なんです。どうしてかと言うと，いつも受け入れてくれるんです。でも，自分が彼女の手助けを必要としていることを悟ることになるので，私は劣等感を感じてしまいます。私はいつも優れていたいと望んでいるからだろうと思います」。私は伝えました，「私を病気にしたいとか私たちの関係を壊したいというあなたの空想によって，私が壊されてしまってはいないことを確かめようと，今日は来たんですね。あなたが私の手助けを一番必要としたそのときに，内的に私を壊してしまったのではなかろうかとあなたは恐れておられるのですね」。彼女は穏やかになり，「そこがとても大切なところです。だけど，いまだに私は，分析に来続けることにたえられるかどうか，わからないんです」と言いました。そこでセッションは終わりました。

このすぐ後，週に4回来ているこの患者は電話を入れてきて，旅に出るので1週間セッションに来れないと言いました。リチウムが飲めるようにほかの精神科治療を探すつもりだと彼女は付け加えました。

ビオン：いつもなのですが，分析のほかにたくさんのことがなされるものです。あなたが薬を与えないとしても，薬を手に入れるのには何の困難もないでしょう。薬のようでもある解釈にも同じことがあてはまります。彼女が好む解釈を手に入れられないときには，いつでも彼女はほかのアナリストから手に入れるのです。

あなたが出会っている難しさは，どんな間違いをあなたがおかしたのかを知ることにあります。でも，どんな正しいことをしたかを知ることも大切です。間違った解釈の場合と同じなのですが，正しい解釈を与えることは分析を終結へと導くのです。だから，この患者が自分の好む誰かを見つけるとしたなら，それは自分が間違いをおかしてきたことを発見することでもありましょう。

分析的連想の査定はとても難しいのです。自分の間違いを忘れたいとの私たちの思いによってたやすく迷わされます。しかし，同じように，私たちが間違ってしまうとの仮定によってもたやすく間違えられます。分析的体験は規律があって不快なものです——アナリストもアナライザンドも好むようにはできません。誘惑的な選択肢がたくさんあります。でも，分析の仕事はタフな仕事なのです。このことから，なぜアナリストは休息を取ら**ねばならないか**，なぜ分析的生活以外の生活を持ってい**なければならないか**がいくらか説明されるでし

ょう。アナリストが自分の家庭生活をある種の精神分析にしてしまうなら、ひどく満たされません。分析というものは、それがアナリストが求めているものなら、アナリストにとってとてもよいものであるとのことを、アナリストはときに認識しそこなっているように私には思えます。でもアナリストが家庭を求めているとしたら、精神分析的博物館は欲しくないはずです。アナリストにとって自分の夫や妻の発言を解釈することはとてもたやすいことです。私はそれはひどい間違いだと思います。

12

プレゼンター：患者は私との分析を2年間続けています。分析を始める前のインタヴューにおいて，あるカンファレンスでの私の発言に好意を感じたので，私を選んだと彼女は述べていました。彼女が分析に来るのは，夫が問題を抱えており，夫も分析を始めるよう援助できそうだと思うからと彼女は言いました。私は彼女が精神分析以外のやり方でやってみるのもよいかもしれないと示唆しました。

2度目のインタヴューにやってきた彼女は，とても辛辣な調子の声で「私は，私自身のなすべきことのために分析が必要なんだ，とわかっています」と言いました。それから長い沈黙ののち，違った調子の声で言いました，「私は太りすぎているんです」。私は分析を始めることに同意し，日程をアレンジしました。

彼女は私への敵意の感情にひどく耐え難いようでした。彼女が語ることは，おとぎ話の中のようでした。彼女は彼女の結婚式やウェディングドレスについて話しました——すべてがとても美しいものでした。「まもなくクリスマスですね。夫はサンタクロースの衣装をまとうんです。私には夫がまるでサンタクロースの**ように**見えるんです。なんといっても，私は夫をずっと信頼してきました」と彼女は言いました。あらゆるものが美しく，彼女の生活はすべて美しいのでした。それにもかかわらず，彼女は突然に私に「あなたは悪い人だ。私が言いたくないことを私に言わせる。あなたはおとぎ話に出てくる，話を無理強いする魔女のようです」と言いました。

ビオン：彼女がそう考えるなら，なぜ彼女はあなたに会いに来ているのでしょうか。あるいは，彼女があなたに会いに来ているのに，なぜ彼女はあなたが悪いと言うのでしょうか。アナリストが聞きたがっている種類のことを自分たちは考えねばならないと，たくさんの人たちが思うようになっています。それで，私たちには困難がますます増えてきています。

プレゼンター：彼女は夢をそんなふうに報告します。まるで私の聞きたいことを授けてくれているかのようです。

ビオン：彼女はどんな種類の服でも装うことができますし，どんな種類のこころの

状態を装うこともできます。彼女が装うことにした性格は，彼女から彼女自身を隠してしまいます。彼女もあなたも装われていると感じることが，彼女には楽なのでしょう。しかし同じ部屋で同じ時間での真のふたりは誰なのかということは，それとはまったく違った問題です。

プレゼンター：あたかも彼女が私にワードローブを与えているかのようなのです。その中から私たちはそれぞれの衣装を選ばなければなりません。いまのところ，かなりの混乱があります。たとえば，これらの線に沿って私が解釈をしますと，長い沈黙のあと，情緒をあふれさせて彼女は語ります。でも，彼女の使ったことばはテキストに載っているようなものなのです。

ビオン：あなたがちらりとかいま見た混乱はとても重要です。それは「本物」により近いものです。混乱は不快な感覚です。ですから，患者はいつでも，その答えをすべて知っているかのようにアナリストをふるまわせたがります。

プレゼンター：与えた解釈にさらに付け足したいような，あるいは別の視点からの解釈を与えたいような，そんなプレッシャーが私の感覚にいつもあります。作業関係を築くのが大変むずかしいときがあります。彼女は私の言うことすべてにただちに賛成するか，私の言うことを非難と受け止めます。

彼女が使うことばは標準的なテキストのそれなのですが，情緒が上滑りであると私は感じるときがあります。あるとき，私はこのことを彼女に指摘しましたが，彼女は「私を解読してください。そうしなければ，私があなたをむさぼり食ってしまいますよ」と答えました。私は彼女に教養の乏しさを感じているのですが，ですから彼女が文学についての知識を示したり，ヨーロッパやアメリカへの旅行に言及したときなど，とても驚いてしまいます。

ビオン：これらそれぞれがすべて衣装，彼女のパーソナリティの貧困さをごまかすためにまとっている文化であることがずっとはっきりしてきました。あなたがこうした衣装すべてを，彼女の貧困さを覆い隠すために装っているあらゆるこころの状態を，取り除いてその人物を見れるようになるとしたなら，彼女はいやがり出します。

この患者があなたのところにからだの不調を訴えてやってきたとしましょう。彼女は身体検索のために服を脱ぐようにとの求めに我慢できるでしょう。患者によっては自分から服を**脱ぎた**がります。分析においては，患者は分析的検索から，つまり彼らが裸に脱がされたとの事実から，秘密の快感を得るかもしれません。それで，あなたは患者が永遠に通い続けてくるだろうと考えます。そのもう一方で，分析体験はとても欲求不満にするものなので，患者は欲求不満であることを好むようになります。ですから――おだてられるのを好むよう

にもなりますし、辱められるのを好むようにもなります。欲求不満にさせられるのを好むようになります。

あなたが何をこの患者に言おうと、まずもってすぐに反応がありましょう。問題は、その反応がどんなものかを見ることです。

プレゼンター：彼女が感じている恐怖にまつわることを思い出しました。彼女は「私の友達の友達の友達が教えてくれたんですが、前もっての何の予兆もなくエレベーターの中で赤ん坊を生んだそうです。信じられません。そんなことが本当に起こるなんて、その人が知らないところで何かが出たり入ったりしているなんて」と言いました。

ビオン：これはとても大切な発言です。患者は分析にやってきますが、それが効果があるとは信じていません。ですから、それが実際に作動し、分析的なことばによる性交の結果を産むなら、恐ろしく、かつ信じがたいことです。この患者は妊娠するのを恐れていそうです。ある種の精神的赤ん坊を持つのを恐れていそうです。同じように、あなたも何をしてよいかわかっていないだろうと患者は恐れていそうです。このエレベーターの中には、不意打ちを食らわされるであろうふたりがいるようです。

プレゼンター：彼女は「雑誌で読んだのですが、中国では性教育はまったくされないんです。若い女の子はプールに入っても妊娠してしまうのではないかと恐れています」と言いました。それからちょっと間を置いて、もっと感情のこもった声で「そのことについて話したただそれだけで、その子たちは知識を得て、恐怖を感じなくなりました」と続けました。

ビオン：「性的関係」と呼ぶものには、ほとんど何の意味もありません。それは解剖学と生物学から借りられたものです。ですが、ある種の会話は深刻な影響をもたらしうると若い女性によっては感じます。ある兄妹が「母親と父親」を演じるとしたら、その同じゲームへのそれぞれの態度はまったく別のものです。あるとき、どちらもが怯えて演じるのをやめ、その父親か母親に尋ねます、「どうしたらいい」と。なぜ自分たちが演じるのをやめたのか、なぜほかのことをするように誰かに言ってもらいたいのかは、自分たちではわからないのです。

精神分析ゲームにおいては、たくさんの人たちが不意に驚かされますし、怯えますし、このやや退屈でさえない会話のゲームを怯えながら演じていることに怯えます。

13

プレゼンター：患者は3年前に私との分析を始めましたが，そのとき彼は20歳でした。彼は医学部の2年生でしたが，解剖の試験を落としていました。彼は不安を訴えました。両親はユダヤ人です。ユダヤ人とは感じていないが，まわりがそう言うから受け入れていると彼は言います。しかし，彼はユダヤ教には従っていません。

ビオン：ユダヤ人とは感じていないと，どうして彼にはわかるんですか。ユダヤ人とは，どんな感じなのでしょう。あなたが「健康な人間という気がしない」と言うのなら，健康な人間とはどんなのかを，あなたが知っているに違いないとのことを意味します。この患者から私が「ユダヤ人とは感じない」と聞いたなら，私は疑念を抱くでしょう。これからすると，彼は自分がユダヤ人であることを誰にも知られたくないとのことに違いありません。「私はユダヤ人とは感じない。私はユダヤ人より優れているんです」と言っているようなものです。

あらゆる選択においてなのですが，人は選ぼうとして**いない**ものを選んでしまいます。（アラビアのロレンスが回想した）あるアラビア詩人を引用します。「神よ，私はあなたのあらゆる花を自由に選べるのですが，私はこの世の悲しい薔薇を選びました。それゆえに，私の足は引き裂かれ，私の目は汗で見えなくなっています」。アラビア・スタイルの詩とアラビア式の戒律は，私が注目してもらいたいものにより近いものです。ある時点で，多彩な選択がなされます。「あなたのあらゆる花」の替わりに「あらゆるオプション」を置きましょう。私たちは一連のオプションを削り落として，一連のものを選びます。しかしながら，私たちは残りのものは選ば**ない**ようにも選択しています。

この患者はユダヤ人で**ない**ことを選んでいます。彼が彼の両親の子どもでないことを選ぶとしたなら，それは重大なことです。また，彼が「私の父や母のようにはなりたくない」と感じているのなら，もっと重大です。なぜなら，それは「私の父や祖父やもっとその先の先祖のようにはなりたくない」とのことだからです。このことは自分の祖先との絶縁です。一見，単純な発言なので，おそらくそれがなされたときに彼自身は知らなかったのでしょうが——ユダヤ人が大変な古代文化と歴史を持っていることを，おそらく今も知らないままに，

劣った生き物には加わりたくないとただ選んだのでしょうが——彼はその発言で彼の民族の数千年の歴史を一掃してしまいました。

　これはもちろん，推測です。科学的思考の一部に加えたいと思っている「想像的推測」ということばで私が言わんとしていることです。だからといって，私がこの患者についてこれ以上知りたくないわけではありません。しかし私には，私たちが観念とか知識でなじみやすそうな領域を精密に浮かび上がらせる作業を，それが手助けしてくれそうに思えるからです。

　この患者が自分自身のことではなく何を知りたがっているのか，何か思いつくことはありますか。自分自身についてのどこを，彼は知りたくないのでしょうか。「合理的推測」，すなわち合理的精神分析理論に頼ってみると，性について彼は何も知りたがっていないと言えそうです。なぜなら，遺伝学的には彼は父親と母親を持っているはずですし，その人たちはユダヤ人でしょう。しかし，「ユダヤ人」の父親や母親がどんななのかを私たちは知りませんから，それだけしかわかりません。辞典で「ユダヤ人」や「父親」や「母親」を引いても役には立ちません。この問いには答える方法がないのです。ただし部屋にいるこのパーソナリティを**観察する**ことを除いては。

プレゼンター：彼が両親にひどく敵対的であることは見てきています。「母親は狂った女だ。やることといったら，私の人生を邪魔するだけだ」といった発言をすることがあります。それから，「父親は弱虫で，よく逃げている」とも。彼が初めて分析にやってきたときには彼は試験に落ちていたのですが，同級生との間がむずかしくなっていました。彼の劣等感は，両親の貧しさ——経済的にも文化的にもですが——と彼が感じているものと関係していました。

ビオン：ユダヤ人とは感じないと決心したと同時に，彼はもちこたえる力を失いましたし，偏屈になり選り分ける力を勝ち取っています。彼は全領域において「そうはならない」を勝ち取っているのです。彼自身の断片はほんのわずかに残されているだけで，他方に劣っているとの理由で彼には学べない広大な領域があるのです。彼は試験に通るものと思われています。ですが，「これも知らないしあれも知らない。ほかも知らない——それは劣っているから」と言うのに懸命なら，彼が試験に落ちても驚くには値しません。どうしたら彼は自分自身を知るようにできるのでしょうか。彼自身を知ることは彼の「自己」や「血統」を知ることを含みます。彼の血統を知らないでいることは，血統の繁殖の拒絶を含みます。

　アナリストはどちらかと言えば，無益に本のページをめくる人に似ています。アナライザンドは「30ページ」とか，ことばを変えるなら「30歳」と言いま

しょう。そこでアナリストは，30歳のところが開かれている本のストーリーに耳を傾けます。患者が30ページから始めて彼の人生のストーリーを読んでいくところで，あなたは1ページから29ページの間にどんなことが起こったのかを想像できますか。31ページから40ページに何が起きるかを想像できますか。解釈と呼ぶこれらのことはまさに，失われているページについての「想像的推測」なのです。すでにこの患者は全部のページ——ユダヤ人についてのですが——を破り捨てています。私たちはどんなにしたらこのストーリーが読めるのでしょうか。彼が内科医に話すのと同じようなこと，「痛いんです。いや，でも服は脱ぎたくありません。放射線は浴びたくありません。採血は受けたくありません」をアナリストに言うとしたら，いかにして彼は分析の試験に合格することができるでしょう。私たちは，分析の試験が彼にとっても私たちにとってもできるだけやさしくと試みます。だから，「この患者についてはもっと知る必要がある。明日も，その明日も，また明日も，会うようにアレンジしよう」とあなたは**感じる**ことでしょう——あなたがそう**言う**とは私は言っていませんが。

シェイクスピアが言っています。

> 「明日も，その明日も，また明日も
> その日その日のわずかなペースで忍び寄ってくる
> 記されている時間の最後の一刻へと
> そして，私たちの昨日は，活気溢れた道化師を抱えている
> ごみにまみれた死への道」

わずかなペースで忍び寄ってくるこの患者の昨日も明日も，実際にはものすごい速さで過ぎ去っています——0の時から彼が死ぬ日までの時間を。その本が何ページなのかを私たちは知りません。それで患者もアナリストも分析が——音楽用語を借りるなら——どのぐらいのメトロノームの速度で進められればよいのかがわかりません。

14

プレゼンター：患者は46歳です。3人の兄と2人の妹がいます。父親はお金も力も持った人物でしたが、2年ほど前に亡くなりました。患者の苦難は小さいときにさかのぼります。睾丸の腹腔内停留があり2度の手術を受けましたが、うまくいきませんでした。その結果、彼は不妊です。高校は卒業できておらず、定職についたことはありません。兄たちは家業についていますが、父親との関係がひどく悪かったため、彼は家業に加われませんでした。彼は父親を凶暴な独裁者と表現します。患者は家を出て、スラム街に4年住みました。酒に溺れ、知り合ったばかりの連中にお金をばらまいていました。

3年前に分析を始めた頃、彼は相当飲んでいて、夜には幻覚がありましたし、重い病にあった父親が死ぬのをひどく不安がっていました。

治療の1年目は混乱していました。彼はたくさんのセッションをのがし、多飲し、セッションに来たいのだがあまりに恐ろしいと言ってときどき電話してきました。また、年中嘘をつくために、分析の作業はひどくむずかしくなっていました。

2年目の父親の死後、彼はすっかり変わりました。アパシーになり、酒を飲むのをやめ、母親に付き添われてセッションにやって来ました。たいてい初めに、「先生、私は歩いています。何も言うことがありません」と言うのでした。

参加者：母親と来ていたのはどのくらいの間ですか。

プレゼンター：1年、毎日です。

ビオン：母親に来させたのは誰の考えですか。

プレゼンター：家族の考えです。なにしろ、彼はたくさんのセッションをのがしていましたし、アパシーでしたから。

ビオン：なぜ彼はセッションをのがしていたのですか。彼は来なかったのですか。それとも、聞き入れなかったのですか。みずからの足によってではなく、母親が連れて来たからなのですか。彼は4歳とか6歳ではなく46歳なのに母親が連れて来ると主張しているのなら、**母親が**セッションに来ています。

プレゼンター：2年目の間、私は分析を空虚に感じていました。幾月も「私は歩いています」、そして沈黙です。それに、サッカーくじに勝つファンタジーと、

そのお金をどう使うか，でした——大きなマンションを買って，たくさん車を買って，などです。これだけのコミュニケーションが何カ月も続きました。

ビオン：彼がくじに勝つと言っているこの人は誰でしょう。次のように入れてみましょう。Xはくじに賭けています。Xは勝ちたい思いです。Xが勝つなら，Xはきっと……でしょう。Xは誰でしょう。部屋にはふたりがいるのですが，それは患者ですか。あるいは，アナリストとは精神分析に賭けていて，ほかの仕事をしなくてすむだけのお金をたっぷり稼ぐであろう人物だと彼は考えているのでしょうか。いかなる仕事もしないと決めた人物は誰でしょう。それは彼の母親ですか。彼女は生涯自分を支えてくれる息子を持つことに賭けたのでしょうか。そうすれば，彼女は何にも仕事をする必要はなく，保護され世話されます。

これらのあらゆる疑問を持ち出してから，さらに情報を得るためにあなたは自分の感覚をもう一度使えます。あなたは明日も耳を傾ける必要があります。同じ文句を——**表面的には**——語る患者に日に日を重ねて耳を傾ける必要があります。けれども，語られていることは同じではありません。彼が今日それらを語るなら，それらは昨日のものとは違います。彼が明日それらを語るなら，それらは今日語っているものとは違っています。4歳のときそれらを彼が語ったのなら，それらを46歳で語るのとは違っています。その話には何かまずいところがあります。彼が4歳か6歳ぐらいならそれでけっこうなのですが，46歳ではいけません。あなたの両眼はこの患者を46歳と見ますが，あなたの両耳は別ものを聞くでしょう。

彼が同じ文句を——表面的には——繰り返し続け**なければならない**ことはあるでしょう。かつて私がみていたある患者は数カ月続けて「私は自分が何を言いたいのか，わからない」と言いました。

プレゼンター：驚いたことは，彼に起こった変化です。1年目では彼はあるタイプの人物でしたが，2年目にはまったく違った人物でした。さらに3年目には，またもやまったく違いました。彼は話し始め，2年目のロボットのようだったふるまいに言及しました。

ビオン：遅かれ早かれ，この患者は——母親の足ではなく——自分の足で歩かねばなりません。ソクラテスは，自分は産婆であると言いました。こころの出産を手伝いました。私たちにも同じことがあてはまります。患者が思考の子宮から出てくるのを，生まれるのを私たちは手伝うことができるのです。

15

プレゼンター：患者は18歳の女の子で，週4日の分析を5年間続けています。
　彼女は入室してカウチに横になり，しばらく沈黙していました。やがて彼女は「黙っている間，話そうかどうしようかと思い続けていました。カウチが暑いと思いました。それから，人それぞれを区別するのはあなたには大変に難しいようだなと思いました」と言いました。

ビオン：これは患者がしばしばやることですね。彼女らがみずからの自己どうしの間に距離を作っているとの事実に目を向けさせることが重要であると思います。この患者は「何を言おうかな」と言っています。その返事には「言おうかなと迷った結果は，どんなですか」と答えるのが役立ちそうです。

プレゼンター：彼女は「試しに，何が起こるかと黙っていました」と続けました。私が患者それぞれを区別できるのだろうかと彼女が不安なのだと感じました。

ビオン：「ああ，私も黙っていました。だから，何が起こるかと待っていることができる私たちふたりがいるのですね」と言えそうです。このことは3人の人物が存在していることを示唆しています――彼女，彼女の自己，それからどちらでもない誰かです。ですから，このうちのふたつが一緒になると，片方だけでは聞けなかったことを聞くでしょう。

プレゼンター：それは「私はあなたをいじめ挑発することもできます」と言っていることにはならないんでしょうか。

ビオン：そうかもしれません。それが，声のトーンやイントネーションなどに私たちが注意深くあらねばならない理由なのです。解釈を与えねばならないことの難しさだけでなく，**いかに与えるか**があるのです。ことばにどんな音楽伴奏を付けるかです。

プレゼンター：私は，彼女が私に話をさせたがっていると思うと伝えました。彼女は，「あなたがほかの患者のことを考えているのか知りたく思っていました」と答えました。私は，ほかの患者みんなとごちゃまぜにされてしまうことを彼女が恐れていると感じました。それはちょうど，両親が子どもの区別をまったくできないのを恐れる，大家族の子どもたちのようにです。私は彼女に，アイデンティティに混乱があると伝えました。ちょっと間を置いて，「そんなこと

は考えたこともありません」と答えました。そのあと，不安げなトーンで「私は自分自身から自分自身をなくすのを恐れているのでしょう。そのことに私はひどく動揺してしまいます」と言いました。

ビオン：「そんなことは考えたこともありません」というのは本当でしょう。だから考えることは，まったく馴染みのない体験からの，あらゆる不安や驚きを持ち込んで来るのです。

プレゼンター：あたかも何か考えているかのように，しばらく彼女は黙っていました。それから彼女は「私が自分の使うことばを理解していないと，あなたは言っているんですか。ある種の参考書としてあなたを使い過ぎると思っているんですか」と言いました。

ビオン：これは不思議ですね。なぜ彼女はあなたに話せないのでしょうか。アナリストとして私は，「使用」されることに異議はありません。でも，なぜこの患者が私に話せないのだろうかと思うんです。分析の実践は普通の人の，人との交際能力を失わせるのでしょうか。あなたが望むのなら，あるいはあなたがアナリストになりたいのなら，分析に関して言われていることをたくさん私は知っています。でも，それは分析がほかの活動の代わりになっていくのでないならなのです。精神分析というひどく狭い会話に私がただ縛られている状態にいるより，私はむしろチェスとかテニスとかピアノ二重奏をしたいと思います。分析の結果として人は，人間味を減らしたいのではなく増やしたいのだと私は思います。ですが，この患者はあたかも普通の会話ができないかのように話しています。

プレゼンター：この患者と私では，正常な会話を営むのがひどく難しいことが多いとのことはそのとおりです。

参加者：分析の関係は，面接室外でのいろいろなふれあいの妨害物になるのですか。

ビオン：いいえ。でも，面接室の**内側**でのふるまいに制約をもたらします。私たちが普通のことばを使うので普通の会話のように聞こえますが，私たちはこうしたことばをとても注意深く用いているはずです。外科医なら患者の皮膚に切開を入れるとき古びたナイフは使わないでしょう。外科手術は，規律ある正確な様式でなされねばなりません。分析でも，今ここでのスーパーヴィジョンと呼ばれているものにおいても，私は普通の英語を使っています。それはそれが私が一番よく知っている言語だからです。しかしながら，そうであるにもかかわらず，こうした両方の状況に適した規律があると私は考えています。結婚しているふたり，どちらもアナリストなのですが，そのふたりがお互いの分析をし

ているかのように話すのを聞いたのなら驚きです。なんと！　もっとましなことがないんでしょうか。ふたりで絵画や音楽やいろんなことを話し合えるでしょうし，セックスの関係だってよいでしょう。もし分析関係がほかの活動の代用にされてしまうのなら，それは深刻で危険な分析の副産物に思えます。分析体験をすることには私はなんの反対もありません。そのおかげで私は分析専門職を始めることができます。私はサイコアナリストになりたいのです。でも，劇場や美術館に行けなくなったり，絵を描いたり泳いだりといった生きるに値する生活を営めなくするような分析体験は欲しくありません。

参加者：患者は自分のアナリストとの社会的つきあいができません。このことについてあなたはどう思われますか。

ビオン：確かに分析は社会的な関係をより困難にします。たとえば，あなたが外科医で，あなたの息子か娘が病気だとしたなら，血縁者の手術は自分ではしたがらないと思います。それはきっと，強烈な感情をかきたてるでしょう。この種の情緒体験は，必要とされる澄み切った思索を妨げますし，あなたの冷静な技能を壊してしまうものです。分析においても同様です。あなたがある患者に恋愛感情を抱き始めたのなら，それによって分析関係や冷静に考える能力が妨げられます。アナリストはある規律のもとに留まらねばなりませんし，境界を崩したり熱狂的に応答したり——つまり，患者を抱き締め，情熱的情事を持ったりを——しないままにいる必要があります。それは，「あなたは分析を求めているのではありません。あなたに必要なのは，結婚することです」と言うのと変わらないぐらい，ひどいことです。ナンセンスなことです。こころの痛みに苦しんでいる患者をあなたが診ているときに，「あなたに必要なのは，海辺での休息です」とか「あなたに必要なのは，素敵な男性，あるいは女性を見つけて結婚すること，それだけです」と言うのは愚か過ぎます。それは治癒ではありません。結婚することは別向きのことなのです。それが神経症や精神病の癒しとはされません。でも，分析は癒しになると考えられているのです。

16

プレゼンター：患者はカウチに横たわり，話し始めました。「私の住む家の持ち主はJさんです。88歳の女性なのですが，そのJさんが道を歩きながら賃貸契約について話している夢を見ました」と言ったあと，患者は絶叫しました，「そこで，私のうしろであなたは何をしているんですか。**今すぐ**言って。このいいかげんな嘘つき！」。私はまったくびっくりしてしまいました。

ビオン：何がむずかしいことなんでしょう。あなたがいいかげんな嘘つきであると彼女が知っているのなら，あきらかにあなたは彼女のうしろで嘘をついているのでしょう。それとともに，彼女のうしろであなたが何をやっているのかとなぜ彼女は尋ねるのでしょう。おそらくあなたはもっと嘘をつくだけになりましょう。それともまた，あなたが嘘をつか**ない**ことを彼女は恐れているのでしょうか。あなたが真実を語る見込みがあると彼女が考えているのなら，あなたに何をしているのかと彼女が尋ねる理由が納得できます。別の表現をするなら，この話には何か変なところがあるんです。つまり，患者が嘘をついているのか，彼女がアナリストを中傷しているのです。そうでなければどうして，彼女はいいかげんな嘘つきと一緒に時間を過ごすのでしょうか。

プレゼンター：「私は聞いています」と答えました。彼女は「ええ。それが大事なんです」と答えました。彼女はおだやかになり，夢の説明を続けました。

ビオン：とてもおもしろい展開ですね。アナリストは自分が嘘つきか否かについての議論は始めなかったということがわかります。アナリストは立ち上がって部屋から出て行くことはしませんでしたし，かんしゃくも起こしませんでした。患者への働きかけは大変援助的だったようです。それは治癒ではありませんが，わずかばかりの癒しです。次の2，3分を望ましくしてくれるに足る治癒です。あなたが言ったりしたりすることが大事なだけではなく，あなたが言わなかったりしなかったりしたことも大事なことなのです。

プレゼンター：彼女は夢の話を続けました。「Jさんは家に来て，中を見たがりました。ある部屋にはヌード写真があって，彼女がそんなものは好まないことが私にはわかっていました。だから，彼女が家に入るのを阻止しようとしましたが，できませんでした。キッチンには血の付いた上着がふたつありました」

ビオン：患者はこれは夢だと言っています。あなたは信じますか。あなたが彼女のこころに何があるのかを見ることや，彼女の感情を裸のままにさらしておくことを，彼女がとてもやめさせたがっているように聞こえます。でも，彼女はドアに鍵をかけられません。あなたを去らせることができません。分析をただちにやめることができません。こうして今，彼女がどんな人物なのかがあなたにはわかるでしょう。しかしながら，いつも予防措置がなされています。あなたが解釈を与えたなら，彼女は「気にすることではありませんね。そんなふうには私は考えません。ただの夢なのですから」と答えられます。

プレゼンター：彼女は続けて言いました，「私が家をきちんと管理維持しないと家主が不満に思って，契約を更新しないのではないかと不安なんです——私が借りた当初からかなりひどい状態だったんですけど。魔法のつえを使って，家主はヌード写真をバラ色の服をまとった黒人女性に変えてしまいました。その黒人女性は動き出しました。前には見たこともなかったドアがあり，私はそれを開けました。そこには枯れかかっている植物がありました。私がきちんと管理していなかったと，家主が怒るに違いないと私は不安になりました。私は彼女が使っていた魔法の呪文で植物をよみがえらせようと試みました。でも，できませんでした」。そのあと，彼女は再び絶叫しました，「あなたはそこで何をしているんですか。嘘つきめ。私に教えたくないことをしているんだ。憎らしい。あなたをぶち壊したい。バラバラに引き裂いて，投げ捨ててしまいたい」。彼女はもう激怒していました。

ビオン：あなたは彼女に何をしているんでしょうか。彼女は引き続き話し続けています。だから，彼女は自分の見せかけを脱ぎ払っています。あなたが黒い皮膚を脱ぎ払うなら，ひとりの人物が現れましょうし，あなたが夢を脱ぎ払うのなら，彼女自身が現れてきましょう。あなたが彼女にしていることに彼女は不安なようです。なぜあなたは彼女に真実を語らせようとしているのでしょうか。あなたはただ話をしているだけのようですが，それがそれだけではないと彼女は知っています。彼女に真実をあばかせる特異な話し方であなたは話しています。この分析的会話は，患者にはこころをひどく動揺させ怯えさせるものです。なぜなら，彼女にはこれから何が現れてくるのかがわかりませんから。彼女があなたに怯えているのは，彼女の語ることをあなたが聞いているだけではなく，あなたは聞いたことを理解するからなのです。それで，あなたに会いに行く自分自身に怯えているのです。彼女は極度に腹を立てあなたに非難を浴びせるのですが，それは彼女がひどく怯えていることでもあります——怯えていることと怒っていることはほとんど同じことです。どちらも基本的な感情です——医

学用語を用いるなら，副腎の発達とともに，胎児によってさえ感じられましょう。怯えや怒りというこの基本的な原始感情はしみ出てくるので，患者は清く澄んだ頭を使って考えることができません。ですから，アナリストの方も怯えさせたり怒らせたりすることは，なかなかよい考えに思えます。アナリストをいいかげんな嘘つきと呼んでみることから始めましょう。そしてそれがアナリストを怯えさせたり，考えられなくなるほど怒らせたりするのを見てみましょう。それでうまくいくことでしょう。なぜならアナリストは彼女よりましには考えられないからです。ただ，私たちは考えられない**ふたり**が部屋にいることが，まったく無駄なことなのを知っています。だから患者には恐ろしいことなのですが，アナリストが考え続けられる方がよいのです。とは言っても，怒ったりも怯えたりもできなくなることでは，この問題は解決しません。これらの強烈な感情を抱え**つつ**，そうしていながら清く澄んだ頭で考え続けておれることが必要なのです。

17

プレゼンター：患者は 14 歳の男児です。やってきて，腹ばいになりました——いつもの姿勢ではありません。「次のときにあなたが病気だったら，セッションがなくなるからお金がたまる」と言って始めました。次に彼は私を見て，「あなたは指を動かしていますね」と言いました。彼は私をチラチラと見続けていました。それから，私の患者のひとりなのを彼が知っているある少年について尋ねてきました，「あの子はもう終わってしまったのですか」。続いて，「分析はどのくらいかかるのですか。ぼくは 10 年来ることもできるんですか」と言いました。

ビオン：私なら次のようなことを言ったと思います，「ここに来ていたけどもはや来なくなった男の子があなたなのか，今日もやってきている男の子があなたなのか，あなたはわからなくなっているようですね。でも，あなたは今日やってきている男の子なのだから，ここに 10 年も来なければならないのではないかと怖くなってきているようです。だから，あなたがこれまで何年やってきているのか，あと何年やってくるのかを私が教えてくれないだろうかと思っているのでしょう」

　この少年は，すでにもう 14 年間通ってきていると感じているのではないでしょうか——実に，生まれてからずっとです——相当な長さですね。それと同時に，彼は少年ではありません——若い男性です。でも彼は若い男性でもありません——父親や母親あるいは通っていくサイコアナリストを必要としている少年です。手短に言えば，ずっと近づくなら，私たちは青年として知られているものを見ています。でも，そのことを彼に伝えても無駄に終わります。なぜなら，それは彼には何の意味も持たないからです。だけど次のように言うならおそらく理解できるでしょう，「大人って感じがしているんですね。子どもであることにうんざりしているんだ。でも，あなたは大人であることが恐ろしくもあって，もうちょっと長く——10 年ほど——子どもだといいなあと思っているのでしょう。あなたがいつ大人になっていて，いつ子どもをやめられるかを私から教えてもらいたいんですね」

　これらは，合理的な推定，合理的な推測にすぎません。しかしながら，分析の

間にはこの種のことを討論する時間はありません。ここでは私たちは，患者が解釈を待っていると想像できるのですが，実生活では患者はすぐ返事を求めます。これがアナリストの難しい問題なのです。とっさにいかに答えるかです――文字通り，「とっさ」こそが，答えを引き出す拍車なのです。さらには，分析を続けるのを手助けする過不足のない答えをどのように与えるかです。青年の治療がとても難しい理由はこれなのです。

　イメージを浮かべやすくしましょう。あなたが嵐の海を航海している船の船長だとしたら，どの帆をあげてどの帆を降ろすかを**瞬時**に把握しなれければなりません。経験を積んだ船長が有利な理由はここにあります。そうした考えることを事前にやってきていますから，考え過ぎなくてよいのです。同じように私たちはこの種の討論を重ねているので，答えねばならなくなる前に私たちは考えることができるのです。私たち自身の想像的推測や合理的推測を使いたくなったときに備えて，それが間に合うように表のところまで浮かび上がらせておくことが役に立ちます。

プレゼンター：彼はカウチから起き上がり，「あの小さな箱を，ぼくにやろうと思っているんじゃないんですか」と尋ねてきました。この箱には，彼がはじめて私のところに来た12歳のときに使った絵画のための物品が入っています。

ビオン：「もうちょっとだけ，小さい男の子でいれませんか」と彼はまだ成長したくないんです。

プレゼンター：彼は毎月の支払いに持ってくる小切手を，「ぼくがアナリストなら小切手を自分のものにしておけるんだけど」と言いながら模写し始めました。セッションの残りの時間，小切手を描きました――とてもよく描けていました。それから破ってしまい，本物の小切手を見せて，「これを持っていこう」と言いました。彼は私を見て，破れた絵を取り，小切手は置いていきました。

ビオン：ここであなたは情緒の嵐，ダイナミックな状況を取り扱っていますね。だから，あなたがすることはすべて次の瞬間には間違っているのでしょう。でも，ひょっとしたら，正しいかもしれません。このことが，海の波のようにたえず変化している状況において，ただちに答えなければならないことに伴う問題点なのです。

参加者：彼が小切手を描いたのは自分がお金を稼げないし，本物の小切手に書き込めないからでしょう。

ビオン：いつになったら彼は，自分自身の小切手を書けるほどに大きくなるのでしょうか。いつになったら自分の小切手が，大人になった人たちの小切手ほどに価値あるものになるのでしょうか。小切手を彼が自分で書けるのなら，彼は報

われるでしょう。

参加者：彼は父親に同一化しているようです。小切手を描くのは父親との競争でしょう。

ビオン：そうですね。でも彼の鉛筆，彼のペニスはさほど力がありません。彼の鉛筆もしくはペニスが作る小切手は父親の——あるいは，アナリストの——鉛筆やペニスが作る小切手ほどにはパワーがありません。彼は，男の子でもなければ父親でもない，でも同時にどちらでもあるというこのやりにくくてやっかいな段階にいます。

プレゼンター：制限を加えてくれと私に望んでいるのかなと思いますけど。

ビオン：まったくその通りです。彼はそれを望んでいます。でも同時に，自由でいたいとも願っています。さあ，制限では決してない制限とはどんなものでしょうか。嵐で荒れ狂っている海のイメージが役に立つと思います。パリ市の紋章の題銘「fluctuat nec murgitur. 波に揺られても沈まず」です。この男の子は「この波はどのくらい高くなりますか。この感情はどのくらい高まりますか。制限はどんなものですか。だけど，制限はあってはなりません——それが牢獄になるのはいやです」と言っています。

18

プレゼンター：患者は女性ジャーナリストです。私が報告しますセッションには20分遅れてやってきて，カウチには横にならず椅子にすわりました。日によって彼女はカウチを使ったり，椅子にすわったりします。セッションの間に居場所を変えることもあります。来たとき，あたかも走っていたかのように，彼女はくたびれて見えました。でも，身なりはきちんとしていてきれいに化粧していました。彼女は「もっと早くここに来たかったんです。だって，今日はうさぎを私の帽子から飛び出させたいほどに困っていて，妙案があればと思っていましたから。いっぱい，ありました。母はアメリカへ帰ります。妹は離婚します。私は分析をやめようかと考えていました。妹は離婚にお金が必要になるんです。他にも問題があるんです」と言いました。間を置いたあと，「他の問題」とは何を言うのかを私は尋ねました。彼女は，わからないけど，自分はたくさんのお金を使うには値しないので分析をやめるべきではないのか，いくつかの家に住むのをやめて郊外の小さな家に移るべきではないのかと思っていると言いました。

ビオン：彼女にはたくさんの選択肢がありうるとの事実に，彼女は気づき始めたというのが私の印象です。問題は，彼女の限られた時間とお金をいかに使うべきかなのです。限られているわけですから，何を彼女が買うかは大問題です。妹の離婚にお金を使うことができるでしょうし，自分自身に使うこともできるでしょう。ただ，彼女の言っていることは，彼女が持っている時間やお金を自分自身のために使うと，その罪悪感に耐えられなくなりそうだと聞こえます。

　ここでそのことを私が何か言うべきとは思いません。私には彼女がそれに耐えられるのかがわからないからです。もう少し聞いておきたいですね。その一方では，これは根源的な，基本的な罪悪感，宗教的な視点を取るなら「原罪」と呼ぶであろう，ある種の良心であるとの見解をこころに置いておきます。でも，私の考えでは，これらは，プラスになるよりもマイナスになる，ひどく危険な良心の症状なのです。その良心は，どうしたらよいのかを患者に教えてくれません。やってはならないことを告げるのみです。それで彼女は，あなたがその種の良心ではないかと怖がっているのではないでしょうか。

私がアナリストなら，この患者にどんな解釈を与えるべきなのでしょう。それとも，私は黙っているべきでしょうか。黙っているなら，私は彼女に不親切な良心の位置にはまりこみましょう。私には情報がもっと必要です。ですから，もう少し聞いておいて沈黙しておきたいと思います。ただ，私に待っているゆとりがあるのか，あるいは，待っていると私を，冷たくて敵意のある良心としてますます怯えさせてしまうのかは私にはわかりません。もう一方で，先の解釈をすることが時期尚早ではないだろうかとも思います。いずれにしても，彼女が退室してしまい，戻ってこないという危険がここにあります。こうした過ちにならないことを言えるとよいのですが。

プレゼンター：私はおそらく，「あなたの言う帽子の中をのぞいたらどうでしょう。うさぎを見てみたらどうでしょう」と言うかもしれません。

ビオン：それについて私の予想する危険は，私が真剣でない，もしくは彼女の発言を真剣にとらえていると彼女が受け止めることです。あなたの解釈に反対しているわけではありません。あなたの言うことやすることには，必ず反対が出てくるだろうと思うのです。

プレゼンター：彼女は自分自身に離婚をうながしているように私は感じています。

ビオン：離婚は結婚とおなじく，ひとつの制度にすぎません。疑問点は，その人がそのどちらかを何のために使うかであり，なぜその一方でありもう一方でないのかです。この患者は，なぜ離婚が彼女が妹にあげられる最高のプレゼントであると思うのでしょう。

　私としては，部屋の中に実際にはふたりがいること，でも，あなたと彼女自身とのことばでの性交を見ている観察者もいるとの事実に，彼女の目を向けさせたいと思います，彼女はあなたとの会話に加わっている一方で，それを聞いてもいます。「言い換えると，あなたと私はひどくせんさく好きの人物，それもあなたなのですが，その人から見られていると思います」と私は付け加えるでしょう。その通りだとしたら，私たちは基本的なものを扱っています。知識の木の実を食べるよう人を駆り立てた好奇心についての聖書の物語と似たところがあります。これは3人の人物——アナリスト，アナライザンド，観察者——を巻き込んでいるダイナミックな状況です。しかし，ある瞬間に誰がどの役割を担っているのかが私たちにはわかりません。それが絶えず変化しています。それが「三角」関係と呼べるという意味でも根源的なのです。

プレゼンター：見捨てられ感や分離の感覚と折り合いをつける方法として，彼女が分析をやめたがってると私は思いいたりました。母親は妹のめんどうをみるために彼女のもとを去ったので，そのことが見捨てられたと彼女に感じさせまし

た。だから，彼女は私を見捨てて，私もひとりにしようとしています。

ビオン：そのふたりもまたひとりに置かれるのです，原始的な良心とともに。言い換えてみましょう。幼いふたりの子どもが親を求めています。なぜなら親は経験豊かだからです。一方，この原始的な良心はまったく経験がありませんし，ふたりの子どものめんどうをみるには知識がありません。経験豊かな母親はひどく厳しく見えがちなようです。なぜなら，「これはやっちゃいけません」「それをやっちゃいけません」「行儀悪いのはいけません」など限りなく絶えず言っているからです。でも実際には経験豊かな母親は，まったく経験のない良心よりもずっとおだやかで，ずっと苛酷ではないのです。ですから，幼いふたりの子どもを置いておくことの危険は，ふたりがするあらゆる悪いいたずらだけではなく，ふたりがひどく残虐で，まったく経験を欠いた良心にほんろうされてしまうことなのです。ずっとのちになると，この種の道徳システムの含む危険は，不必要に死の判決を下すことなのです。言い換えれば，患者を自殺にいざなう良心なのです。

　子ども時代というところで私たちはこのことを取り扱っていますが，もしそれが手当されないままなら，大変深刻になるものを私たちは実際には取り扱っているのです。このことが分析体験をとても重要にするのです。患者が今の時点で知ることとの比較で，正しいとか間違っているといった自らの考えを修正するよう援助されます。私たちは「そんな良心のようなものは，残りの人生をそういった良心に支配されたままの人たちにやってしまいなさい」とは言いません。母親のようにアナリストはひどく縛りつけるように見えます。なぜなら，考えるための間を入れず衝迫からただちに行動に移ってしまうことなく，賢明で洗練された作法でふるまうよう患者に求めるからです。こうしたことを討論し考えるために，語られることがたくさんあると私たちが思う理由のひとつがこれなのです。アナリストとその作業を果たすよりも，アメリカやイギリスやフランスに行ってしまう——行動が先であとでゆっくりと後悔する——患者を知っているでしょう。患者が電話で「先生，会いたいんです」と言い，あなたは「いいですよ」と答えたところ，「でも，できません。私はいまアメリカにいますから」と言うのは，深刻な事態です。長い歳月を分析に費やしていたにもかかわらず，患者は衝迫から行動へとまっすぐ向かっています。患者はどうしたらいいのかわかりませんし，次のセッションに戻ってこれません。ですから，この患者はとても賢明です。彼女はアメリカには行きませんし，あなたに会いにきています。

19

プレゼンター：この女性の患者は分析を2年続けています。私はその始まりから，無防備で，防衛を欠いている人物を目の前にしているとの感触を抱いてきました，彼女がこのことをことばでは表しているのではありませんけれども。これから報告するセッションでは，自分は卵から出てきた，卵を出るときケガを負ってしまったとの空想を抱いていると語りました。彼女が語るには，分析の始まる前には，彼女は自分が好きにやっていることの半分以上も意識することなく生きていました。「私には卵から出るのがよいことなのかどうかまったくわかりませんでした。私はただ飛び出して，ポチャリと落ちました。それで，ケガしてしまいました。分析を始めてから，もっと用心して卵から出ようとしてきました。あなたの言う通り，私が真実を知ろうとしないなら分析はうまくいかないと思います。まるでひよこが卵から孵化することのようです。もしひよこに卵を出る準備ができていないなら，出ようとするときにケガしてしまうでしょう。いつ卵は適当なのか，私はやがて知るのだろうと思います。聞いていますか。私に見えないほど，あなたが私から遠く離れている感じです」

ビオン：あなたはまだ部屋を出ていません。彼女もそうです。それで何が起こったのでしょうか。身体感覚からは何もつかめないようです。しかしながら，この患者が語っていることには，私はたいへん感心しています。どんな感覚について語っているのでしょうか。あるストーリーを彼女に伝える視力（アイ・サイト）と，別のもうひとつのストーリーを伝える洞察力（イン・サイト）を，彼女が持っていると考えることはできるでしょうか。

　赤ん坊は自分が何か——自分自身でない何か——乳房とかミルク・ボトルとか父親とか母親といったものに，頼っていることに気がついているようです。赤ん坊は部屋に誰もいないときもわかっているようです。この依存感，不全感，それと同時にまったくひとりぼっちである感じは，不快な体験です。この患者は同じ部屋にサイコアナリストといてまったくひとりぼっちであることに気がついているようです。すなわち彼女は依存的であり，かつ依存している対象といてひとりぼっちなのです。彼女が卵，もしくは母親の内側から出たとき，こうした感じを体験したのかもしれません。でもそのときにはそうした感じをど

う伝えたらいいのかがわからなかったのでしょう。今日では彼女はそれらをことばで伝えることができるのですが，それらが何であるかを彼女は忘れてしまっています。それらが何であるかを「忘れて」しまっていると，私は言っていますが，私たちがアナリストであるのなら，「忘れること」と「覚えていること」についての見解を改める必要がありましょう。この患者は生まれたばかりの赤ん坊であるのはどんな感じかを「忘れて」いるのでしょうか。それとも，どんな感じだったかを「覚えて」いるのでしょうか。私にはわかりません。こうしたことばはあまりにたくさんの意味合いを含んでいますから，役に立ちません。私たちが科学的なコミュニケーションをしたいのなら，私たちには芸術作品を作り出す必要がありましょう。

プレゼンター：彼女は「酸素が必要なように，私には肉感的なふれあいが必要に感じるのです。ふれて，抱き締めて，くっついていたいのです。分析を始めてから，この感じは高まってきています」と言いました。私は「小さい子のように，防衛を欠いていて無防備で，お母さんとくっついているときだけ安心できる，そんな感じにあなたは混乱しているように思います」と伝えました。

ビオン：彼女なら，「その話は私にはわかりません。でも，手を使うなら，このテーブルが私にはわかりますし，あなたのからだにふれられるのなら，**私のからだはあなたのからだ**が語っていることがわかるでしょう。私の耳の中のさっきの雑音は私にはわかりません。あなたにふれさせてくれませんか。そうしたら私の手はあなたの手が語ることを理解するでしょう」と言うかもしれません。もしその状況に彼女が耐えられないなら，彼女はあなたの手をつかむかもしれません。彼女がわかっていないことは，彼女がそうするのなら，怯えてしまうであろうほどの激しい感覚を自分が抱くであろうことです。実際，彼女はあまりに怯えてしまって分析に戻ってこないかもしれません。それは，あなたにふれることをさえぎられてきたからではなくて，そうすることを許されてきたからです。それで——からだのふれあいを望む患者に私たちは何を言えばよいのでしょうか。あるいは患者があなたに「私にはそれはわかりません。ここにピアノがあって，私がそれを弾けばあなたは私の言いたいことを理解するのでしょうに。ここでの話はまったくくだらない——私は話せません」と言うとき，あなたは何を言えばよいのでしょうか。あるいは，患者はまったく何も語らず，ただどんどん怒っていって，どんどん敵意をむき出しにしてくるかもしれません。ついにアナリストは，「なぜ，何も**しない**んですか」，「ああ，なぜあなたは私にずっと何も言わないんですか」と言います。そこで患者は答えます，「私はあなたにずっと話してばかりいます。この２週間，私は伝えてきました」。

アナリストに関して言えば，患者は一言も発していません。その患者はこの2カ月ほど週5日毎日来ましたが，一言も発しませんでした。しかしながら患者は激しく怒っています。なぜなら，アナリストにたくさんのことを伝えたのに，アナリストが何にもわかっていないからです。

アナリストは，話すほかにも聞いてもいるとのことは，けっこう気がつかれないままになりやすいことです。私たちが耳を傾けてきた患者は，アナリストが聞いていることを知っていました。それで彼女は「あなたが遠く離れてしまった」と言ったのです。彼女はアナリストがいまだ部屋にいることを知っていたに違いありません。すなわち，何かがそこにいる，と。また，それは嗅ぐこともふれることも感じることもできないが，彼女にはアナリストは考えているのだとわかっている知性がありました。

人がいつも話し，いつも音を立てていることを求める文化があります。そのため，考えている人は何もやっていないと受け止められてしまいます。アナリストなら，何かを言うようにとの，もしくは何かをするようにとの，あるいは患者にふれるようにとの，さらには，少なくとも自分の考えに耳を傾けておれるときの沈黙にとどまることをやめるようにとのプレッシャーがかかっているとき，自分の直観を大事にし注意を向けておくことができねばなりません。

20

プレゼンター：この患者を私に送ってきた精神科医は，精神病と診断していました。患者は病院に入院していました。私には空き時間がなかったのですが，私は彼とのインタヴューをおこない，私に空き時間ができるまで，そのままにしておくことに私たちは決めました。のちになって彼は退院し，私に電話を入れてきましたが，私にはまだ空きがありませんでした。お互いの都合のよい時間が私に確保できたときに，私から彼に電話を入れましょうと伝えました。

ビオン：この考えはどこから来たのですか——患者は援助を求めているのですか。その精神科医がそう考えてるのは私たちにわかるのですが，興味深いのは一見患者もそう考えてることです。言い換えると，彼は自分に援助が必要なのがわからないほどには狂っていないのです。私たちは「きちがい」と呼ぶでしょうが，誰からの援助も受けようとしない人はたくさんいます。その人たちは自分がまったく正しいと感じているのでしょう。でも，少なくともこの患者は，自分が病気であるとわかるほどには健康なようです。

プレゼンター：この患者が初めて私のところにやってきたとき，私にとても多くを期待しているような印象でした。それと同時に，私とコミュニケートするのにきちんとしたことばで自分を表現できませんでした。私には別の患者とのこのような寡黙についての経験がありましたので，それに基づいてこの患者は長く沈黙するだろうとの印象も持ちました。彼が建築を学んでいることを私は知っていましたので，ことばを使うのが難しいようなら，何か描いてくれませんかと伝えました。彼はこの示唆を熱意を持って受け入れ，以来セッション毎に描くようになっています。

　ある種の儀式が確立されました。すなわち，彼は描きます。私は彼が描いたものについて尋ねます。彼はそれを私に渡します。私はそれを見て，それから描いたものについて何を思うかを尋ねます。ときには私は「この絵をあなたはどんなふうに解釈しますか」とか「何を描いたのですか」と尋ねます。最新のセッションで私は「絵にタイトルをつけませんか」と伝えました。彼は少し考えたあと，「前進する獣欲」と答えました。私は彼に「あなたは獣欲の前進を，前進している足によって表現しているのですか」と尋ねました。「獣欲は足で

はありません。足を持っているものなのです」と彼は答えました。彼はとても早口で話し，次には，あたかも額に入った絵画でもあるかのように，その絵を囲む線を引きました。(その絵をビオンに手渡す。)

ビオン：なんと言いますか，これは変わった建築物ですね。人体構造の一部の素描のようですね。もしそうだとしたら，人のからだを建築物の一部分であると彼が見ているのかもしれませんね。からだもビルの鉄梁や鉄骨とまるで同じように骨格を持っています。でも，**このビルは生身の人間についての計画です。**

プレゼンター：これが彼の言う「獣欲」ではないでしょうか。

ビオン：大変おもしろいですね。(おそらく，まったく正しく) 精神病と診断されているこの患者は，自分が病気であるとわかるほどに健康でもあるのです。これが第一点です。第二点は，アナリストが自分を助けてくれそうだと知るほどに健康なことです。だから彼は絵を描くことで協力することを惜しまないのです。彼はことばでは苦痛がどこにあるのかを言いませんが，絵に描いています。

参加者：この種の絵が精神的なコミュニケーションであると考えることは危険ではないでしょうか。

ビオン：何かを考えていくことは危険であると私は思います。精神分析は危険な職業なのです。医師であるか消防夫であるのと同じです。こうした職業では生命が失われます。どんなことをしようと——あなたが何もしないでも，あるいは**何かをしても**——分析が危険な職業であることはしっかり覚えておいたほうがよいことです。

　この絵は何か**についての**ものです。それが燃えている家だとするのなら，炎が前進している，進んでいると言うのでしょう。しかし，それが人間という建築物の一部分の絵なら，それはひとつの前進しているこころの状態——獣欲——なのです。言い換えると，彼は自分がもっと洗練されてきている，もっと賢明になってきている，もっと協力的になってきているとは感じていません。そうではなく，もっと獣欲的になってきていると感じています。より人間にではなく，より獣になってきていると感じています。

　いま，私たちは獣欲の前進——それはすでにかなりのところにまで進んでいるようでもあります——を取り扱っているのですが，それがどこから始まったのか，その源はどこかを知ることも役に立つことでしょう。それを知るなら，私たちはその源が前進に補給するのを止めることができるでしょう。私たちが火事をどうにかしようとしているのなら，その火が広がらないよう囲むことが必要でしょう。でも，何によって火が焚き付けられているのかを知ることも重

要でしょう。前進しているのがからだの病であったのなら，感染源がどこかを知るのは有用でしょう。実際，あなたが患者に絵を描くように求めたのは，広がりを囲い込むための援助であると私は思います。描画はまったくの文化的手法です。それには長い歴史があります。2万年前の洞窟壁画にまでさかのぼります。私たちは，長い歴史を持った，まったく最新の何かを患者の徴候に見ることができます。こうして私たちはそのストーリーにとても遅れて入り込むのです。

21

プレゼンター：この患者の分析は3期を経過してきたように思います。第1期には彼女は，たとえばカウチといった身辺の物的状況におもに気持ちを向けていました。彼女はセッションのタイムテーブルにひどくかたくなで，なんらかの変更がなされたときには攻撃的になっていました。あるとき私は，彼女がとてもなめらかに話しているので，そのことばに懸命についていこうとして自分が椅子の上で身もだえしているのに気が付き，驚いてしまいました。このことに気がついてやっと，私が分析的に考えられなくなるほどに彼女がコントロールをおよぼしているのを私は知りました。

第2期には彼女はあたかも独り言を言っているかのように話しました。のちには第1期のときと同じような物的対象についての同様の不安を表しました。しかし私との関係では，私がなんと素敵で時間にきちんとしていることかと言いました。けれども私には，私とのふれあいを避けるための排泄として，私を遠くへ押しやるためにおしゃべりを使っていることはわかっていました。

第3期には，彼女は私を人として見始めました。この時期には深い疑惑と不安の色合いがありました。たとえば，彼女は別の世界に届かないにしても，今ではそれをのぞき見ることができると語っていました。この時期には彼女の人生においての分析の大切さに言及できました。

さて，昨日のセッションを述べます。

ビオン：そのセッションを聞く前に尋ねたい疑問があります。患者の語りを聞くのにあなたが椅子の上で身もだえしなければならなかったことを彼女は知っていた，と私は感じます。あなたが彼女の語りを聞けないこと，それであなたがからだの位置を動かさずにおれないことを，彼女はわかっていたとあなたは感じましたか。

プレゼンター：彼女は私を椅子の上で身をよじるようにさせていたとは，意識的には気づいていなかったと思います。私は自分の中で感じ観察しただけです。

ビオン：もしあなたが家具の一部や一片の木材にすぎないのなら，あなたに何かを感じさせるといった問題はありえません。でも，もし彼女があなたを人間だと気がついているのなら，彼女の語っていることを聞こうと，あなたが耳を傾け

ないわけにはいかないのにも彼女は気づいています。それで，彼女がとてもなめらかに話すのなら，彼女の語ることを聞くための何かをあなたはやらないわけにいきません。このことは私たちが聞いてきたこと，つまり彼女はあなたを人間だと気づいていないとのことに確かに適っています。でも，彼女がそのことに気づいているのなら，自分があなたに残忍なことをしていることにも彼女は気がつきましょう。

さて，昨日のセッションで起こったことを聞いてみましょう。私たちは歴史的なところを聞いてきました。これからもっと近づいて見てみることになるでしょう。

プレゼンター：彼女は入室し，私に小切手を手渡し，「今日，私はひどく戸惑っています。どうしてかと言うと，最初書いた小切手に間違った日付を入れてしまったんです。私は混乱しています」と言いました。それから彼女は「流感」にかかっている2人の子どもの介抱の模様を語っていきました。（私は，彼女が語る間に小切手をながめている自分に気がつき驚きましたが，彼女が過大な額を小切手に書いているのを知りました。）子どもたちの世話ができることに，とても幸せを感じると彼女は語りました。かつて彼女はメイドを雇っていて，子どもたちをメイドに任せていたものでした。私は言いました，「あなたの動揺は，あなたが書いた小切手に認められます。あなたは，子どもたちについてのあなたの心配ではなく，あなたの母親的な感情，女性であるとの側面，セクシュアリティの側面についての心配を表現しています」。彼女は同意しましたが，子どもたちのめんどうをみていることと同様に，今ではセクシュアリティについても私に語ることができるとのことにも，私が気がつくべきであると言いました。以前はいつもスラックスをはいていたのが，今ではドレスを着られるようになっているとの事実に，彼女は私の注意を向けさせました。

ビオン：あなたが第1期として語ったところでは，患者はあなたが生きた人物とはまるでわかっていなかったようです。あるいは，生きた人物に対して，いくぶんかは彼女自身に対してもですが，残忍であったように私には思えます。もし彼女の語ることをあなたが聞けないとしたのなら，あなたは彼女に解釈を与えることができません。そうすると，彼女は治療を受けることができません。けれども，第2期を可能にしたそのときに何かが起こっています。彼女もあなたも，変わっているのです。同じように第2期についても，第3期を可能にした何かが起こっていたに違いありません。彼女が発達したか成長したのなら，「もの」に対して残忍でありたい時期を通り過ぎていることなのでしょう。それなら彼女はあなたに，あなたが1期，2期をもちこたえてくれたゆえに，恩

を感じることができましょう。

　この種の精神分析的会話がほんとうのこころの痛みを実際に和らげ、ほんとうのこころの痛みへのほんとうの癒しをもたらしているであろう理由を知るのは困難なのです。アナリストはクライン派の理論，フロイト派の理論，アブラハム派の理論などについて話し討論しますが，こうしたあらゆる理論の背後には実際に苦しんでいる人たちがいることをあたかも忘れてしまっているかのようです。それはまるで手術のことを，生きているからだの上でなされるちょっとした大工仕事のようにみなしている外科医のようです。もし歯医者が，その歯が生きた人物のものであるとのことを忘れてしまったかのようにあなたの歯に穴をあけ，それを技術の遂行にすぎないとみているのなら，あなたはすぐにこのポイントがわかることでしょう。

　誰がもっとも多く理論に通じているか，あるいは誰が最高の理論を知っているのかについての技術的問いといった討論にかかわりあい，私たちが**人**に関心を抱いているとのことをすっかり忘れてしまうのはたやすいことです。逆説的に，私たちはあまりに苦しんでいる人に近づきすぎて，正しい解釈を与えること，正しいこころの手術を成し遂げることにこだわりすぎて，また患者は患者で，正しいこころの処置がいかに苦痛なものかに気持ちをあまりに向け過ぎていて，患者が進展するにつれ違ってきている，すなわち私たちが「よくなっている」とか「健康になってきている」とか「癒されてきている」と言わないわけにいかない姿であることにはたと気づき，驚いてしまいます。

　この患者は，彼女の過去のあらゆる苦悩や不安やトラブルのために自分自身の家庭を持つという状況に至ったことを発見しています。自分の子どもたちを持つのはなんと素晴らしいことかは，思いがけない発見でありましょう。どのようにしてそこに行きついたかはよく覚えていない感じでしょう。でもあなたのおかげだとは感じられます。今湧き上がっている問題は，彼女がどのようにあなたへの感謝の思いを表すことができるかとのことです。ちょっと見たところでは，その恩を解消する方法としてのお金という考えに頼っています。でも，あなたがよいアナリストであるのなら，どんな支払いを――あるとしたなら――あなたは期待できるでしょうか。どんなコインがあなたに払われるのでしょうか。ことわざがあります。善はそれ自体が報酬である，と。善意であることの報酬は，善意であることなのです。よいアナリストであることの報酬も，よいアナリストであることなのです。よい父親や母親であることの報酬は，ただ単に，よい父親やよい母親であることなのです。

22

プレゼンター：患者はたいていちょっと遅れてやってきて，カウチに横たわるやいなや話し始めます。昨日，患者は10分遅れて現れ，1分ほど間を置いて話し出しました。黙っていた間，あなたのレクチャーについて考えていたのだと語りました。彼はその会合に出席しようかと考えたのですが，（8年間分析を受けていた）前のアナリストに会うのを恐れたのでした。そのアナリストに何と言ったらいいのか，わかりませんでした。「おかしなことなんです。人が私に言ったことはおぼえていますし，それらの人についてのことがらはおぼえていますが，その人たち自身についてはおぼえていないんですね」。彼は私との分析は6カ月になります。うち2カ月はヨーロッパに行っていました。ヨーロッパにいる間，私が彼に言ったことはときどき思い浮かんだのだが，私のことはまったく思い出さなかったと言いました。このことは父親についての記憶にもあてはまるとも言いました。父親のことばは思い出すが，父親は思い出さないとのことです。

　これらを聞きながら，彼には引用癖があることを私は想起しました。私のした解釈は，「あなたはことばを，あたかも食器棚に置いておけて，あなたの自由に使えるものであるかのように使いますが，でも人を置きざりにしています」というものでした。私の観察に彼は同意したようでした。自分は「知性があって感じやすく機敏」なのだが，学んだことを保っておけないのだと言いました。その結果，彼は友だちの中にいても落ち着かないのです。そうだから真剣な話を楽しめないのだと彼は考えています。

ビオン：私が感心したことは，「なぜか」を知っていると彼は思っていることです。人は頻繁に「なぜなら……，なぜなら……」と言うものです。それでその理由を聞こうと心待ちしていても，教えてくれません。この患者は理由をあなたに伝えるのですが，それが何なのかを彼が本当に知っているのか，私たちにはわかりません。理由を彼が知っているのなら，なぜわざわざあなたに教えるのでしょうか。彼があなたに教える理由は，実際のところ，彼は知らないからなのです。彼はあなたに怯えていますし，あなたが見出すだろうものに怯えていると私は思います。身体医学ではこの恐怖は極度に強いもので，自分は癌だと思

っている人は医者に行こうとしません。患者がアナリストに会いに行くとき，患者はアナリストが何も問題がありませんと言うことを望んでいます。でもそれと同時に，それは正しくないとも思い，アナリストが「一緒に見つけ出しましょう」と言い出すのを恐れているのです。

プレゼンター：彼は自分は「同性愛」であると言いますが，自分がそうだと考えさせることがらを吟味しないようにするためなのです。

ビオン：こうしたことばはあまりに日常的に使われるために，その意味を失っています。患者がどんな言語を話しているのかを熟考する必要があると，私は思います。そのことばはまるで精神科医か医師が言っているかのように聞こえるのですが，違うのです。

プレゼンター：ヨーロッパから帰るとき，海岸で週末を過ごさないかとのあるガールフレンドの誘いに乗りました。しかし彼女の両親がそこにおり，その両親と深刻に話さねばならないため，彼は行きませんでした。彼は男友達と街にとどまり，話し込む方を選びました。男友達と話し込むのは，すごくウィットにあふれていると感じさせてくれるので楽しいと彼は言いました。その会話は深刻ではなく，頭の回転のよさとウィットを必要とするものです。

　子どものころから彼は，実際には夜の時間を楽しんでいるのに，夜が来ると感じる不安に不意に襲われていました。思春期のころには夜は友達と出掛けていました。なぜなら，怖くて家におれなかったからです。毎晩友達に会うために出掛けねばならなかったのですが，こうしたウィットの交換のあげく，男性のセックス・パートナーを選ぶことになってしまっています。彼はあまりはっきりとは語っていませんが，その関係では能動的な役割を担っているようなのです。

ビオン：私には，あなたが白昼彼を観察できるとの事実に，彼は耐えられないように思えます。夜の時間にできるようなやり方で，暗闇に隠れたがっているようです。白昼にこころをはっきりとした意識状態にしておくのは，彼には居心地が悪いのです。「不安」と彼が呼ぶ苦痛を感じます。夜の時間であなたに見えないように彼が隠れることができるのなら，ずっといいでしょう。でも彼は，あなたが彼を**見れて**，さらに，白昼か夜かを考え続けることができるのではないかと恐ろしく思っています。だから彼は夜起きておくことに逃げ込んでいるのです。また，**あなたは男性と女性を見ることができますが**，彼は人類の半分しか見れません。自分に似ている半分です。

プレゼンター：あなたが語ったふたつのことから，ポリオのために患者は足を引きずって歩くことを私は思い出しました。ひとつは隠れ家としての夜というあな

たの指摘です。もうひとつは，彼が人類の半分しか見れないとの言及です。おそらく彼は自分を半分しか男性と感じておらず，引きずる足を隠したいのです。

ビオン：問題は，未婚の男性は人類の半分（半人前）にすぎないとのことでもあります。生物学的に人のユニットはカップルであると言うこともできるでしょう。ひとつを作るのには，二人の人間が要るのです。この患者が，自分はつがいのかたわれを見つけたいとは望まないゆえに完璧なのであると感じているのなら，ことはより単純です。実際，アナリストを見つけたいとさえ思っていません。あなたの援助を彼は求めてはいますが，あなたがあなたのことばは彼に贈っても，あなた自身がいないのなら，はるかに素敵なことでしょう。この不完全な人間は，自分自身やあなたといてまったくひとりぼっちであるとの不快な体験をしています。もしあなたが彼から離れるか，彼があなたのもとを去るのなら，彼はただちに別のアナリストを見つける必要がありましょう。でも，彼は分析の成功を恐れています。あなたが彼の目や耳やその他の知覚器を開いた結果，彼が見ることになるものを恐れているのです。彼は分析の不成功も恐れています。彼は過去を覚えていたくありませんし，未来を「覚えて」いたくもありません。

プレゼンター：彼は美術業者ですが，仕事でのパートナーがいます。だけど，自分だけでやりたがります。でも，そうすることを恐れています。彼は母親，祖母，妹，弟と住んでいます。自分の家庭を持ちたいのですが，それもできません。

ビオン：彼は自分自身に「くつろげ（at home；家庭にいる）」ません。しかし，彼が好もうと好むまいと，生きている限り彼は自分自身と「結婚」しなければならないのです。つがいのかたわれを持たねばならない種類の動物であることに彼は異議を唱えていますが，アナリストといることを好まないとしても，自分自身といて孤独であることをもっと好んでいません。だからいずれにしても，彼はつがいのかたわれを持つ必要があるのですから，彼が選べる唯一のものは別の人間なのです。それに人間はほぼ似たもので，みんな不完全な生き物です。だから，**二人の不完全な人間がいて，この二人のかたわれたちがひとつのまとまりを作れるかどうかが問題なのです。**この二人のかたわれはぴったり合うでしょうか。もしどちらもが女性であるか男性であるのなら，二人は合いません。

23

プレゼンター：患者はとても緊張した様子でやってきました。彼女はカウチに横になり，黙ったままでした。私は彼女に，前のセッションで彼女が語っていた，支払いというテーマについて話したいのかと尋ねました。彼女はカウチから起き上がって座り，ハンドバッグを開けて予定帳を取り出しました。来月の始めまで，私に払えそうもないことを彼女は語りました。彼女がある種のつながり，共謀を築きたがっているように私は感じました。

ビオン：描き出された種類の体験を私たちがしているのなら，私たちならどうするかを今言えるでしょう。それは，アナリストがすでに知っていることの代用にはなりませんが，私たち自身の想像を私たちが湧き上がらせることはできるでしょう。あなたが話していることを妨げているように見えるようにはありたくないのです。私はあなたの話を「神聖」だと考えます。もし私がこんな患者を持っていたならどうするのかということは，実際の分析よりも私独自のメンタリティの問題なのです。私自身の分析のやり方は私以外の人にはまったく大事なことではありません。でもそのことが**あなたの分析の進め方についての考え**をもたらすかもしれないのなら，それが重要なの**です**。

　私なら，前のセッションでの支払いの件を取り上げることはしないでしょう。しかし，しばらくの時間が経過して，患者が理解できると私が考えるのなら，私は「支払いの難しさについてあなたが意図していたことが，今になってわかりました。あなたは精神的に便秘していますね。だから，私に何の自由連想も与えられないのです。あなたは私に何の情報も与えられないし，私はあなたに何の解釈も与えられません。ですから，この問題の大変なむずかしさがわかりますね。どのようにあなたは私に支払えばよいのでしょうか。そして，どのように私はあなたに支払えばよいのでしょうか。ここにふたりの人物がいます。しかし，この沈黙は私たちのどちらもが支払えないことを示しています」。私がこの解釈をするなら，患者の反応から，その解釈が正しそうなのか，それとも私が過ちをおかしたのかを見るチャンスを私は得るのです。

　これから現実場面であなたが実際に彼女に言ったことを，私たちは知ることになります。さて，そこから行きましょう。

プレゼンター：彼女が支払えない理由をこれほどくわしく説明するのは，誰のためなのかわからないと私は伝えました。彼女はひどくいらだち始め，それから言いました。「ああ，あなたはまったく正しいんです。次のときには私は払います。実際のところ，これからのセッションのお金が私になかったら，ここに来ることをいつだってあきらめるんです」。それから彼女は再び横になり，黙ってしまいました。

ビオン：いらだっていると彼女は言ったのですか。それとも，あなたの観察なのですか。

プレゼンター：私の観察です。彼女はダンサーで，からだをとても表情豊かに使います。

ビオン：そうした類いのことが，アナリストの位置をたくさんの理論とは異なったものにするのです。分析セッションにおいてあなたは**あらゆる**感覚を活用できます――意識的に，無意識的に――それであなたは大量の情報を手に入れるのです。

どうしてこの患者は，あなたが援助するためにそこにいるのを知らないのでしょう。それで，彼女がそれを知らないとしたなら，何のために彼女はやってきているのでしょうか。なぜ彼女はいらだっているのでしょうか。結局，あなたは彼女を援助するためのことを彼女に伝えているに過ぎません。

プレゼンター：彼女はしばらく黙ったままでした。その後，私は「どんなふうに，私にあなたの援助ができましょうか」と言ってもよいと感じました。彼女は「いいえ。あなたには私の援助はできません」と答えました。私は「でも，それは矛盾ではないでしょうか。あなたは私が援助できないと言いますが，あなたはここにいます」と言いました。彼女は「ああ，矛盾を避けるために私は帰ることにしましょう」と答えました。彼女は起き上がり，髪を整え，怒った威厳のある空気を漂わせて去っていきました。

ビオン：それについてはどうですか。もし彼女が自分の感情を行動に移したくなって，部屋から出ていきたくなったとしたのなら，**彼女があなたを援助できない**からかもしれませんね。あなたに彼女ができることは何もないのです。あなたは彼女の赤ん坊でも夫でも息子でもありませんから。まして，患者でもありませんから。しかしながら，別の難しさを彼女は実際に作り出しています。というのは，彼女はいらだちの衝動からそのまま行動へと進んでしまっています。それでもし，彼女がこれからも分析を求めるのなら，彼女は戻ってこなければなりません。これは彼女が出て行かなかった場合よりもはるかに難しいものです。あなたはそれには何もできません。あなたには彼女を戻すことはできませ

んし、戻るように彼女に言うのもできません。なぜなら、それは規則を破ることに等しいからです——患者を閉じ込めることは許されません。もしあなたが「さあ、帰っていらっしゃい」と言うなら、彼女の自由をあなたが許さないとの理由で、彼女は害を起こす行動を持ち込むかもしれません。彼女は苦労を学ばねばなりません。つまり、考えなしに衝動から行動を起こしてしまうのなら、彼女は再び戻ってくるために、もっと考えなければならないのです。そうしなければ彼女は別のアナリストを見つけなければなりません。これも同様にまずいことです。

こうしたことはアナリストにはまったくひどく不快なことです。なぜなら、私たちは患者を失いたくありませんから。だから、何か過ちをおかしたのだろうかと私たちはいつも考えるのです。私たちがしてしまった過ちを知ることはとても有用なことです。しかし、この世では事故は起こりますし、普通の人間も過ちをおかしていることは覚えておいてよいことです。私たちは神になる必要はありません。私たちは私たちがなれそうもないものになる必要はありません。過ちから解き放たれることは私たちの特権ではありません。あなたがどれだけ歳を重ねようと、どれだけ経験を重ねようとも問題ではありません——あなたはいつでも過ちをおかしてしまうのです。

それからどうなりましたか？

プレゼンター：次の日、彼女は戻ってきました。

ビオン：とても面白くなってきたところで、私たちはいつも話を終わらねばなりませんね。

24

プレゼンター：患者は 24 歳の女性で，私のところに 9 セッション通ってきています。彼女は椅子にすわることもあれば，カウチに横にもなりますし，ひとつのセッションの間に変えることもあります。私がこれから報告するセッションでは彼女は椅子にすわりました。彼女は「私が私の怒りの感情と折り合えないことについて，昨日あなたが語ったことをあなたに説明してもらいたいのですが」と言い，沈黙して私の返事を待ちました。

ビオン：私の能力のおよぶところでそのことを説明してみようと思います。もし患者が私が昨日言ったことを理解していないとして，それをもう一度今日私が言う方がよいのでしょうか。一般に，話していることが患者に理解できそうなときに，それを言うものなのです。つまり，次の日は，違った日ですし，違った状況なのです。その要望に応じる意義が何かあるのでしょうか。その一方で，何も答えない方があなたにとってよいのでしょうか。

プレゼンター：私は彼女が怒りの気持ちを語っているように感じました。でも，私といるときには怒りの兆候を私は見たり感じたりできませんでした。私は現在について話したいのですが，彼女は過去について話したいのだと思います。彼女は，理性的なことばの壁を自分のまわりに築き，自己の感情とともにその壁の内側に止まっておきたいのです。彼女が実際に感じていることを的確に指摘できませんし，意見をなすにたる素材も得ていませんから，私はいささか不安なのです。

ビオン：あなたが言うことがないと感じているのなら，強いて語る必要もないでしょう。解釈をするにたるだけの十分な証拠を得ているときに，はじめて**あなたは知り得ている**のです。

プレゼンター：彼女のふるまいが，彼女の感情を理解するよう私を強いているように感じました。これに私は困りました。

ビオン：これは，患者からあなたにプレッシャーがかけられる典型的なやり方です。時期尚早な，もしくは早熟な安心づけの要求なのです。けれども，あなたはこれらの要求に抵抗できなければなりません。

参加者：どうして私たちは，解釈をするよう強いられていると感じるのでしょう。

私たちが短い時間しか患者を見ていないのなら——この患者の場合のようにですが——私たちは深い解釈はできません。

ビオン：それはたいてい、私たちが患者を失うのを恐れているからです。アナリストのキャリアの初めのころは、患者を失うとそれをスーパーヴァイザーやトレーニング委員会がまずいことだと考えるのを恐れます。それはナンセンスなことに思います。私がトレーニング委員会に加わっているのなら——かつては加わっていたものですが——これらの患者はアナリストに患者を失うのはどんな感じなのかをきちんと教えているのだと私は考えます。

　新しい患者との間では、ほかに頼るものがほとんど何もないのですから、精神分析理論にある程度頼ることも役に立ちます。最初の3つのセッションには有用です。そのあとに必要な情報もなく解釈を与えることは、アナリストは証拠を必要としていないと患者に考えさせてしまいます。

プレゼンター：患者は、マッサージのあとのように、とても眠いしリラックスしていると言いました。やがて椅子に居心地のよい位置を取り、眠ってしまいました。セッションの終わりまで彼女が寝ていそうな感じがしたので、私は起こさねばなりませんでした。

ビオン：私のある患者は50分のセッションに45分遅れてやってきました。彼はカウチに横たわり、ひとつ、ふたつの文章を話しました。「終わりました」と私は立ち上がって言いました。「これは」とその患者は言い、「とっても短いセッションだった」と続けました。時間が過ぎることをその患者は気づいていないように私は思います。もしある患者が豊かであるのなら、時間をいかようにも思いのままに使えるでしょう。たくさんのお金と同じように、たくさんの時間を持っていると彼は思っています。でも、彼にはそれがどうしてわかるのでしょうか。私たちがいつでも死にうること——生まれる前でさえも——を、私たちは知っています。それでは24歳のこの患者は、自分には時間がたくさんあるのだと、だから眠るのに時間を費やそうと、なぜ考えるのでしょう。

　もうひとつの問いがあります。なぜこの患者は、あなたといて眠りに陥っても安全であると感じるのでしょうか。彼女が私の患者なら、私は「彼女は私がどんな人間なのか知っていない。私とほんの9回しか会っていない。私のような見知らぬ人と一緒にいて、眠りに陥っても安全だとなぜ彼女は思うのだろうか」と考えることでしょう。彼女には決定的に睡眠が足らないのでしょうか、それとも、見知らぬ人の前で眠りに陥っても安全であるとの、まったくもって間違った考えを抱いているのでしょうか。この眠りが何なのか、思いをめぐらす義務があります。カタレプシーのひとつの形でしょうか……。

25

プレゼンター：患者は32歳の小児科医で，ブラジル北部から来ています。父親は乱暴者です。母親は病気がちで，彼が7歳のとき亡くなりました。彼は大家族の一員です。北部での普通の慣習として，その家族の子どものうち1人が聖職者を目指して勉強するよう選ばれますが，彼はその1人でした。彼は反抗して教会学校をやめ，医学校に通えるお金があったので，小児科医になったのでした。北部に住んでいる間に3度自殺を企てています。2回は服薬で，1度は銃です。こちらに来て2年になりますが，結婚し，女の子の赤ん坊がいます。

　私の休暇が始まろうとするその3日前に，予定されていたコンサルテーションがキャンセルになっていたこともあり，彼は初めて私のところにやってきました。彼は来るのを恐れていると私は感じたのですが，インタヴューの間にその理由がわかりました。まだ彼が小さかったころ，休暇が終わり家に戻ってきたところ母親が亡くなっていたとのことを彼は語りました。私は休暇に出掛ける予定でしたから，私とのつながりを築いた後にひとりにされてしまうことを彼は恐れていたように私は思います。私がいつ戻ってくるのか，彼はいつ会えるのかをはっきり知りたがりました。

ビオン：彼は薬局方におけるあらゆる薬物を意のままに使えるにもかかわらず，自分にうまく毒を盛れないなんて，とても重要なことだと思いませんか。銃を持ったときにも，自分を撃てません。だから彼はへまな男なのです。何かを自分が得意だと考える，どんな理由が彼にあるのでしょうか。もし誰もができるのが当然なものがあるとしたなら，自分自身を殺すことです――そこには，反撃がありません――自分と殺したい人物との間には何にもありません。ですから，この患者が自分を殺すことさえできないのなら，何が**できそうに**あなたは思いますか。

プレゼンター：彼ができることは，脅かすことです。

ビオン：それにしても彼はうまくやれますかね。何を根拠にして，彼は家族を育てていけると思っているのでしょうか。なぜ家族を支えられると彼は考えるのでしょうか。患者に向けてこれらのことをあなたが言えますと，私は示唆しているわけではありません。ただ，ここで私たちはこれらのことを考えられると思

います。こうした人物が有能で精力的なよい夫になると思いますか。これらの疑問は思いがけない問題を提起します。ともかく彼は自分が有能な小児科医になると誰かを説得しています。

プレゼンター：おそらく同じふうに，彼はよい聖職者になると誰かが考えたし，精神分析治療を受けるように誰かが彼を説得したのでしょう。

ビオン：彼は言われたことをいつもしているのですか。子どものとき学校に通うことは拒絶できなかったでしょう。しかし，教会に加わることには反抗して，権威に楯突いています。彼は聖職者の資格を得ることもできたのですが，自分はそうはなれ**ない**ことを彼は知っていました。

プレゼンター：自分に求められていることを表面的には彼は黙って受け入れていました。でも内面は，家族や私，彼自身を含めたあらゆる人物への憎悪に満ちています。

ビオン：しかし，彼はいまだ自分を殺せないでいます。たとえ父親や母親は殺せないとしても，彼が自分自身を憎んでいるのなら，自分は殺せるとそれでも考えられましょう。でも，彼にはできません。

プレゼンター：彼は「それでも，私にはあなたが必要なのです。私はあなたの内側でゆっくり休みたい。だけど，誰かが私の内側に入ってくるのが怖いんです」と言いました。彼は私に同一化したがっていると私が指摘したら，彼は怯えて，「私はあなたが好きなんです」と言いました。

ビオン：なぜ彼はそう考えるのでしょうね。彼はふたつの根本的なことを語っています。憎しみと愛情です。残りの感情はすべて，愛情と憎しみのヴァリエーションです。そのことばを覚えるのはたやすいことです。文字が読めるなら，どんな辞書にも載っています。この男性が愛したり憎んだりできるとあなたは思いますか。あえて言うなら，彼は適切な雑音を出すことはできます。「私はあなたが好きなんです」とか「私はあなたが憎い」とかですが，でもそれらには意味があるのでしょうか。誰も殺せないほどのひどい調剤師でひどい狙撃手であるのに，人を愛することができるとどうして彼は思うのでしょうか。

参加者：なぜ彼はアナリストに会いたがったのでしょうか。

プレゼンター：自分のふるまいが妻や子どもに及ぼす結果を彼は恐れていました。彼は妻や子どものめんどうをみたいと願っていましたが，働けなくなってしまうことを恐れていました。また彼は自殺することも恐れていましたし，それによって妻や子どもを置いていってしまうことも恐れていました。

ビオン：それで，「私はあなたが好きなんです」といったのは彼が何を意図していたとあなたは思いますか。

プレゼンター：わかりません。でも，私はそれにぐっときました。
ビオン：あなたがどんなに感じるかとの問いは，あなた自身の分析であなたによって解決されるべきです。その分析セッションでの問題は，患者が何を意図しているかです。あなたがぐっときたのはそうでしょう。しかし何によってなのでしょうか。私がそこにいたのなら，私もぐっときていたのかもしれません。でも，私はそこにいませんでした。今もいません。しかし，あなたはある物語を読んでいるのではありません。それに私はあなたがぐっときたことがとてもよくわかります。あなたには，これは**臨床体験**なのです。そして，私たちには，理論的討論なのです……。

26

プレゼンター：患者はカウチに座り，強く言いました，「どうして今日自分がここにいるのか，私は自問してきました。サッカーの試合がこの午後あります。ブラジルが戦っています。私はサッカーが大好きだから，見られないのは残念です。ここでどうしようもなく退屈してしまうに違いないと思っていました。ここに来るために車のキーを入れたときからひどく退屈するだろうと考えていました。いまだにどうしてここに来たのかと自問しているんです」。私は「自分にとって楽しいからそうしているのだとのことを認めるのが，あなたにはとても難しいように私には感じられます。あなたはあなたが退屈すると確信してここにやってきました。このようにふるまうことにあなたは幸せを感じるように私には思えます。おそらく，あなたはマゾキスティックなのでしょう」と言いました。

ビオン：この患者は「自問している」と言っていますが，自答については語っていません。おそらく，「彼」と「彼自身」はとても大好きなもうひとつの試合をやっているのでしょう。その試合は，彼が彼自身に残酷であり，残酷に取り扱われてもいます。しかしながら，部屋の中のこのふたりのどちらもサッカーには行けません。だからどちらもが残酷に取り扱われています。

プレゼンター：彼は言いました，「マゾキズムみたいなことを言われても，私にはわかりません。また，退屈してきました。私は今朝起きて以来ずっと退屈しています。あまりに退屈で泣きたいくらいです」。彼の声の調子は怒りと悲しみの入り交じったものでした。彼は続けました，「私にとって忘れられない女性について話しましょう。幸運なことに彼女はあまりに辛抱できない女性でしたので，私は彼女と恋に落ちずにすみました」

ビオン：この患者があなたと一緒にいて何を理解したとあなたは思いますか。ブラジル語ですか。ポルトガル語ですか。それともサッカーですか。

プレゼンター：私の言うことがわからないと彼は言っていますが，彼は理解していると私は思います。残酷な試合というあなたの考えには賛成です。それが彼が感じていたことであると思います。

ビオン：この目的に話し言葉を用いることはひどく難しいのです。「理解プラス完

全無欠」と言えそうなやり方を私は求めています。ポジティヴでもあり，ネガティヴでもある理解を私は言っているのです。何をその患者は**完全**に理解しているのでしょうか。彼は精神分析を理解しようとしていますが，サッカーは理解しようとしていません——そこには行きませんでした。分析に来る方を選んで，それで，サッカーに行かないことを選んだので，彼は部屋にいるふたりを観察できるのです。彼は，アナリストと彼自身との間になされる試合を見るチャンスを手に入れています。同じように，あなたがある解釈を与えることを選ぶことで，解釈し**ない**ことがらも選んでいます。この部屋で私は外の往来に耳を傾けないことを選んでいると言えましょう。そのことは部分的には，窓を閉めることでなされていますが，そうした雑音に私のこころを閉じることによってもなされています。何かほかのものを見るために，私に見えているものから目を閉じることも私は選びます。この問題は絶えずつきまといます。すなわち，何に耳を傾けるか，そうして何を聞かずに見ずにおくかです。

　この患者はあなたと彼自身とが精神分析のゲームをやっているのを見ていると，私は思います。あらゆるゲームは，おもしろさと真剣さとの混ぜ物です。でも，この患者はあたかも分析を受けることは，あなたには楽しくないはずのことであるかのように話しています。では一体どうして彼は来ることを選んでいるのでしょうか。なぜ彼はサッカーの試合に行ってしまわなかったのでしょうか。その国際試合が残念ながらおもしろくないとでも思ったのでしょうか。

　あなたには，この患者にわかるように話しかける必要があります。ですから，できる限りシンプルで間違えにくいことばを，注意深く選ぶことが必要です。あなたの患者は十分教育を受けた人物ですし，一般的に使われることばではあるのですが「パラノイド」「スキゾイド」「マゾキスティック」「サディスティック」などのことばにはあなたは注意深くあるべきと私は思います。

参加者：この患者はアナリストをコントロールしようとしていますか。
ビオン：患者はそれをするものです。それがとくにまずいことであったり，驚くことではありません。でも，それがうまくいくと彼らは怯えてしまうものです。この患者は進歩していると私は思うのです。ゲーム——おそらく，ものすごくおもしろい試合でしょうし，楽しい午後の過ごし方ですが——を見ないでおくとの欲求不満にも彼は持ちこたえています。そして分析をすることの方を選びました。

27

プレゼンター：患者は 24 歳の女性ですが抑うつをきたしてしまい，薬をもらっていた精神科医の紹介で 2 年前に分析のために私のところにやってきました。彼女は心理学のコースを終えかかっており，結婚の準備をしていました。彼女が言うには，12 歳のときにサイコセラピーを受けたのですが，何もなしませんでした。と言うのは，彼女はずっと座って泣いていたからでした。私がこれから報告するセッションでは，彼女は 40 分間黙ったままでずっと泣いていました。残りの 10 分は私の言ったことに一応気づいているだけに過ぎませんでした。

ビオン：彼女は，あなたと彼女自身との会話，つまりことばでの性交が，涙にくれてしまう 12 歳の子によって邪魔されてしまうのを恐れています。また，彼女と彼女の未来の夫との性交が 12 歳，いやおそらくは 1 歳か 2 歳の子によってさえ邪魔されてしまうのも恐れています。

　彼女に何を言うことになりましょうか。もし私が「あなたは落ち込んでいますね」と言うなら，そのことばと，彼女がどう感じているのか**わかる**ことと比較できます。この種の解釈の利点は，私が 12 年前に起こっていたことについてではなく，**今**起こっていることについて話していることです。「あなたが落ち込んだら，私がますます相手しなくなるだろうとあなたは恐れていますね。私が分析的結婚をもはや降りると恐れていますね」とも言えそうです。ことの全体を知っている彼女は，こうして私が正しいのか，それとも間違っているのかを感じることができますし，私を正しい軌道に保つよう手伝えます。つまり彼女は，私が彼女の自己について話していると知るチャンスを手に入れます。それで私の方は，私の言ったことへの彼女の反応を判断するチャンスが手に入ります。アナリストとアナライザンドは面接室で起こっていることを知ることができます。でも，そのどちらも 12 年前に起こっていたこととか，精神科病院で起こっていたことは知りえません。それは記憶に頼ることなのですが，記憶とはひどく人をあざむくものなのです。ですから，現実がはっきりするように，記憶や欲望を捨てることが役に立つのです。そのときには何の証拠もないことについて話す必要がないと感じることは，アナリストにはとても好都合な

ことです。

プレゼンター：そうしたセッションの間，彼女には変化が見られませんでしたが，分析の外での生活は発展していきました。彼女は学科コースを修了し，結婚しました。仕事もうまくこなしています。

ビオン：この精神分析的性交では，結果としてどんなものが生まれているかを，患者は知りようがありません。不安は次のようです。やむことなく40分泣き続けている誰かがいて，アナリストか夫が「わたしはもう我慢できない。やめた。あなたは赤ん坊をみていなさい。わたしは出て行く」と告げましょう。もしあなたが小説を書いているのなら，ストーリーはこんなことでしょう。AとBが出会います，お互いを愛します，ふたりは結婚します，ふたりに子どもCが生まれます，Cがあまりに泣くので，結婚が壊れてしまいます。

28

プレゼンター：患者は私との分析を5年ほど続けています。このセッションは4カ月前にあったものです。はじめに彼は私に，ある精神分析の書籍を読んだかを尋ねてきました。「とてもよい本です。おもしろいところがありました。ともかく，とてもよいものです。でも，私は全部を読み終わってはいないんです。私にはおもしろくないところがあるからです。決闘を述べているところがあります。これがともかくおもしろいんです。先週の土曜日をほとんど家で過ごしたほどですから——私はとてもくたびれてしまい，休息が必要になりました。わかりますか。私には休息が必要でした」と彼は言いました。私は「あなたはある考えから話し始めましたが，それを中断してしまい，それから別のことを私に話していきました」と伝えました。彼は「ああ，そうですね。私は私がおもしろかったところだけを読みましたから，そのことに私は気づいていましたから，しかも土曜日に私は休息しましたから，それが大切だと私は感じました」と言いました。私は「私たちはここでも決闘をしているように思います」と言いました。彼は「ええ。でも，それはとても難しいものです。なぜなら，起こっていることは，幾つかの状況が重なりあっているようですから」と言いました。私は答えました，「あなたの内側で起こっていることをあなたが私に伝えようとしないのなら，自分が混乱してしまうとあなたは感じています」。短い沈黙の後，彼は言いました，「あなたが話すと，Zがするようにあなたがしるしを残し去っていったかのように私は感じます」（Zとは，黒いマスクを顔につけ，馬にまたがり，Zのマークを残し去るキャラクター[訳注6]）です。私は「Zは不正と戦う人ですね」と言いました。患者は笑って「Zは鬼軍曹のズボンのズボンつりを切り落として，敵をスッポンポンにします。だから，あなたは私をいらだたせるんですね」と言いました。私は彼に「でも，Zが攻撃する人物はZの友達でもありますね」と気づかせました。患者はふたたび笑って言いました，「ああ，その通り。まったくです。鬼軍曹はばか者だ」。私は

訳注6）このキャラクターは，「怪傑ゾロ」と思われます。

「あなたには，友達はばか者なのです。おそらく，だからあなたはここで私に親しみの感情を表さないのでしょう」と言いました。彼は黙ってしまいました。

ビオン：実際に患者が何を聞くかを選ぶと言うのなら，「そうですね，正しいものをあなたに選んでもらいたいですね。あなたが知りたくも聞きたくも見たくもないことを，私があなたに伝えているのはわかっています。それを私がどうにかすることはできません。ともかく，そうやっていくだけです」と答えられましょうね。私は「あなたが言っていることが正しいのなら，私はあなたが会いに来るには間違った人物です。ここに私といることをあなたは嫌っています。つまり，私があなたに言うことをあなたは嫌っています。あなたは聞きたくありません。でも，それは問題にはなりません。どうしてかと言えば，あなたも知っての通り，ほかにもたくさんのアナリストがいるのですから。ドアには鍵はかけられていません。だからそうしたいのなら，あなたは出て行けます」と患者に言うことがあります。私たちが思うには患者が知っておいた方がよいだろうことを，私たちは患者に示そうとしています。だから患者がどう言おうと，その事実を見失ってはなりません。私たちは手助けするためにそこにいるのです。ごたごたを引き起こしたり，ものごとをわかりづらくするために私たちがそこにいるのだと，患者に同意することはできません。彼らには彼らの好きなことを考える自由があります。でも，私たちにも私たちが在りたいように在る自由があります。この患者は，あなたという人が**自分**に合う種類の人物に無理やりにでもなるよう望んでいるようです。あなたは役に立ちたいと思っているでしょうね。でも，あなたがそうありたくて役に立つことと，そうなるよう強いられて役に立つこととは，まるで違っています。

参加者：アナリストの仕事は患者を援助することなのでしょうか。

ビオン：その言語は大変あいまいです。とてもたくさんのことが「援助」によって解釈されます。デルファイの神託は「汝，自身を知れ」と石に彫られていたとされています。ですから，「汝，自身を知る」ことが役に立つし手助けになるとの考えは，新しいものではありません。その意味で私たちは，「あなたがあなた自身を知るのを手助けします。あなた**が**私に何か話すなら，あなたがあなた自身を見ることができるようなやり方で，私はそれをあなたに戻しましょう。私がどんな人間なのかを伝えるのではなく——それがどうであってもまったく意義はありません，あなたがどんな人間なのかを告げる鏡に私はなってみましょう。あなたに手助けできる唯一のことは，あなたがどんな人間なのかを照らし返すことです。それによって，私があなたに伝えることの中に，あなた自身

のイメージをあなたは見ることができるのです。あなたがどんなふうかをあなたが知りたくないとしても，私はかまいません——自分を照らし返すために，私に注目することは要りません。そうしたなら，あなたは別の鏡を見つけることでしょう」と言おうとしています。できるならあまりに乱れた鏡ではありたくないものです。私たちが揺れないでおれるのなら，患者は自分がどんな人間かについてのよりクリアなイメージを得るからです。私たちがころころ変わるなら，歪んだイメージになってしまいます。

　役者は異なったキャラクターのメーキャップや衣装を身につけるすべを学びます。その彼があなたの分析にやってくるなら，彼が身につけたいあるキャラクターのイメージをあなたに見るでしょう。でもあなたがそうした人物の分析に取り掛かれば，あなたはこれらの衣装をはぎとってしまい，彼は裸にされたと感じます。この患者が示しているのは，あなたによって裸にさせられた気がするとのことです。実際のところ，彼は言っています。「私の精神的な衣装をはぎとらないでもらいたい」。実際，彼はあなたに取引をしようと頼んでいます。すなわち，彼があなたに見てもらいたいものだけを，あなたは見るとあなたが約束するなら，彼は自分があなたに見せたいものだけを見せましょう，と。ある意味では，アナライザンドは彼らが受けるに値する種類の分析しかえられないことは，精神分析の弱点のひとつです。私たちには学ぶように強制することはできません。

　この患者はひとつのコンディションを作っているようです。彼は彼の望む分析だけが得られる**のなら**，分析に来るのです。彼が得るであろう唯一の「治癒」は，**この種**のものであることはこころしておいたほうがよいでしょう。

訳者解説

1．ウィルフレッド・ビオン（1897-1979）

　集団力動理解の画期的な先駆者として，さらには英国精神分析の源流メラニー・クライン直系のサイコアナリストとして著名なビオンについては，わが国でもすでに幾度かの紹介がなされてきています。くわしくは，『ビオン入門』（岩崎学術出版社）と小此木啓吾先生による「監修者まえがき」，高橋哲郎先生による「訳者あとがき」，本書の前著『ビオンとの対話――そして，最後の四つの論文』（金剛出版）のなかの祖父江典人氏による「訳者あとがき」，私自身の「招待（まえがき）」，それに「ビオンの年譜」，「ビオンの著作」，さらには福本修氏による『精神分析の方法』（法政大学出版局）の「解題」や「訳者あとがき」を参考にしていただきたいと思います。

　集団精神療法が語られるとき，ビオンの業績は言及されないことがまずもってないほど重要なものとして今日位置づけられていますが，精神分析においても，ビオンの業績はますます重要視されてきています。英国精神分析の大きな潮流に，メラニー・クライン―ウィニコットという流れがあることをH・ガントリップは前面に打ち出しましたが，しかし今日，クライン―ビオンの流れも確実に認識されています。さらにケースメントやオグデン，ボラス，ブリトンらのアナリストに見るように，この両潮流が合流してきているところが今日の展開でもあるようです。

　ウィニコットはスーパーヴァイザーであったクラインと常に対峙しながら，彼自身の考えを練り上げていきました。一方ビオンは，教育分析家であったクラインの考えをカントやヒューム，ポアンカレといった哲学者や数学者の考えと同様に精神分析臨床を理解するための概念として活用しつつ，卓越した観察力と思考力を活用し，独自の精神分析観，メタサイコロジー（無意識部分を含めたこころ，人間についての理解）を築きました。本書を読まれると実感されることと思いますが，ビオ

ンの語ることば，そしてその内容は誰とも似ておらず，まさにビオンその人としか言いようがありません。さらに彼の著書も同様に独自で，かつまた妥協を許さない文体によって綴られているため，難解に感じられます。ひとつの見方をするなら，ビオンから学ぼうとするサイコアナリストたちの現在の研究は，ビオンの業績理解の途上にあると言えるようです。ビオンの人間観，メタサイコロジーという手の届きがたい金鉱をなんとか掘り当てようと苦心しているかのごとくです。そして，手の届いた人は確かに何かをつかんでいます。

このようにビオンの死後20年以上を経て，いまだビオンの精神分析の解明はその途上にあります。

2．本書の位置づけ

ビオンの最重要著作としては，1960年代に書かれた四つの著書──『経験から学ぶこと』『精神分析の要素』『変形』『注意と解釈』（これらは『精神分析の方法（セブン・サーヴァンツ）』として合本にされ，出版中です）──と，"Second Thoughts"──50年代に書かれた精神病の精神分析論文集，その8編のうち3編はE.B.スピリウス編『メラニー・クライン トゥデイ①，②』（岩崎学術出版社）に収められています）があげられるでしょう。これらは，ビオンが精神分析の経験から学んだことを熟考を重ねて概念に変形していった作業の大きな成果です。つまり，その日の分析を終えたビオンが机に向かって思索し練り上げた作品です。思索家ビオンがそこにいます。

一方，本書はそれらの著作とは相補的な関係にあると言えます。ビオンの直接の精神分析セッションがそのまま描かれているわけではありませんが，精神分析臨床にたずさわっているビオンの姿がもっとも生に表し出されているものです。南米のアナリストが提示するケースについてのビオンのスーパーヴァイジングが見られます。ビオンはあくまでプレゼンターの主体性を尊重しながらも，自分ならこうとらえる，こう考えていく，こう解釈するというところを実践的に述べていきます。そのときはほとんど面接室の中のビオンがいるようです。即答の妙があります。ここには臨床家ビオンがいます。

ビオンの南米や北米でのセミナーやレクチャー，討論を整理した書籍は"Brazilian Lectures"（ブラジリアン・レクチャーズ）など出版されていますが，ケース・プレゼンテーションから始まる臨床セミナーは本書だけしかありません。その点で，本書はとても貴重な書です。

もともと本書は，『臨床セミナーと四つの論文』としてビオン未亡人の手によっ

て1987年に英国のFleetwood Pressから出版されています。その後，ビオンの全著作を整理統合して出版し始めたロンドンのカーナック・ブックスによって『ビオンとの対話』が加えられて，1994年，"Clinical Seminars and Other Works"として出版されました。これが今回の訳出の原本になってます。Other Worksとされた『ビオンとの対話——そして，最後の四つの論文』はすでに，祖父江典人氏の訳で金剛出版から出版されていますので，今回の本書『ビオンの臨床セミナー』の出版によって，1994年の原本は完全な形で出版されたことになります。

3．ビオンの精神分析臨床

ビオンはもともと精神分析や心理療法に関心があって精神科医になった人のようですが，集団研究などですでに名声は響き渡っていながらも50歳を過ぎてアナリストとしての資格を得るまでには，かなりの紆余曲折がありました。

それには第二次世界大戦といった歴史的事情も影響しました。たとえばこの戦争のためビオンはジョン・リックマンとの教育分析を中止せざるを得ませんでした。しかしながら，ひとつにはビオンの性格からいって，アナリストとして充分に納得の行く自分を確立したいとの内的要求が彼自身の中に強力にあったためと思われます。そして，それをやり通したのです。もっとも，クラインとの分析のなかでビオンは「もうアナリストになるのをやめることにした」と言ったこともあるのですから，そこには大変な苦闘があったに違いありません。

結局，ビオンはクラインの教育分析を経て資格を得るのですが，このクラインとの分析もビオン自身が納得したところで終結にしています。それを受け入れたクラインも懐の深い人であったのでしょう。

ですから，ビオン自身には，クライン派とかといったグループ意識はなく，「サイコアナリストとしての自分」という感覚が何より尊重されるものであったようです。祖父江氏も西海岸のアナリスト，グロットスタインのことばとして紹介していますが，英国のアナリスト，故ジョン・パデル先生からも，ビオンは「私はクライニアンではない」と言ったと聞きましたし，ビオンの分析を受けたあるアナライザンドによれば，ビオンはまったく，いわゆる「クライン派風の」解釈をしなかったとのことです。ビオンは自分を知り，自分であったサイコアナリストでした。

それは，本書『臨床セミナー』でもはっきり認められます。とにかくビオンは，驚くほど自由に考えます。内的なあるいは外的な禁止や非難，道徳的批判，あらゆる種類の不安や恐れといったものに支配されない抑制を欠いた本物の自由連想ができるようです。ここに精神分析の専門家としての思考の自由があります。おそらく

これがクラインとの教育分析から学んだものでしょう。ビオンはクラインを「抑制を欠いた黒猫」として語っていました（論文「フロイトからの引用について」『ビオンとの対話』に収録）。またときに，とても自由奔放に語ります（もちろん，精神分析セッションでアナライザンドに解釈するときは自由ではあっても奔放ではありません）。そして，そうであるにもかかわらず，その自由な思考や発言に必ず根拠と責任を付随させているのです。つまり抑制を取って自由に空想し考えながら，同時に自分に浮かび上がった考えや感情の起源を，自己分析との重なりで常に知覚し思索しているのです。

　この自由さということにおいて，援助者としての情熱的な使命感や救済者たろうとする願望からも，ビオンは自由です。精神分析の治療としての限界を見つめつつ，みずからが救世主となる宗教化にも気をつけています。もちろん，本書での討議のやりとりからもわかるように，このことは彼が冷たい知的なだけの人であるということではありません。アナライザンドがみずからの真実を知ることが，精神分析にできることであると彼は確信しているからです。この点で，ビオンはフロイトの姿勢を確実に踏襲しています。

　ビオンは精神分析の臨床のまさにその場面で起こっていることを大変尊重します。いわゆる"here and now"とされていることのようですが，今ここでの表面的な応答にこだわったり流れてしまうのではなく，その場にあるにもかかわらず見えない，におえない，触れられない，しかし確かに存在する情緒や考えというものに事実があり，それを浮かび上がらせる作業を大切にするのです。臨床のこの場面にこそ確かな事実とその証拠があるのです。ここにビオンの臨床の真骨頂を見る思いがします。ゆえに，そうした事実を見逃さないアナリストの努力と訓練を彼は強調しています。

　この訓練の成果についてのビオン流の表現のひとつが「記憶なく，欲望なく，理解なく」（『メラニー・クライン トゥデイ③』に収録）です。つまり私たち治療者の個人的な欲望（そのアナライザンドについてのこれまでに蓄積された素材や認識に今の事実を辻褄合わせしたいとの願望，これからこうあって欲しいと望む治療者の願望，アナリストがすでに概念化してしまっているアナライザンドについての見解）にとらわれない態度を保つことで事実が見えてくると言うのです。ビオンの見解のこのあたりの表現様式は，前田重治先生が『「芸」に学ぶ心理面接法』（誠信書房）に紹介された世阿弥といったわが国の芸人たちの芸論と共通する禅の匂いが感じられます。ですからこれらの感覚は，西洋文化圏の人たちより私たちの方が身近にとらえやすいところもあると思います。

　この臨床姿勢は，ビオンに「直観」というものを強調させることになります。し

かし，もちろんビオンの語る直観は，その場での思いつきでは決してなく，人としての誠実なあり方，さらには厳格かつ忍耐強く積み重ねられた精神分析訓練と臨床経験の長い蓄積の賜物としての直観です。つまりそれは，長年のこころの作業が成し遂げて無意識に準備しているものが，それが実感される機会に出会って意識せず自然に浮かび上がってくることなのです。ビオンは精神分析臨床場面での「想像的推測」や「合理的推測」の重要性を述べてますが，これらの推測が瞬時に表現されるものが，「直観」と言えるのでしょう。

　ビオンがアナリストとして「解釈」という技法を重要視しているのは明らかです。そして彼の解釈は独創的なものです。アナリストは，その意味が陳腐なものになっていない自分のことばを作り出さねばならないと彼は言います。

　ビオンは解釈によって，アナライザンドにとっての真実を明瞭な形で伝えようとします。その過程においては，アナライザンドがアナリストに見ている主観的事実を解釈することもあれば，アナライザンドが語ることが真実から離れているときには，はっきり違っていることを伝えもします。また，事実を尋ねる率直な問いかけもしています。ここで大切なことは，ビオンは解釈の場面において，皮肉や揶揄やあいまいさを厳密に回避しようとすることです。この真実の追求こそが精神分析の時間を費やすに値する行為であると，ビオンは考えているからなのでしょう。

　また，解釈はアナライザンドにその場ですぐに理解されなくともよいとの見解をビオンは抱いています。その場ではわからなくても，それが真実であればいずれアナライザンドは理解に行き着くとのことです。これもクラインとの分析を通してビオン自身が体験したことです。ビオンによる解釈のこざかしさのない深みはここから来るのでしょう。

　精神分析での真実を知る活動において，ビオンはアナライザンドのふたつの自己——現実原則に沿った自己（非－精神病パーソナリティ）と快感原則に沿った自己（精神病パーソナリティ）——を想定して，解釈します。このふたつの自己とビオンとの対話を通して，真実が浮かび上がってくることのようです。

　ビオンは治療構造をアナリストとして厳密に守ります。週5日の精神分析セッションを時間に厳密に始め，厳密に終わります。サンパウロでのセミナー「24」のなかで，50分間セッションに45分遅れてやってきた男性のことをビオンは語りますが，彼はきちんと5分後に終わります。しかし，ビオンは治療者として構造に厳密なのであって，アナライザンドはその時間を自由に使ってよいこと，すなわちセッションに遅れたり来なかったりがあってよいことを受け入れます。それらの行為を批判，非難するのではなく，それもその人を知るための事実として検討するのです。この点においても，ビオンはアナライザンドにおもねません。「そうしたいのなら，

あなたは（この面接室から）出て行けます」とアナライザンドの自由な選択を示唆します。

　これはクラインを反面教師として学んだことでもあるようです。ビオンがクラインの分析を受けていたとき、ビオンは肝臓を患い分析に通えなくなっていましたが料金は支払っていました。そこである日，彼のセッション時間に行ったのですが，クラインはいなかったとのことです。またこれは若いころのビオンと明らかに変わっていったところです。医学部を卒業して4，5年目のビオンが若き，のちのノーベル文学賞受賞戯曲家サミエル・ベケットの心理療法を行っていたとき，彼は青年患者ベケットをタビストック・クリニックでのユングの講演に誘って一緒に行きました。その後の歳月を経て，ビオンは治療者のアクティング・アウトが精神分析には有害であることを経験から学んだのです。

　ビオンはサイコアナリストとして働くときには，アナリストとして個々人が自分に適う厳格な規律を持つことを求めています。そうした規律は，アナリストとして働く以上はその人自身が創り出すべき，不快だが必要な専門家としての枠組みと考えているからです。このため，プライベートな生活においてはアナリストではないことを求めています。そこではくつろげる普通の人であるようにとのことです。

＊

　本書を読まれる方にひとつだけお願いしたいことがあります。できたら，本書を一度にさっと読み通すようなことはせず，毎日ゆっくり少しずつ，たとえば2，3のセッションずつじっくりと読んでいただけたらと思います。そのやり方が，私たちの日々の臨床にこの書が一番生きるように思えるのです。

＊

　終わりにあたって，今回の翻訳作業にふれておきたいと思います。本書の訳出は，祖父江典人氏と私とが分担する形で進めました。しかし，粗訳を終了後，お互いの翻訳原稿を見直し，チェックしあって全体が統一されるように努めました。ふたりの共同作業はすでに前訳書『ビオンとの対話──そして，最後の四つの論文』にて経験されていたものでしたので，比較的スムーズに進行したように思います。しかしながら，完ぺきを期すことは不可能です。私たちの過ちをご指摘いただけるなら幸いです。金剛出版の山内俊介さんには今回もさまざまにお世話をいただきました。感謝いたします。

本書が精神分析的な心理療法，精神療法を目指したり，実践している方たちの目にとまり，気に入っていただけることを訳出にあたったふたりは願っています。
　　2000年3月
　　　　　　　　　　　　　　おだやかな午後の日に　松木邦裕

ビオンの著作
Bion's Works

1940 The War of Nerves. In *The Neuroses in War*, edited by Emanuel Miller and H. Crichton-Miller (London : Macmillan & Co. Ltd.).

1943 Intra-group Tensions in Therapy : Their Study as the Task of the Group. *The Lancet* (27 November).

1946 The Leaderless Group Project. *Bulletin of the Menninger Clinic, 10* (May).

1948 Psychiatry at a Time of Crisis. *British Journal of Medical Psychology*, 21.

1948-1951 *Experiences In Groups, Vols. 1-4* (Human Relations. Subsequently London : Tavistock Publications Ltd., 1961). ＊1

1950 The Imaginary Twin. Presented to The British Psycho-Analytic Society (November) [Bion's membership paper]. *International Journal of Psycho-Analysis* (1955). Also in *Second Thoughts* [see 1967 below].

1952 Group Dynamics : A Re-view. *International Journal of Psycho-Analysis* 33. Also in *New Directions in Psycho-Analysis* (London : Tavistock Publications Ltd., 1955) and in *Experiences in Groups* (London : Tavistock Publications Ltd., 1961).
＊1

1953 Notes on the Theory of Schizophrenia. Presented at the Eighteenth International Psycho-Analytic Congress. *International Journal of Psycho-Analysis*, 35 (1954). Also in *Second Thoughts* [see 1967 below].

1956 Development of Schizophrenic Thought. *International Journal of Psycho-Analysis*, 37 (1956). Also in *Second Thoughts* [see 1967 below].

1957 Differentiation of the Psychotic from the Non-psychotic Personalities. *International Journal of Psycho-Analysis*, 38 (1957). Also in *Second Thoughts* [see

---

注) ＊は邦訳のあるもの。＊の後の番号は，次項に掲載されるビオンの邦訳に対応する

1967 below]. ＊2

1957 On Arrogance. Presented at the Twentieth International Psycho-Analytic Congress, Paris. *International Journal of Psycho-Analysis*, 39 (1958). Also in *Second Thoughts* [see 1967 below].

1958 On Hallucination. *International Journal of Psycho-Analysis*, 39. Also in *Second Thoughts* [see 1967 below].

1959 Attacks on Linking. *International Journal of Psycho-Analysis*, 40. Also in *Second Thoughts* [see 1967 below]. ＊3

1962 A Theory of Thinking. *International Journal of Psycho-Analysis*, 53. Also in *Second Thoughts* [see 1967 below]. ＊4

1962 *Learning from Experience* (William Heinemann, Medical Books ; reprinted London : Karnac Books, 1984). Also in *Seven Servants* [see 1977 below]. ＊6

1963 *Elements of Psycho-Analysis* (William Heinemann, Medical Books ; reprinted London : Karnac Books, 1984]. Also in *Seven Servants* [see 1977 below]. ＊6

1965 *Transformations* (William Heinemann, Medical Books ; reprinted London : Karnac Books, 1984). Also in *Seven Servants* [see 1977 below]. ＊6

1966 Catastrophic Change. *Bulletin* No.5, British Psycho-Analytic Society. Also in *Attention and Interpretation* (chapter 12) [see 1970 below]. ＊6

1967 *Second Thoughts* (William Heinemann, Medical Books : reprinted London : Karnac Books, 1984) [contains the papers indicated above, together with a Commentary]. ＊2, 3, 4

1967 Notes on Memory and Desire. *The Psychoanalytic Forum*, 2, No.3 (Los Angeles, California). Also in *Cogitations* (new extended edition) [see 1992 below]. ＊5

1970 *Attention and Interpretation* (London : Tavistock Publications ; reprinted London : Karnac Books, 1984). Also in *Seven Servants* [see 1977 below]. ＊6

1973 *Brazilian Lectures*, 1 (Rio de Janeiro, Brazil : Imago Editora). Also in *Brazilian Lectures* [see 1990 below].

1974 *Brazilian Lectures*, 2 (Rio de Janeiro, Brazil : Imago Editora). Also in *Brazilian Lectures* [see 1990 below].

1975 *A Memoir of the Future, Book One : The Dream* (Rio de Janeiro Brazil : Imago Editora). Also in *A Memoir of the Future* [see 1990 below].

1976 Emotional Turbulence. Paper given at the International Conference on Borderline Disorders, Topeka, Kansas (March). Published in the book of the conference (New York : International Universities Press, Inc., 1977). *Also in*

Clinical Seminars and Four Papers [see 1987 below].　　　　　　　　* 7

1976 On a Quotation from Freud. Paper given at the International Conference on Borderline Disorders, Topeka, Kansas (March). Published in the book of the conference (New York : International Universities Press, Inc., 1977). Also in *Clinical Seminars and Four Papers* [see 1987 below].　　　　　　* 8

1976 Evidence. *Bulletin* 8, British Psycho-Analytic Society. Also in *Clinical Seminars and Four Papers* [see 1987 below].　　　　　　　　　　　　　　　　* 9

1976 Interview with Anthony G. Banet Published in *The International Journal for Group Facilitators : Group and Organization Studies*, 2 (3).

1977 *Seven Servants* (New York : Jason Aronson, Inc.) [contains the four books indicated above].　　　　　　　　　　　　　　　　　　　　　　　　　　　　* 6

1977 *A Memoir of the Future, Book Two : The Past Presented* (Rio de Janeiro, Brazil : Imago Editora). Also in *A Memoir of the Future* [see 1990 below].

1977 *Two Papers : The Grid and Caesura* [originally presented as talks to the Los Angeles Psycho-Analytic Society, in 1971 and 1975, respectively] (Rio de Janeiro, Brazil : Imago Editora). [New edition, London : Karnac Books, 1989].

1978 *Four Discussions with W.R. Bion* (Strathclyde : Clunie Press). Also in *Clinical Seminars and Four Papers* [see 1994 below].　　　　　　　　　　* 10

1979 *A Memoir of the Future, Book Three : The Dawn of Oblivion* (Strathclyde : Clunie Press). Also in *A Memoir of the Future* [see 1990 below].

1979 Making the Best of a Bad Job. *Bulletin*, British Psycho-Analytic Society (February). Also in *Clinical Seminars and Four Papers* [see 1987 below].　* 11

1980 *Bion in New York and Sao Paulo* (Strathclyde : Clunie Press).

1981 *A Key to a Memoir of the Future* (Strathclyde : Clunie Press). Also in *A Memoir of the Future* [see 1990 below].

1982 *The Long Week-End — 1897-1919* (Oxford : Fleetwood Press).

1985 *All My Sins Remembered and The Other Side of Genius* (Oxford : Fleetwood Press].

1986 *Seminari Italiani* (Rome : Borla) [published in Italian only].

1987 *Clinical Seminars and Four Papers* (Oxford : Fleetwood Press). Also in *Clinical Seminars and Other Works* [see 1994 below].　　　　　* 7, 8, 9, 11, 12

1990 *Brazilian Lectures* (London : Karnac Books, 1990) [a new one-volume edition of the two books listed above].

1990 *A Memoir of the Future* (London : Karnac Books) [a new one-volume edition of the four books listed above].

1992 *Cogitations* (London：Karnac Books). [New extended edition, London：Karnac Books, 1994].
1994 *Clinical Seminars and Other Works* (London：Karnac Books) [a new one-volume edition of the two books listed above].　　＊7，8，9，10，11，12
1997 *Taming Wild Thoughts* (London：Karnac Books).
1997 *War Memoirs 1917-19* (London：Karnac Books).

ビオンの邦訳

＊1 　a．集団精神療法の基礎：池田数好訳，岩崎学術出版社, 1973
　　　b．グループ・アプローチ：対馬忠訳，サイマル出版会, 1973
　　　　　　　　　　　　　　＊1については，a，b 2種の邦訳書が出されている。
＊2 　精神病人格と非精神病人格の識別：義村勝訳（E.B. スピリウス編：メラニー・クライン・トゥデイ①），岩崎学術出版社, 1993
＊3 　連結することへの攻撃：中川慎一郎訳（E.B. スピリウス編：メラニー・クライン・トゥデイ①），岩崎学術出版社, 1993
＊4 　思索についての理論：白峰克彦訳（E.B. スピリウス編：メラニー・クライントゥデイ②），岩崎学術出版社, 1993
＊5 　記憶と欲望について：中川慎一郎訳（E.B. スピリウス編：メラニー・クライン・トゥデイ③），岩崎学術出版社, 2000
＊6 　精神分析の方法──セヴン・サーヴァンツ──：福本修訳，法政大学出版局, 1999
＊7 　情緒の攪乱
＊8 　フロイトからの引用
＊9 　証拠
＊10　ビオンとの対話
＊11　思わしくない仕事に最善を尽くすこと
　　　　　＊7～11は『ビオンとの対話──そして，最後の四つの論文』（金剛出版）に収録
＊12　ビオンの臨床セミナー（本書）：松木邦裕，祖父江典人訳，金剛出版, 2000

ビオンの関連書

1．L. グリンベルグほか：ビオン入門（1977），高橋哲郎訳，岩崎学術出版社, 1982
2．P. ケースメント：患者から学ぶ：ウィニコットとビオンの臨床応用（1985），松木邦裕訳，岩崎学術出版社, 1991
3．R. アンダーソン編：クラインとビオンの臨床講義（1992），小此木啓吾監訳，岩崎学術出版社, 1996
4．松木邦裕：対象関係論を学ぶ：クライン派精神分析入門，岩崎学術出版社, 1996
5．R. D. ヒンシェルウッド：クリニカル・クライン（1994），福本修，木部則雄，平井正三訳，誠信書房, 1999

索引

あア行

アイ・サイト 206
愛着 26
赤ちゃん 29-31, 112, 115, 118
　精神分析的― 35
　分析的― 111
　よい― 111
赤ん坊 114, 206
　精神的― 188
　分析的― 59
あなたの抱く感覚 33
あなたのやり方 24
アナリスト
　―の欠点 33
　―の先入観 64
　―を扱う正しい方法 40
　潜在的な― 25
　有名な― 28-30
　よい― 116, 121, 214
過ち 220
アルジュノ 134
アレオパジティカ 132
イェーツ 158
イギリス製の麻酔 42-43, 46
一方通行システム 98
胃の痛み 99-101
イン・サイト 206
インテリジェンス 180
インプランテーション 169
ヴィンチ（レオナルド・ダ） 51, 140
生まれ変わり 49
英知 180
エックハルト 134
遠距離―視界 180
遠距離―発声 180
遠距離伝達システム 179
援助 231
おしゃべり 118
夫
　潜在的な― 88

分析的― 35
　よい― 123
男
　よい― 123
覚えていること 207

かカ行

回帰
　最早期の食事への― 101
解釈 146
　あなたが望む― 24
　あれこれの― 22
　言うべき― 19
　―せねばというプレッシャー 23
　―できる条件 23
　―の洪水 22
　―の寄るべきところ 22
　精神分析的― 18, 66
過剰な大脳思考 166
片言もらし 157
　こころの― 158
カップル 36, 217
　結婚した― 36, 177
　パーフェクトな― 163
神の国 137
感謝の気持ち 38
患者の欠点 33
カント 133
キーツ 65
記憶や欲望を捨てる 228
儀式
　ある種の― 107
　一種の― 106
　私的な― 107
きちがい 209
逆転移 33
嗅脳 164
休符 17
興味をかきたてる仕事 150
規律 90, 195
　あなた自身の― 89

ある― 196
ある一定の― 85-86
近親相姦 176
緊張 131
空白 114
　然るべき― 134
　普遍的な― 114
クヌート 137
クライン（メラニー） 172, 179
クリシュナ 134
契約 73-74
結婚 180, 217
　早すぎた性的― 127
　分析的― 228
血統 190
構成の問題 88
言語的下痢 45
原光景 64, 66
原罪 203
原始
　基本的な―感情 199
　―的な良心 205
高血圧 123
広告代理業者 121-124
肛門の産物 46
合理的推測 180, 190, 200-201
こころ
　―の痛み 171, 214
　―の撹乱 140
　―の訓練 65
　―の出産 193
　―の食物 95, 135
　―の成長 30
　―の調度品 168
答え 14, 16-20, 179
ことば
　特殊な― 117
　どんな― 119
　どんな種類の― 117
　ふたつの異なった― 117

コミュニケーション
　　―・システム　96
　　非―　96
　　本当の―　162
　　根本的な何か　78

　　　　　　　　さサ行
三角関係　204
シェイクスピア　51, 65, 115,
　　133, 160, 191
視覚　114
式典　106
　　軍隊の―　107
子宮からの小旅行　103
自己　162, 168-169, 180, 190
　　―どうし　194
　　―保存本能　169
事実　144-145
　　しっかり眠っているときの―
　　　15
　　すっかり目を覚ましていると
　　　きの―　15
実践　54
失楽園　114, 138
支払い　218
十字架像　94
獣性　76
自由になろうとしている医者
　　24
獣欲　210
　　前進する―　209
自由連想　43, 46, 218
　　―の洪水　21
使用　195
消化管　20, 45, 164, 166
　　―の仕事　44
　　精神的―　166
消化器官　165
消化不良　78, 151
　　こころの―　164
状況
　　危険で公然とした―　91
　　エディプス―　53, 146
　　三者―　66
　　ダイナミックな―　119
症状　170
情緒
　　―的な愛　104

―の嵐　153-154, 201
―の洪水　21
初回セッション　13, 148
食道　123
女性の内部　99-100
視力　206
白い壁　113, 114
真の子ども　31
人類の半分　216, 217
スーパービジョン　63
聖アウグスティヌス　137
性関係　69, 70
性交
　　ことばの（での）―　128,
　　　157, 228, 204
　　精神分析的―　35, 229
精神的
　　―栄養食物　166
　　―な衣装　232
　　―便秘　218
精神分析
　　簡単な―的ケース　86
　　―カレンダー　155
　　―ゲーム　188, 227
　　―的絵空事　54
　　―的会話　214
　　―的地獄　160
　　―的宗教　165
　　―的説明　18
　　―的ドグマ　119
　　―的博物館　185
　　―の実践　19
　　―の神話　54
性的　104
　　―会話　89, 112
　　―関係　126-128, 188
　　―行動　89
　　―人物　94
　　―満足　112
　　―問題　104, 112
　　―要素　89
聖堂　165
生と死　34
性の問題　13
聖母マリア　93-94
セックス
　　言語的な―　71

悪い―　129
前進　101
　　分析的―　101
全体をおおう闇　114
羨望のコントロール　52
羨望をコントロール　55
草稿　140
想像的推測　180, 190-191, 201
早漏　156
ソクラテス　193
ソロモンと魔女　158
存在　175
　　―への衝迫　169, 175

　　　　　　　　たタ行
退行　101
対象
　　敵対的な―　123
　　内的―　100
確かさへの性急な到達　65
ダンテ　134
父親
　　死んだ―　111, 113-114
　　真に良い―　114
　　よい―　123, 214
治癒　160-162, 165, 197, 232
　　安易な―　172
　　―の発生　171
　　―の噴出　170
直観　208
　　早すぎて早熟すぎる―力　59
治療
　　奇妙な―　171
沈黙　17, 109-110, 112
つかのまの　162, 167
妻
　　潜在的な―　88
tele　180
テレヴィジョン　156, 180
tele-vision　180
テレフォン　152, 180
tele-phone　180
転移　162, 167
電話　152
投影
　　―理論　54
　　私の上に―　54
　　私の中に―　54

投影同一化の理論　172
洞察力　206
道徳システム　205
遠さ　180
ドリアン・グレイ　68

な ナ 行

内部
　あなた自身の—　99
　自分自身の—　123
　私の—　99
なにものか　19
名前を付けること　135
波に揺られても沈まず　202
憎しみ　70
ニュートン　136
尿　116
人間の構成単位　103
妊娠　30
　精神分析的—　35
妊夫　35
眠り　222
残りもの　182

は ハ 行

売春婦　94
バガヴァッド・ギーター　134
母親
　死んだ—　111
　—の内部　100
　よい—　115, 214
　悪い—　115
ハムレット　115
ハレー　136
ピカソ　50-51
ビコード（ヴァージニア）　10
ヒットラー　26
人
　生まれ出ようと闘っている—　51
　真の—　31
　—への関心　26
伏魔殿　165
不変の要素　23
不満な感覚　107
プラクシテレス　50
ブラジリア　132
プランク（マックス）　136

フロイト　69, 88, 137, 165, 169, 179, 181
　—後　155
　—前　155
分析
　痛みのない—　46
　奇妙な—　112
　首尾良い—　111
　—手術　153
　—体験　187, 196
　—的会話　198
　—的関係　71
　—的検索　187
　—的体験　184
　—の受け方　92
　—の副産物　196
　—の理論　179
　—もどき　15
　本物の—理論　119
　もっとましな—　149
　よい—　115
ヘテロセクシャル　69
ヘルメス　50
変化への拒否　107
妨害物　32
報酬　214
ポジティブシンキング　97
補償　48
微笑み　77-79
ホモセクシャル　68-70, 123, 125, 129
本物のよい抑うつ　107

ま マ 行

マクベス　160
マスターベーション　108
　精神的—　112
間違いをする人々との関係　39
まったくひとりぼっち　167-168
真っ昼間の光線　133
眼差し　65-66
マハーバーラタ　133
満期の胎児　179
ミイラ
　エジプトの—　109
　死んだ—　110

ミケランジェロ　51
魅力　139-140
ミルトン　114, 133, 138, 140
無意識　99
　—的な風刺　34
無知　172
目覚めている生活　15
もの自体　158, 162

や ヤ 行

幽霊　115
　生き生きとした—　110
　生きた—　114
　危険な—　114
ユダヤ人　190
　—とは感じない　189
夢　15, 42-43, 46, 82, 125, 128, 143-144, 146
　ひどい—　141
　—判断　69
よい
　—乳房　115
　—ミルク　115-116, 127

ら ラ 行

理解の能力　26
理解プラス完全無欠　226
良心
　一種の—　101
　脅かす—　100
　冷たくて敵意のある—　204
　ひどく危険な—　203
臨床
　—現場　179
　—実践　181
　—体験　225
レンの息子　138
ロダン　50
ロレンス　189

わ ワ 行

忘れること　207
悪い涙　115
悪いもの　123-124, 129
　内側の—　99
　外側に—　99
　内部の—　124
　内部のこの—　123, 129
　内部のその—　127

■訳者略歴

松木邦裕（まつき・くにひろ）
1950年佐賀県生まれ。医師。熊本大学医学部卒業後，1975年から九州大学医学部心療内科，1978年から福岡大学医学部精神科勤務，1985年から1987年に英国ロンドンのタビストック・センターおよび，クリニックへ留学。福間病院勤務後，現在は精神分析オフィスを開業。著訳書に，『対象関係論を学ぶ』（岩崎学術出版），『摂食障害の治療技法』（金剛出版），『精神病というこころ』（新曜社），『メラニー・クライン・トゥディ①②③』（スピリウス編，監訳，岩崎学術出版）などがある。

祖父江典人（そぶえ・のりひと）
1957年愛知県生まれ。臨床心理士。東京都立大学人文学部心理学専攻卒業後，名古屋大学医学部精神医学教室へ心理研修生として入局。国立療養所東尾張病院をへて，現在は厚生連更生病院（安城）精神神経科勤務。日本福祉大学非常勤講師。訳書に，『ビオンとの対話——そして，最後の四つの論文』（ビオン著，金剛出版）などがある。

ビオンの臨床セミナー［新装版］

2000年9月15日　初版発行
2016年7月20日　新装版発行

著　者　　ウィルフレッド・R・ビオン
訳　者　　松木邦裕　祖父江典人
発行者　　立石正信

発行所　　株式会社　金剛出版
　　　　　〒112-0005　東京都文京区水道1-5-16
　　　　　tel. 03-3815-6661　fax. 03-3818-6848　http://kongoshuppan.co.jp
印刷・製本　株式会社デジタルパブリッシングサービス
　　　　　http://www.d-pub.co.jp　　　　　　　　　　　　　　　AH000

ISBN978-4-7724-1506-4 C3011　Printed in Japan ©2016

好評既刊

［新装版］
ビオンとの対話
そして、最後の四つの論文

［著］ウィルフレッド・R・ビオン
［訳］祖父江典人

●A5判　●並製　●176頁　●本体 4,200円+税

本書は、
精神分析に新しい地平を開いた
ビオンの深遠で豊かな思索の跡を辿り、
最晩年の彼の叡知と感性に触れる貴重な文献。